beck'sche reihe

bsr

«Das menschliche Erinnerungsvermögen ... zieht das Normale dem Abnormalen, das Verstehbare dem schwer Verstehbaren, das Vergleichbare dem Schwervergleichlichen, das Erträgliche dem Unerträglichen vor.» Die Besorgnis, die Saul Friedländer in seinem berühmten Briefwechsel mit Martin Broszat zum Ausdruck bringt, hat ihn ein Leben lang beschäftigt: Mit der Historisierung des Holocaust darf nicht das Gefühl der «Fassungslosigkeit» verloren gehen, das unsere erste menschliche Reaktion ist. Die in diesem Band versammelten Texte umkreisen immer wieder die zentrale Frage, wie wir einen angemessenen historischen Ausdruck für das Geschehene finden können, auf die er schließlich in seinem Meisterwerk «Das Dritte Reich und die Juden» eine gültige Antwort gefunden hat.

Saul Friedländer, geb. 1932, ist Professor für Geschichte an den Universitäten von Tel Aviv und California, Los Angeles. 1998 erhielt er den Geschwister-Scholl-Preis, 2007 den Friedenspreis des deutschen Buchhandels. Bei C. H. Beck liegt sein Hauptwerk «Das Dritte Reich und die Juden» in zwei Bänden vor. Außerdem sind erschienen «Wenn die Erinnerung kommt» (BsR 1253), «Gebt der Erinnerung Namen» (zus. mit Jan Philipp Reemtsma, BsR 1308) sowie «Kurt Gerstein oder die Zwiespältigkeit des Guten» (BsR 1789).

Saul Friedländer

Nachdenken über den Holocaust

Verlag C. H. Beck

Originalausgabe

Gesamtherstellung: Druckerei C. H. Beck, Nördlingen
Umschlagentwurf: + malsy, Willich
Umschlagabbildung: © Regina Schmeken
Printed in Germany
ISBN 978 3 406 54824 6

www.beck.de

Inhalt

Vorwort

Die hier vorgelegten Aufsätze sind, rund gerechnet, im Laufe der letzten 20 Jahre entstanden. Mit Ausnahme des ersten setzen sie sich jedoch alle mit denselben Kernproblemen auseinander, und dadurch gewinnt dieser Band eine gewisse Einheitlichkeit.

Der erste Artikel war ein unmittelbares Ergebnis der zeitgenössischen historiographischen Debatten über die Struktur und die Dynamik der Radikalisierung des nationalsozialistischen Staates (also der Kontroverse zwischen «Intentionalisten» und «Strukturalisten»). Mein Ziel war es, von einer Erörterung dieser Positionen, die überwiegend abstrakt und allgemein verlaufen war, zu einer Debatte überzugehen, in der die Aufmerksamkeit spezifischer auf die Vernichtung der Juden Europas gerichtet war. Heute würden die Positionen, die ich damals in diesem Essay vertrat, nuancierter ausgedrückt werden, aber wenn ich darin betonte, daß die antijüdische Ideologie des Regimes und die persönliche Beteiligung Hitlers an allen wichtigen Entscheidungen über die «Endlösung» im Rahmen eines unterstützenden Systems (zu dem die Partei, die gesellschaftlichen Eliten und die Bevölkerung gehörten) von zentraler Bedeutung gewesen waren, dann sind das Postulate, die ich immer noch für gültig halte.

Die anderen in diesem Band versammelten Beiträge behandeln aus unterschiedlichen Blickwinkeln das Problem, das bislang die wichtigste Aporie zu sein scheint, die der Historiographie des Holocaust innewohnt: wie man diese Geschichte nach allen Regeln strengster Wissenschaft schreiben soll, ohne das anfängliche Gefühl der «Fassungslosigkeit» zu unterdrücken, das diese Geschehnisse auslösen. Die Aufsätze widmen sich beispielsweise dem «Unbehagen» des Historikers angesichts dieser Aufgabe sowie den Schwierigkeiten und Fallstricken, auf die künstlerische und literarische Repräsentationen des Holocaust stoßen. Auf einer allgemeineren Ebene beschäftigen sie sich mit der natürlichen Neigung sowohl der historischen Wissenschaft als auch der Erinnerung, eine Vergangenheit, die sich nicht beherrschen läßt, zu domestizieren. Dies ist das Dilemma, das ich in den beiden Bänden meines Buches *Das Dritte Reich und die Juden* im Bewußtsein behalten und in seinen beiden widersprüchlichen Facetten zum Ausdruck zu bringen versucht habe.

Eben dieses Dilemma war für mich zwar am Rande, aber doch deutlich erkennbar präsent in der Auseinandersetzung mit Martin Broszat über die Historisierung des Nationalsozialismus. Auf einer oberflächlichen Ebene verwies ich natürlich darauf, daß der Historisierungsbegriff in apologetischem Sinne benutzt werden könnte. Der Leser sollte daran denken, daß diese Diskussion während des «Historikerstreits» entbrannte und 1987, im letzten Stadium der Kontroverse, ihren vollen Ausdruck fand. Abgesehen vom Mißbrauch des Begriffs beunruhigte mich aber, daß in Broszats Formulierung seiner These die Absicht unverkennbar war, die entscheidende Bedeutung der Verfolgung und Vernichtung der Juden im Rahmen einer Gesamtdarstellung des «Dritten Reiches» zu minimieren; das zu tilgen, was er als Hindernis für den «rationalen» Kurs der deutschen Geschichtsschreibung betrachtete, nämlich die «mythische Erinnerung der Opfer und ihrer Nachfahren». «Mythische Erinnerung» bedeutete nicht nur Vereinfachung und eine Schwarzweiß-Darstellung der Ereignisse, sondern auch genau das Gefühl der «Fassungslosigkeit», wie ich es nenne, und den Willen, hierfür einen angemessenen Ausdruck zu finden. Meine Besorgnis über die totale Auslöschung der «Fassungslosigkeit» in der latenten Bedeutung der Historisierung, wie ich sie auffaßte, habe ich in den Schlußsätzen meines dritten und letzten Briefes an Broszat auszudrücken versucht: «Das menschliche Erinnerungsvermögen [neigt] durchaus dazu, einer Tendenz zu erliegen, die nichts mit nationalen Besonderheiten zu tun hat: Es zieht das Normale dem Abnormalen, das Verstehbare dem schwer Verstehbaren, das Vergleichbare dem Schwervergleichlichen, das Erträgliche dem Unerträglichen vor.»

Saul Friedländer *Los Angeles, Juli 2007*

Vom Antisemitismus zur Judenvernichtung: Eine historiographische Studie zur nationalsozialistischen Judenpolitik und Versuch einer Interpretation

In den letzten Jahrzehnten hat die historische Literatur zu der Vernichtung der europäischen Juden beträchtlichen Umfang angenommen. Das gilt für die Geschichte der Wurzeln des nationalsozialistischen Antisemitismus und dessen Entwicklung, für die nationalsozialistische Judenpolitik im allgemeinen und die «Endlösung» im besonderen.[1] Jede übergreifende Auswertung dieser historischen Untersuchungen kann lediglich darauf abzielen, eine einzige zentrale Frage zu beantworten: Ermöglichen es diese Arbeiten, die betreffenden Ereignisse in den Rahmen einer allgemeinen und schlüssigen historischen Erklärung einzupassen, oder erlauben sie nur sehr fragmentarische Einblicke, die sich nicht für eine aussagekräftige Synthese und schließlich für ein Verständnis des Gesamtzusammenhangs eignen? Mit anderen Worten: Gilt, was Isaac Deutscher vor etwa fünfzehn Jahren geschrieben hat, auch heute noch?

> «Für den Historiker, der die Massenvernichtung der Juden zu verstehen sucht, ist der absolut einmalige Charakter dieser Katastrophe das schwerwiegendste Hindernis. Es ist nicht lediglich eine Frage der Zeit und der historischen Perspektive. Ich bezweifle, daß man in tausend Jahren Hitler, Auschwitz, Majdanek und Treblinka besser verstehen wird, als wir es heute tun. Wird man dann eine bessere historische Perspektive besitzen? Es könnte sogar das Gegenteil der Fall sein, daß die Nachwelt all das noch viel weniger versteht als wir.»[2]

Oder sollten wir lieber die Interpretation übernehmen, die Raymond Aron vor einigen Jahren gab?

> «Bezüglich des Genozids [...] möchte ich behaupten, daß seine offensichtliche Irrationalität von einer falschen Perspektive her-

rührt. Hitler hatte viele Male und vor allem am ersten Tag des Krieges verkündet, daß die Juden einen Krieg, den sie seiner Meinung nach verursacht hatten, nicht überleben würden. [...] Ist man bereit zuzugeben, daß die Liquidierung der Juden, die Beseitigung des jüdischen Gifts, des verderblichen Bluts, Hitlers oberstes Ziel war, dann wird die fabrikmäßige Organisation des Tötens rational, nämlich als Mittel zur Erreichung dieses Ziels, des Genozids. Instrumentelle Vernunft ist von Natur amoralisch oder moralisch neutral. War der Völkermord einmal als Ziel festgesetzt, dann mußte das Material, mußten das Personal und vor allem die Transportmittel, die für dieses Unternehmen benötigt wurden, vom Nachschub der Streitkräfte abgezweigt werden.»[3]

Diese beiden gegensätzlichen Positionen sind implizite die Basis der gesamten Geschichtsschreibung zu unserem Thema. Was allerdings die Auswertung der Geschichtsschreibung im einzelnen anbelangt, so kann man diese auf zwei verschiedenen Analyseebenen untersuchen: auf der Ebene der allgemeinen Interpretation des Nationalsozialismus und derjenigen der beschränkteren, aber um nichts weniger kontroversen Interpretation der antijüdischen Maßnahmen der Nationalsozialisten, betrachtet aus der Perspektive ihrer konkreten Entwicklung und inneren Dynamik.

I.

Vom methodischen Ansatz her lassen sich drei Hauptgruppen für eine Gesamtinterpretation des Nationalsozialismus unterscheiden: Erklärungen, die vor allem auf der Annahme eines «Sonderwegs» der deutschen Geschichte basieren; solche, die Faschismustheorien benutzen; und schließlich Erklärungen, die den Nationalsozialismus als eine Spielart des «Totalitarismus» ansehen.[4]

Der erste Ansatz, der den Nationalsozialismus vor allem als Ergebnis einer deutschen Sonderentwicklung, die für die meisten Historiker im 19. Jahrhundert begann, auffaßt, rückt nicht selten den deutschen Antisemitismus in den Mittelpunkt. Einige dieser

Interpretationen nehmen den deutschen Antisemitismus, die deutsche Rassenideologie oder «völkisches» Gedankengut als einen Ausgangspunkt für ausgesprochene oder teilweise auch unausgesprochene Deutungen des Nationalsozialismus.[5]

Daß der nationalsozialistische Antisemitismus nicht ohne diesen nationalen Hintergrund erklärt werden kann, versteht sich beinahe von selbst. Die Schwierigkeit liegt jedoch in der Einschätzung der Bedeutung dieser Wurzeln, der relativen Bedeutsamkeit der völkischen Ideologie und schließlich des Stellenwerts, den antisemitische Themen und Einstellungen in der deutschen Gesellschaft hatten, sei es während des Kaiserreichs oder in der Weimarer Republik. Erst eine solche Einschätzung, die an die verschiedenen Arbeiten über die öffentliche Meinung zu den Juden im Dritten Reich anzuknüpfen hätte, könnte zu einem Verständnis der möglichen Wechselbeziehungen zwischen der nationalsozialistischen Treibjagd gegen die Juden und der deutschen Gesellschaft führen. Die Wurzeln von Hitlers persönlicher Ideologie sind ein wesentlicher Bestandteil jeder Interpretation nationalsozialistischer Politik. Ein anderer, für die Interpretation notwendiger Aspekt ist jedoch eine Beurteilung der ausdrücklichen oder stillschweigenden Unterstützung, die Hitlers Judenpolitik auf verschiedenen Ebenen durch die Bevölkerung erfuhr.

Zunächst muß man bei der Frage nach der Bedeutung des deutschen Antisemitismus im ausgehenden 19. Jahrhundert und in den Jahren vor dem Ersten Weltkrieg auch neuere Arbeiten über Frankreich berücksichtigen, die ganz ähnliche Themen, Einstellungen und Aktionen verschiedener antijüdischer Gruppen enthüllen.[6] Das bedeutet, daß man nach einer spezifisch deutschen Entwicklung während der Kriegsjahre und der Weimarer Republik suchen muß. Die genaue Bedeutung der Ausbreitung des Antisemitismus in der deutschen Gesellschaft während dieser Zeit bleibt jedoch unklar, denn wir besitzen keine systematische Überblicksstudie zu diesem Thema. Die vielen Arbeiten, die sich mit Einzelaspekten dieser Frage beschäftigen, bieten kein ganz einheitliches Bild. Wir wissen zum Beispiel, daß die deutschen antisemitischen Parteien am Vorabend des Krieges verschwanden[7] und daß die antisemitischen Themen bei Kriegsbeginn zurückgingen. Wir wissen aber auch von dem steilen Anstieg antijüdischer Agitation zwischen 1916 und 1924.[8] Die Bedeutung des Antisemitismus in der entscheidenden Phase der frühen dreißiger Jahre ist alles andere als klar. Nach William Sheridan Aliens Studie über den Aufstieg des Nationalsozialismus in einer kleinen Stadt bei Hannover spielte er nur eine untergeordnete Rolle.[9] In anderen Gegenden scheint er jedoch eine größere Bedeutung gehabt zu haben.[10] Es zeigt sich, daß regionale Unterschiede ein wichtiger Bestandteil der Interpretation sind.[11] Aus den Erkenntnissen, die bislang über den deutschen Antisemitismus vor 1933 zusammengetragen wurden, läßt sich zumindest eine plausible Schlußfolgerung ziehen: Extremer, rassisch begründeter Antisemitismus in seinem österreichischen oder deutschen Gewand haben die Ideologie Hitlers und die der «echten Gläubigen» innerhalb der NSDAP mit Sicherheit genährt;[12] was aber die Bevölkerung betrifft, so gewährte dieser Antisemitismus den politischen Maßnahmen gegen die Juden nach 1933 eine eher latente als aktive Unterstützung. Für manche Historiker besteht, wie wir sehen werden, nicht einmal ein notwendiger Zusammenhang zwischen Hitlers Ideologie und der Entwicklung der antijüdischen Politik der Nationalsozialisten bis zu ihrer letzten Konsequenz. Folgt man dieser Sichtweise, so heißt das allerdings, daß man die ideologischen Wurzeln des Nationalsozialismus als ein Erklärungselement für die nationalsozialistische Judenpolitik ausschließt.

Einige Arbeiten, die dem nationalen ideologischen Hintergrund nur eine geringe Rolle zuschreiben, betonen dagegen die Bedeutung traditioneller Sozialstrukturen (Bürokratie, Armee, Justiz) für die Entwicklung nationalsozialistischer Politik. Die Funktion traditioneller Elemente für die Entfaltung der antijüdischen Politik wird dabei jedoch nicht immer deutlich erklärt.[13] Zusammengenommen gibt es nur wenige übergreifende Deutungen des Nationalsozialismus, die bei der Erklärung der nationalsozialistischen Judenpolitik den nationalen Hintergrund völlig übergehen. Allerdings ist die Bedeutung dieses Hintergrunds oft schwer einzuschätzen.

Von allen allgemeinen Deutungen des Nationalsozialismus ist noch immer die am verbreitetsten, die das Hitler-Phänomen in die umfassende Kategorie des «Faschismus» einordnet.[14] Sie hat eine marxistische und eine nichtmarxistische Spielart, und in beiden Fällen stellt der nationalsozialistische Antisemitismus wegen seiner Einzigartigkeit ein ernsthaftes Hindernis für diese Art von Verallgemeinerung dar. Viele Faschismus-Theoretiker lösen das Problem, indem sie es vollkommen ignorieren: Ihre Theorien umgehen das Hindernis, erwähnen es im großen und ganzen überhaupt nicht (außer notfalls mit einigen wenigen Worten).[15] Andere erkennen die Schwierigkeiten, suchen aber nichtsdestoweniger nach der gemeinsamen Basis des Faschismus, nach seinem «kleinsten gemeinsamen Nenner».[16] Schließlich gibt es auch Deutungen, die versuchen, den nationalsozialistischen Antisemitismus in ihre allgemeine Theorie zu integrieren.

Die Einbeziehung des nationalsozialistischen Antisemitismus in eine nichtmarxistische Faschismustheorie kann sich auf drei verschiedene Brennpunkte konzentrieren: Der Antisemitismus kann auf ein eher fundamentales ideologisches Charakteristikum des gesamten Faschismus reduziert werden; er kann durch die besondere innere Dynamik faschistischer Parteien und Regime erklärt werden; und er läßt sich mit ähnlichen Haltungen zu gesellschaftlichen Außenseitergruppen, wie sie in anderen faschistischen Bewegungen und Regimen auftraten, vergleichen.

Ernst Nolte machte in seinem monumentalen Werk «Der Faschismus in seiner Epoche» den systematischsten Versuch, Hitlers Antisemitismus auf den allgemeinen ideologischen Nenner aller faschistischen Bewegungen zu reduzieren: den Antimarxismus. Für Nolte war der nationalsozialistische Antisemitismus lediglich die extreme Form des Antibolschewismus «radikaler Faschisten»: «Ungehemmte Leidenschaft nimmt immer dann Hitler in Besitz, wenn vom Bolschewismus die Rede ist. In ihm sieht er die bisher radikalste Form des jüdischen Völkermordes. [...] In Eckarts Schrift jedoch hatte Hitler dem Bolschewismus Lenins einen anderen Bolschewismus als Ursprung verordnet, denjenigen des Moses.»[17]

Das Zitat vermittelt den Eindruck, daß Hitlers Antijudaismus eher seinen Antibolschewismus bestimmt hatte als umgekehrt.

Eine kürzlich erschienene Veröffentlichung aller frühen, vor «Mein Kampf» verfaßten Aufzeichnungen Hitlers erlaubt eine bessere Einschätzung der relativen Bedeutung von Antijudaismus beziehungsweise Antimarxismus. Bezugnahmen auf die Juden sind darin etwa dreimal so häufig wie solche auf Bolschewismus, Kommunismus oder Marxismus.[18] Das bringt uns zurück zu den ganz offensichtlichen Unterschieden zwischen dem Nationalsozialismus und anderen Arten von Faschismus: Im Nationalsozialismus nimmt der Antisemitismus eine zentrale und besondere Stellung ein. Und es waren in der Tat die Juden und nicht die Marxisten, die das Ziel waren sowohl von Hitlers ersten als auch von seinen letzten ideologischen Äußerungen. Während die Sowjetunion und die kommunistischen Parteien Europas zwischen 1939 und 1941 zeitweilig Hitlers Verbündete waren und die Idee eines Sonderfriedens mit Stalin gegen Ende des Krieges häufig erörtert wurde, war jede Übereinkunft mit den Juden aus Hitlers Perspektive vollkommen undenkbar. Schließlich besitzen wir von Martin Bormann die allerdeutlichste Äußerung über das Verhältnis von Antijudaismus und Antimarxismus: «Unsere nationalsozialistische Lehre [ist] völlig antijüdisch = antikommunistisch = antichristlich.»[19]

Rassischen Antisemitismus – damit kommen wir zum zweiten Ansatz einer Deutung des nationalsozialistischen Antisemitismus im Rahmen einer Faschismustheorie – gab es in Deutschland seit dem Ende des 19. Jahrhunderts. Seine Entwicklung aus einer nebulösen Theorie zu einer systematischen politischen Strategie erforderte strukturelle Bedingungen, die nach Hans Mommsen zum Beispiel diejenigen faschistischer Regime sind: Es genüge nicht, den nationalsozialistischen Antisemitismus «als eine etwas radikalere Spielart [der bestehenden antisemitischen Tendenzen] anzusehen. [...] Man muß die strukturellen Bedingungen erforschen, die es ihm erlauben, nicht auf der Form von propagandistischen Erklärungen oder von Ausbrüchen eines ‹wilden› Radikalismus zu verbleiben.»[20] Zur Erklärung dieser notwendigen Bedingungen bezieht Mommsen sich auf die Struktur der NSDAP und des nationalsozialistischen Herrschaftssystems. Diese Struktur ist seiner Meinung nach typisch für faschistische Parteien und Regime: Sie besteht einerseits in der direkten Verbindung zwischen den verschiedenen Würdenträgern und dem obersten Führer und andererseits in ungenau abgegrenzten Kompetenzbereichen, die permanente Rivalitäten und innere Kämpfe zur Folge haben, welche wiederum einen Prozeß «kumulativer Radikalisierung» in Gang setzen.[21] So führte der Kampf um die Kontrolle der «jüdischen Angelegenheiten» zu einer wachsenden Radikalisierung in diesem Bereich, was die «Endlösung» als ein zwangsläufiges Ergebnis der inneren Dynamik eines faschistischen Regimes erklären würde.[22] Wir werden später zu den Problemen, die diese Theorie der «kumulativen Radikalisierung» aufwirft, zurückkehren. Hier muß die Feststellung genügen, daß, selbst wenn wir die Existenz eines solchen Prozesses innerhalb des Nazi-Regimes und die Erklärung, die Mommsen dafür anbietet, zugestehen, sich dieser Vorgang doch im einzigen anderen voll ausgeprägten faschistischen Regime, dem in Italien, praktisch nicht feststellen läßt. Was Italien anbetrifft, könnte man von «kumulativer Radikalisierung» vielleicht bis 1939 sprechen und von «kumulativer Mäßigung» (wenigstens innerhalb der Partei) zwischen 1939 und 1943, als Mussolini mit Hilfe des Großen Faschistischen Rats abgesetzt wurde. (Die kurzlebige «Republik von Salò» war ein Werk der deutschen Nationalsozialisten.)

Schließlich wurde versucht, den Antisemitismus der Nationalsozialisten mit dem «Rassismus» der italienischen Faschisten zu vergleichen, der sich gegen die Afrikaner, die Slawen (Triest, Fiume) oder die Südtiroler richtete. Die Unterschiede in der Radikalität werden dabei mit der Kriegslage erklärt.[23] Man mag sich fragen, weshalb es in Italien während des Krieges nicht zu den gleichen Ergebnissen wie in Deutschland kam, und man muß insgesamt bezweifeln, ob aus Gründen der Rettung eines einheitlichen Faschismuskonzepts ein solcher Vergleich ernsthaft vorgeschlagen werden darf. In der Tat wird, wie Karl Dietrich Bracher schrieb,

> «eine allgemeine Theorie des Faschismus [...] immer fragwürdig bleiben, wenn sie mit diesem Problem konfrontiert wird [dem nationalsozialistischen Antisemitismus und der Vernichtung der Juden]. [...] Während sich der (italienische) Faschis-

mus ganz auf die Frage des starken Staates *stato totalitario* als der Grundlage eines erneuerten *Impero Romano* konzentrierte, war Hitlers Grundidee die überragende Bedeutung der Rasse, die Begründung eines zukünftigen Reiches auf rassistischer Grundlage, für die die Organisation eines starken Staates nur ein Mittel, nie aber ein Selbstzweck war.»[24]

In der marxistischen Faschismustheorie wird dem nationalsozialistischen Antisemitismus eine noch weniger eindeutige Rolle zugewiesen. Zunächst umfaßt dieser Ansatz eine als historische Forschung getarnte politische Propaganda: In einer gewissen sowjetischen «historischen» Urteilsverkündung aus den letzten zwanzig Jahren findet man die Nazis auf derselben Seite der Barrikaden wie die Zionisten im Kampf gegen ihr gemeinsames Opfer, die jüdischen Massen. Das Ziel der Nazis spielt keine Rolle; das der Zionisten ist einfach: kollaborieren bei der Ausrottung der Mehrheit, um einer kleinen Minderheit zu ermöglichen, die Küsten Palästinas zu erreichen und beim Aufbau eines zionistischen Staats zu helfen.[25]

Auf einer anderen Ebene versucht die marxistische Auffassung von Faschismus sehr systematisch, den nationalsozialistischen Rassismus und sogar die Vernichtung der Juden in den Rahmen eines orthodoxen ideologischen Systems einzubauen. Innerhalb dieses Rahmens kann die «Endlösung» nur das Ergebnis einer planmäßigen Politik der Schwerindustrie sein, die dabei enorme Gewinne machte (durch die Ausbeutung einer versklavten, den jeweiligen Bedürfnissen entsprechend ergänzbaren Arbeiterschaft; durch die Konfiszierung jüdischen Eigentums usw.). Diese Position, die sich häufig in historischen Arbeiten aus der DDR findet,[26] übergeht die klare Tatsache, daß die Vernichtung der europäischen Juden die deutsche Kriegsindustrie und die deutsche Kriegswirtschaft überhaupt einer bedeutenden Anzahl von Arbeitskräften und besonders in den östlichen Gebieten der entscheidend wichtigen Facharbeiter beraubte.[27] Die «Endlösung» bedeutete einen Verlust für die deutsche Kriegswirtschaft, der nur zu einem ganz geringen Teil durch die partielle Ausbeutung versklavter jüdischer Arbeitskräfte und das beschlagnahmte Vermögen der Opfer ausgeglichen wurde.[28]

Ein anderer marxistischer Ansatz besteht darin, die Verfolgung der Juden als eine Methode zu interpretieren, die von den Nationalsozialisten, und das heißt vom deutschen Kapital, benutzt wurde, um die Aufmerksamkeit der Massen abzulenken von der endemischen Krise des Systems und der Tatsache, daß ein bedeutsamer sozialer Wandel nicht stattgefunden hatte. Demnach erfüllte der Antisemitismus dieselbe Funktion wie Aggression, nämlich die, innere Spannungen abzuleiten. Aber auch hier widerspricht die These den offenkundigsten Tatsachen. Wir wissen heute, daß die vom Nationalsozialismus eingeleiteten sozialen Veränderungen sehr viel bedeutender waren, als man unmittelbar nach dem Krieg dachte.[29] Wir wissen heute außerdem (wie wir noch ausführlich zeigen werden), daß die öffentliche Meinung auf die Verfolgung der Juden nicht besonders enthusiastisch reagierte. Und was die letzte Stufe dieser Politik, die Vernichtung der Juden, anbetrifft, so war es mit Sicherheit nicht beabsichtigt, irgend jemandes Aufmerksamkeit darauf zu lenken; denn sie wurde absolut geheimgehalten.[30]

«Totalitarismus» ist der dritte große Ansatz zu einer allgemeinen Interpretation des Nationalsozialismus. In der Tat sind «Faschismus» und «Totalitarismus» keine gegensätzlichen Begriffe: Der italienische Faschismus nannte sich von Anfang an «totalitär». Die heutige Analyse von Nationalsozialismus neigt jedoch dazu, sie als gegensätzliche Begriffe zu betrachten. Der Unterschied besteht im wesentlichen darin, daß im Zentrum des Faschismus die Ideologie (Antimarxismus und Antiliberalismus) steht, während der Totalitarismus durch die zentrale Bedeutung der Mittel zur Kontrolle der Herrschaft an sich gekennzeichnet ist, weshalb auch eigentlich gegensätzliche ideologische Systeme (das stalinistische Rußland und das nationalsozialistische Deutschland) nach außen hin eher ähnlich als entgegengesetzt erscheinen können.[31]

Auf den ersten Blick scheint die Totalitarismustheorie eine bessere allgemeine Erklärung der nationalsozialistischen Judenpolitik zu bieten als etwa die Faschismustheorie. Jedoch werden auch in diesem Fall die Schwierigkeiten rasch deutlich. Eine Interpretation im Rahmen der Totalitarismustheorie kann sich in der Hauptsache auf zwei Argumentationszusammenhänge stützen: Nach dem einen ist es keine grundsätzliche ideologische Motivation, sondern eher der Wille zur totalen Beherrschung von Individuen und Gruppen, der das totalitäre System antreibt, seine Opfer zu unterdrücken und sie entsprechend auszuwählen. Wenn die Kontrolle es erfordert, entscheidet man sich ohne Unterschied für die Vernichtung dieser oder jener Gruppe. Der zu vernichtende Feind wird zu einem funktionalen Element im System totaler Herrschaft. Um eine ganze Bevölkerung zu terrorisieren oder ihre Kräfte zu sammeln, kann mehr oder weniger willkürlich erst eine Gruppe und dann eine andere herausgegriffen werden.[32]

Die Bürokratie ist das wirkungsvollste Instrument totalitärer Macht und totalitären Terrors. Sie besitzt jene niedrigen Diener, deren einziger Ehrgeiz es ist, ihre Aufgabe so wirkungsvoll wie möglich zu erfüllen. Und sie kann, einmal in Gang gesetzt, von den einfachsten erkennungsdienstlichen Maßnahmen bis zur totalen Vernichtung führen.[33] Ganz unterschiedliche Untersuchungen bestätigen die zentrale Rolle der deutschen Bürokratie bei der Verfolgung und Vernichtung der Juden, etwa Raul Hilbergs klassisches Werk, Hannah Arendts Essay über Adolf Eichmann, H.-G. Adlers Studie über die Deportation der deutschen Juden, Christopher Brownings Untersuchung der Rolle des deutschen Außenministeriums bei der Judenvernichtung oder Joseph Walks Sammlung der Gesetze und Erlasse unter der nationalsozialistischen Herrschaft, die die Juden betrafen.[34] Aber auch diese Deutung der nationalsozialistischen Judenpolitik begegnet größeren Schwierigkeiten, die vor allem in der zentralen Bedeutung der antijüdischen Ideologie für die Parteiführer liegen.

Es braucht nicht wiederholt zu werden, wie tiefsitzend Hitlers antisemitische Leidenschaft war und welche zentrale Rolle seine antijüdische Einstellung im Gesamtsystem seiner Ideologie spielte.[35] Dasselbe ließe sich von Goebbels und Himmler sagen[36] wie von einem Großteil der nationalsozialistischen Elite: «In der Theorie und Methode des Massenmords», schreibt Karl Dietrich Bracher, selbst ein Befürworter des «totalitären» Interpretationsansatzes, «ist die rassistische Ideologie des Nationalsozialismus als ein Selbstzweck hervorgetreten.»[37] Wenn das so ist, dann sieht sich die Interpretation der nationalsozialistischen Judenverfolgung im Rahmen einer Totalitarismustheorie einer großen Schwierigkeit gegenüber. Die klassische Theorie des Totalitarismus, wie sie in den frühen fünfziger Jahren von Hannah Arendt formuliert wurde, fordert eine zunehmende ideologische «Leere», je weiter man ins Zentrum des Systems vordringt. Der totalitäre Führer glaubt angeblich nicht an seine Ideologie. Ideologie wird lediglich benutzt, um die Massen oder allenfalls den Rand der totalitären Partei zu kontrollieren und zu mobilisieren.[38] Was nun die antisemitische Ideologie anbetrifft, so entspricht das nationalsozialistische Herrschaftssystem diesem Modell nicht. Da sie für Hitler und einen Teil der Parteiführung von zentraler Bedeutung war, muß die Erklärung der Verfolgung und Vernichtung der Juden außerhalb der konstitutiven Elemente des totalitären Systems gesucht werden: *Das totalitäre Herrschaftssystem ist das Mittel zur Vernichtung, nicht aber die Erklärung.*

Überdies führten die zentrale Bedeutung und Eigenständigkeit der antijüdischen Ideologie im Nationalsozialismus dazu, daß der «Feind» keine funktionale Rolle hatte und nicht willkürlich durch ein anderes Objekt ersetzt werden konnte. Der jüdische Feind war der oberste und unveränderliche Gegner. Er wurde unter vollständiger Geheimhaltung vernichtet, und dies war ein heiliges Ziel und kein Mittel zur Durchsetzung anderer Zwecke.

Betrachtet man diese verschiedenen Ansätze, dann scheint es, daß keine allgemeine Deutung des Nationalsozialismus dessen Antisemitismus und Judenpolitik in ihren theoretischen Rahmen integrieren kann, ohne sich größeren Problemen gegenüberzusehen. *Nationalsozialistischer Antisemitismus und nationalsozialistische Judenpolitik setzen in der Tat ein Fragezeichen hinter den Geltungsanspruch der allgemeinen Deutungen des Nationalsozialismus.*

II.

Die meisten Historiker arbeiten nicht auf der Ebene einer allgemeinen, sondern einer konkreten Interpretation von Tatsachen und Entscheidungen in ihrem Zusammenhang, von Politik unter dem Gesichtspunkt ihrer inneren Kohärenz. Seit dem Ende der sechziger Jahre neigt die Geschichtsschreibung zum Nationalsozialismus auf dieser Ebene besonders in der Bundesrepublik, aber auch in anderen westlichen Ländern dazu, zwei gegensätzliche Positionen zu beziehen: eine «intentionalistische» oder eine «funktionalistische».[39]

Für die Intentionalisten besteht eine direkte Beziehung zwischen Ideologie, Planung und politischer Entscheidung im Dritten Reich. Was die absolut zentrale Position des obersten Führers, Adolf Hitler, betrifft, so liegt dies so sehr auf der Hand, daß Klaus Hildebrand fordert, daß man «nicht von Nationalsozialismus reden sollte, sondern von Hitlerismus».[40] Die funktionalistische Position dagegen besagt, daß keine notwendige Beziehung zwischen ideologischer Basis und politischer Initiative der Nationalsozialisten besteht. Sie vertritt die Ansicht, daß Entscheidungen in funktionaler Beziehung zueinander sowie zum gegebenen politischen Kontext stehen, daß die Rolle der obersten Entscheidungsinstanz durch die fortwährende Interaktion verschiedener halbautonomer Handlungsträger bisweilen recht beschränkt war, und daß seine Entscheidungen den Eindruck planmäßiger Politik häufig nur vom Standpunkt nachträglicher Betrachtung aus machen.[41] Wir bekommen einerseits das Bild eines Systems, in dem alles vom Willen Adolf Hitlers abhängt, und andererseits das einer mehr oder weniger anarchischen Polykratie.

Der Gegensatz zwischen diesen beiden Ansätzen wird besonders deutlich bei ihrer Interpretation der nationalsozialistischen Judenpolitik. Für die Intentionalisten besteht vor allem eine Kontinuität zwischen der antisemitischen Ideologie der zwanziger Jahre und der endgültigen Vernichtung der Juden. Dieser lineare Ansatz kommt besonders stark in Ernst Noltes «Der Faschismus in seiner Epoche» zum Ausdruck, wo der Autor aufzeigt, daß in Hitlers System die Juden als die Träger des Bolschewismus und überhaupt aller widernatürlichen Bestrebungen vernichtet werden mußten, um die Menschheit zu retten. Ihre Vernichtung ist nach Eberhard Jäckels Studie «Hitlers Weltanschauung» die eindeutige Folge der Ideologie:

«Ob man einen Zusammenhang zwischen der Giftgaskriegführung des Ersten und den Gaskammern des Zweiten Weltkrieges vermuten mag oder nicht, sicher ist, daß Hitlers Antisemitismus, wie er in ‹Mein Kampf› vorgetragen wurde, kriegerische Züge trug. Er ging vom Kriege aus, verlangte kriegerische Methoden, sollte im Kriege verwirklicht werden, und es war daher folgerichtig, daß er im nächsten Kriege, der ja von Anfang an vorgesehen war, seinen blutigen Höhepunkt erreichte.»[42]

Die These von einer direkten Beziehung zwischen der ursprünglichen Ideologie und den späteren politischen Maßnahmen findet bisweilen einen sogar noch stärkeren Ausdruck. In Gerald Flemings kürzlich erschienenem Buch «Hitler und die Endlösung» werden die Erklärungen, die Hitler durch seinen Jugendfreund August Kubizek zugeschrieben wurden, in direkten Zusammenhang mit den Vernichtungsbefehlen Hitlers im Zweiten Weltkrieg gebracht. Fleming behauptet:

> «Es führt ein gerader Weg von der Bemerkung des Linzer Realschülers Adolf Hitler seinem Jugendfreund August Kubizek gegenüber ‹das gehört nicht nach Linz›, als die beiden damals in Linz in der Bethlehemstraße an der kleinen Synagoge vorbeigingen [...], zu des Führers Erklärung am 21. Oktober 1941 [...], ‹wenn wir diese Pest ausrotten, so vollbringen wir eine Tat für die Menschheit, von deren Bedeutung sich unsere Männer draußen noch gar keine Vorstellung machen können› [...], ein gerader Weg von Hitlers Antisemitismus Linzer Prägung aus der Zeit von 1904–1907 bis zu den ersten Massenerschießungen reichsdeutscher Juden im Fort IX in Kowno am 25. und 29. November 1941 und am 30. November 1941 morgens um 8.15 Uhr im Rumbuliwald vor Riga.»[43]

Nur wenige Historiker, selbst wenn sie zu den standhaftesten Intentionalisten gehörten, wären bereit, eine so extrem lineare These zu akzeptieren. Aber selbst wenn die Zwischenstufen zwischen Hitlers frühem Antisemitismus und seiner schließlichen Judenpolitik zahlreich und komplex wären, ist Flemings Standpunkt doch in einem wesentlichen Punkt hilfreich. Er erinnert uns an die Unerbittlichkeit von Hitlers Antisemitismus, an seine tiefen und frühen Wurzeln sowie an seinen zwanghaften Charakter. Jeder Versuch zu bestreiten, daß er ein wesentlicher Faktor für die spätere Vernichtungspolitik war, bedarf einer mindestens ebenso gründlichen Erklärung wie die Ansicht, die ihn für einen wichtigen Anstoß hält.

Die Intentionalisten können, um ihre Ansicht zu beweisen, auf die deutliche und rasche Abfolge von Stufen in der antijüdischen Politik der Nationalsozialisten verweisen (diese rasche Stufenfolge läßt sich auch auf anderen Gebieten nachweisen, wobei die Außenpolitik vielleicht das deutlichste Beispiel ist):

> «In dem Programm der Nationalsozialisten wurde die politische Entrechtung aller Juden gefordert; antisemitische Aktivitäten waren Teil der frühen Geschichte dieser Partei. Einmal an der Macht, begannen die Nationalsozialisten die systematische Organisierung der Judenverfolgungen. Man ließ es nicht zu, daß irgendwelche taktischen Überlegungen wesentliche Störfaktoren darstellten für den Boykott der Juden, für ihre Entfernung aus dem öffentlichen Leben, für ihre juristische Sonderbehandlung und schließlich für ihre Vernichtung.»[44]

Neben ihrer Feststellung einer Kontinuität zwischen Hitlers Ideologie und seiner Politik und neben ihrem Hinweis auf eine Abfolge von Stufen in dieser Politik nehmen die Intentionalisten manchmal auch technische Planung an. Das «Euthanasie»-Programm zu Beginn des Krieges etwa könnte eine technische Vorbereitung der «Endlösung» darstellen. In jedem Fall führte das Töten durch Gas in vergleichsweise geringem Umfang sicherlich zu der Idee, dieses Mittel auch für die Massenvernichtung einzusetzen: «Die Methode für die spätere Massenvernichtung der Juden durch das Gas [...] war seit Anfang 1940 während der als ‹Aktion T 4› bekannten Tötung erwachsener Anstaltspfleglinge erprobt worden.»[45]

Die Hauptfrage, die die beiden Ansätze trennt, ist die nach dem Befehl für die Vernichtung. Für die Historiker, die glauben, daß die Vernichtung der europäischen Juden geplant und vorsätzlich ausgeführt wurde, muß es auf irgendeine Weise im Frühjahr oder Frühsommer des Jahres 1941 einen diesbezüglichen Führerbefehl gegeben haben. Nach der Ansicht der Funktionalisten mag ein solcher Befehl erst viel später im Zuge der Ereignisse gegeben worden sein, wurde aber aller Wahrscheinlichkeit nach überhaupt nie erlassen.

Für eine Darstellung der intentionalistischen Ansicht zum Führerbefehl wollen wir uns der folgenden Behauptung von Helmut Krausnick zuwenden. Es sei sicher, schreibt er,

> «daß, je mehr Hitlers Plan ausreifte, mit Sowjetrußland den letzten möglichen Gegner auf dem europäischen Kontinent niederzuwerfen, desto stärker ihn auch der Gedanke beschäftigte – der ihm längst als ‹Maximallösung› vorschweben mochte –, die Juden in seinem Herrschaftsbereich auszurotten. Spätestens im März 1941, als er mit der Absicht herauskam, die politischen Kommissare der Roten Armee erschießen zu lassen, dürfte er daher auch den geheimen Befehl zur Ausrottung der Juden erteilt haben, einen Befehl, der – entgegen verschiedenen Aussagen – wohl niemals schriftlich niedergelegt worden ist.»[46]

Durch eine Reihe zusätzlicher und übereinstimmender Hinweise wird es sogar noch wahrscheinlicher, daß ein solcher Befehl im Frühjahr 1941 gegeben wurde. Zu dieser Zeit wurden die Einsatzgruppen angewiesen, die Juden in den besetzten sowjetischen Gebieten zu vernichten, und in einem Rundschreiben aus dem Reichssicherheitshauptamt, das die weitere Auswanderung von Juden aus Belgien und Frankreich verbot, war von der «zweifellos kommenden Endlösung der Judenfrage» die Rede.[47] Es ist auch möglich, daß der Befehl im Frühsommer 1941, kurz nach dem deutschen Überfall auf die Sowjetunion, gegeben wurde, als Göring Heydrich anwies, die «Gesamtlösung der Judenfrage im deutschen Einflußgebiet in Europa» vorzubereiten.[48]

Kein Historiker glaubt heute mehr, daß ein solcher Befehl schriftlich gegeben wurde. In mündlicher Form könnte es entweder eine eindeutige Weisung an Göring oder Himmler gewesen sein oder wahrscheinlicher ein undeutlicher Hinweis, der von jedermann verstanden wurde. In jedem Fall aber glauben die intentionalistischen Historiker, daß ein Signal von Hitler gekommen sein muß, um die «Endlösung» in Gang zu setzen.

Für die Funktionalisten sind die meisten Grundannahmen der intentionalistischen Richtung unwahrscheinlich. Rufen wir uns zunächst nochmals den gemeinsamen Nenner aller funktionalistischen Interpretationen ins Gedächtnis zurück: Das nationalsozialistische Herrschaftssystem war weithin chaotisch, und wichtige Entscheidungen waren oft das Ergebnis unterschiedlichster Bestrebungen, wobei jede zentrale Planung, Vorüberlegung oder klare Befehle von oben, die die Ziele und Mittel zur Durchführung einer Politik angaben, fehlten.

Die funktionalistische Interpretation bestreitet nicht die Existenz einer starken antisemitischen Ideologie, hält aber deren Beziehung zu den politischen Maßnahmen für allenfalls indirekt. Für Martin Broszat zum Beispiel diente der nationalsozialistische Antisemitismus im wesentlichen einer allgemeinen Mobilisierung – er war ein Kampfsymbol, aber keine direkte Quelle von Aktionen. Er führte gewissermaßen zufällig zur «Endlösung», da eben Parolen, die so oft wiederholt worden waren, schließlich auch ausgeführt werden mußten:

> «Die stereotypen Negationen waren seit jeher das einzige Konkrete gewesen, auf das sich der nationalsozialistische ‹Extremismus der Mitte› einigen konnte, das ihm die Vortäuschung einer Aktionsgemeinschaft erlaubte.»[49] «Die während des Prozesses der Machtergreifung und im Laufe der späteren Entwicklung des Dritten Reiches stattfindende Selektion der negativen Weltanschauungselemente [...] bedeutete aber zugleich eine zunehmende Radikalisierung, Perfektionierung und Institutionalisierung der Inhumanität und Verfolgung. [...] In der Diskriminierung konnte es jedoch keinen unendlichen Progressus geben. Infolgedessen mußte hier die ‹Bewegung› schließlich in der ‹Endlösung› enden. [...] Die Phraseologie mußte sich schließlich selbst ‹beim Wort nehmen›, es mußte wörtlich ausgeführt werden, was objektiv nur als Weltanschauungs-Instrument zur Mobilisierung von Kampfbereitschaft und Zukunftsgläubigkeit einen Sinn gehabt hätte. [...] Die geheime Judenvernichtung, mit der logischerweise auch der Antisemitismus als propagandistisches Instrumentarium zu Grabe getragen wurde, verdeutlicht die wahnhafte Vertauschung von Kampfsymbol und Endziel.»[50]

Wenn nach Broszats Ansicht die Ideologie nur indirekt zur «Endlösung» führte, indem ein Symbol für die Mobilisierung der Massen mit einem konkreten Ziel verwechselt wurde, so ist für Hans

Mommsen die fehlende Beziehung zwischen Ideologie und Politik sogar noch bedeutender:

«Noch immer hält sich in der Forschung die Vorstellung, daß Hitler selbst die Ausrottung des Judentums von Anbeginn an in einem konkreten Sinn erwogen und als Fernziel aufgestellt hat. Die sorgfältig registrierten Äußerungen des späteren Diktators zu diesem Problem belegen dies gewiß nicht zwingend.»[51]

Nach Mommsen unterscheiden sich Hitlers Erklärungen nicht von denen anderer radikaler Antisemiten seit dem ausgehenden 19. Jahrhundert, und was seine Aktionen in den dreißiger Jahren angeht, so zeigen sie eher Zurückhaltung. Mommsen bestreitet nicht Hitlers Judenhaß, aber seiner Meinung nach entstanden die ergriffenen Maßnahmen nicht notwendigerweise aus diesem Haß. «Überall dort», so schreibt er tatsächlich, «wo er [Hitler] mit konkreten Handlungsalternativen konfrontiert wurde, pflegte er nicht als Scharfmacher zu agieren, sondern der weniger radikalen Lösung den Vorzug zu geben.»[52]

Nach der Auffassung von Karl Schleunes hat «während der frühen Jahre des Dritten Reiches vom Führer angefangen kein Mitglied der nationalsozialistischen Bewegung definiert, was die wesentlichen Bestandteile einer Lösung des Judenproblems sein könnten. [...] Die antisemitischen Voraussetzungen des Nationalsozialismus helfen nur im allerweitesten Sinne den Verlauf zu erklären, den eine Vielfalt der antijüdischen Maßnahmen schließlich nahm.»[53]

Uwe Dietrich Adam kommt nach einer genauen Untersuchung der antijüdischen Maßnahmen der dreißiger Jahre, in welchen – wie er behauptet – bis 1938 keine klare Linie festgestellt werden kann (also bis zu dem Zeitpunkt, zu dem die SS die Führung übernahm und eine systematische Auswanderungspolitik betrieb) zu einer ersten allgemeinen Schlußfolgerung, daß nämlich «von einer geplanten und gelenkten Politik auf diesem Gebiet nicht die Rede sein kann, daß ein Gesamtplan über Art, Inhalt und Umfang der Judenverfolgung niemals bestand und daß auch die Massentötung und Vernichtung mit größter Wahrscheinlichkeit von Hitler nicht a priori als politisches Ziel angestrebt wurde».[54]

Als ein Beispiel für diese völlige Planlosigkeit während der dreißiger Jahre erwähnt Mommsen die Nürnberger Gesetze von 1935. Demnach sollte Hitler beim Parteitag, der am 10. September eröffnet wurde, eine außenpolitische Erklärung zum Abessinien-Konflikt abgeben. Dieses Vorhaben wurde auf Verlangen von Außenminister von Neurath am 13. September aufgegeben, und erst dann, zwei Tage vor der Schlußsitzung des Parteitages, ließ Hitler in größter Eile die Rassengesetze vorbereiten.[55]

Die funktionalistische Interpretation der zentralen Ereignisse des Jahres 1941 ist derjenigen der Intentionalisten diametral entgegengesetzt. Nach Adam war die Vernichtung der Juden in den besetzten Sowjetgebieten nicht notwendigerweise Teil eines umfassenden Vernichtungsplans. Denn erst zwischen September und Dezember jenes Jahres entschied Hitler – einerseits infolge der Lage, die durch die Deportation der Juden aus dem Reich in die Gettos des Ostens entstanden war, und andererseits als Folge der aufgehaltenen deutschen Offensive in Rußland –, die «territoriale Lösung» der Judenfrage durch die völlige Vernichtung zu ersetzen.[56]

Broszat übernimmt Adams allgemeine Beschreibung der Ereignisse des Jahres 1941, aber er treibt die Argumentation noch eine Stufe weiter. Während Adam zugesteht, daß Hitler die völlige Vernichtung des europäischen Judentums irgendwann im Herbst 1941 angeordnet haben muß, glaubt Broszat, daß ein solcher Befehl wahrscheinlich nie gegeben wurde. Die «Endlösung», so schlägt Broszat vor, war das Ergebnis einer Reihe lokaler Initiativen, die darauf abzielten, örtliche Probleme (die chaotische Situation in den Gettos) zu lösen. Sie entwickelte sich nur allmählich zu einer umfassenden Aktion:

> «Die Judenvernichtung entstand, so scheint es, nicht nur aus vorgegebenem Vernichtungswillen, sondern auch als ‹Ausweg› aus einer Sackgasse, in die man sich selbst manövriert hatte. Einmal begonnen und institutionalisiert, erhielt die Liquidierungspraxis jedoch dominierendes Gewicht und führte schließlich faktisch zu einem umfassenden ‹Programm›. Mit absoluter Sicherheit läßt sich auch diese Interpretation nicht belegen, aber sie hat, nach den ganzen Begleitumständen zu schließen, die

hier in allen Einzelheiten nicht erörtert werden können, weit mehr Wahrscheinlichkeit für sich als die Annahme eines umfassenden Geheimbefehls zur Judenvernichtung im Sommer 1941.»

In einer Fußnote fügt Broszat noch hinzu: «Mir scheint dagegen, daß es überhaupt keinen umfassenden allgemeinen Vernichtungsbefehl gegeben hat, das ‹Programm› der Judenvernichtung sich vielmehr aus Einzelaktionen heraus bis zum Frühjahr 1942 allmählich institutionell und faktisch entwickelte und nach der Errichtung der Vernichtungslager in Polen [...] bestimmenden Charakter erhielt.»[57]

In Broszats Darstellung wird Hitlers antijüdische Einstellung nicht geleugnet, aber ihre direkte Verbindung zu den politischen Entscheidungen wird, wie wir bereits gesehen haben, in Frage gestellt. Nach Mommsen hatte die Ideologie sogar noch weniger Einfluß auf die Dynamik der Vernichtung. Diese könne viel besser durch den bereits erwähnten Prozeß der «kumulativen Radikalisierung» erklärt werden, der aus dem andauernden Konkurrenzkampf verschiedener Handlungsträger und Institutionen des nationalsozialistischen Systems entstand und den allgemeinen Machtkampf innerhalb des Systems darstellt:

«Um zu verhindern, daß jüdisches Vermögen aufgrund des organisatorischen Wildwuchses in die Hände der Gau-Verbände fällt, gab Göring nach dem Novemberpogrom den Befehl zur staatlichen Arisierung; die betroffenen Abteilungen beeilten sich, die Gesetzgebung zu unterstützen, nicht zuletzt, um ihren Teil an Verantwortung zu behalten. Die unmögliche Situation, die durch die materielle und soziale Enteignung der Juden geschaffen wurde, veranlaßte einige Gauleiter dazu, ihre Zuflucht – ungeachtet der Konsequenzen – zum Mittel der Deportation zu nehmen – ein Schritt, dem die betroffenen Regierungsstellen heftigen Widerstand entgegensetzten. Das Ergebnis war jedoch nicht, daß die Deportationen durch eine politisch akzeptable Lösung ersetzt wurden, sondern im Gegenteil, der systematische Massenmord an den Juden, den niemand zuvor für möglich gehalten hätte – die radikalste Lösung und – zufällig – diejenige, die sich mit Hitlers eigenen Wünschen traf.»[58]

In Mommsens Interpretation wird Hitlers Rolle in der antijüdischen Politik und der Durchführung der «Endlösung» besonders gering erachtet: «Mit der konkreten Durchsetzung des antisemitischen Programms hat sich Hitler kaum befaßt; seine gelegentlichen Interventionen lassen kein praktisches Konzept erkennen und liegen auf der Linie verschärfter Repressalien. Im Vordergrund steht für ihn, wie auch sonst, der propagandistische Effekt.»[59] Was die fehlende Planung betrifft, so erscheint in Mommsens Darstellung selbst die Wannsee-Konferenz vom Januar 1942, von der gewöhnlich angenommen wird, daß dort die wichtigsten Durchführungsbestimmungen für die allgemeine Vernichtung der europäischen Juden getroffen wurden, in dieser Beziehung als ziemlich verschwommen.[60]

III.

Man könnte nach einer Synthese von intentionalistischer und funktionalistischer Position suchen.[61] Tatsächlich paßt die funktionalistische Richtung, die statt der zentralen Rolle eines Führers eher die Dynamik eines Systems betont, in vieler Hinsicht besser in das allgemeine Fahrwasser moderner Geschichtsschreibung.[62] Das Bild vom Nationalsozialismus, das diese Richtung bietet, ist «normaler», leichter zu erklären: Jede Gruppe kann zufällig Schritt für Schritt in die extremsten kriminellen Handlungen hineinstolpern. Jenseits der soziologischen Theorie von Polykratie und administrativem Chaos konfrontiert uns der funktionalistische Ansatz implizit mit Hannah Arendts These von der «Banalität des Bösen». Die Funktionalisten können zu Recht beanspruchen, daß ihre Position eine sehr viel breitere Verantwortlichkeit für die begangenen Verbrechen impliziert, als dies bei der entgegengesetzten Position der Fall ist, die Hitler als den Hauptverursacher und die einzige Befehlsgewalt ansieht.[63] Andererseits beinhaltet die Position der Intentionalisten das Schlüsselelement der Vorsätzlichkeit. Planung und Vorsatz an der Spitze führen zwangsläufig zu Planung und Vorsatz auf verschiedenen Ebenen der Hierarchie und zu keiner geringeren Bewußtheit der Ereignisse innerhalb der verschiedenen damit befaßten Stellen, als dies in der funktionalistischen Position impliziert ist.

Auf der konkreten Ebene historischer Forschung hat der funktionalistische Ansatz ohne Zweifel wesentlich zu unserem Verständnis des chaotischen Charakters des nationalsozialistischen Herrschaftssystems und der komplexen Handlungszusammenhänge, in die die verschiedenen Entscheidungsprozesse eingelagert waren, beigetragen. Jedoch ist dieser Ansatz, wie gesagt, bei der Korrektur älterer Interpretationen, die zu einfach gewesen sein mögen, ins entgegengesetzte Extrem verfallen und hat die Eigenständigkeit von Prozessen derart betont, daß die Rolle Hitlers beinahe getilgt wurde.[64] Einige Argumente der funktionalistischen Richtung werden durch die etwas banale Tatsache unterstützt, daß sogar in monolithisch geschlossenen Systemen Entscheidungen dauernd dem Druck der verschiedensten internen und externen Faktoren unterworfen sind und daß sich keine Politik ohne Fehlstarts, Verzögerungen und taktische Anpassungen entfalten kann. Dies wird noch offensichtlicher, wenn wir zugeben, daß das nationalsozialistische Regime in seiner inneren Struktur alles andere als monolithisch war. Die Befehle des Führers wurden zwar, wie Hans-Heinrich Wilhelm erwähnt, befolgt, aber nicht immer ohne Zögern. Dies war um so mehr der Fall, als Hitler selbst fortfuhr, auch wenn er bereits auf eine Handlungsrichtung festgelegt war, ganz offen über alternative Wege, sein Ziel zu erreichen, nachzudenken.[65] So entsteht der Eindruck von Improvisation und Zufälligkeit – die Hauptstütze des funktionalistischen Ansatzes.

Dennoch scheint es, daß die greifbaren Quellenbelege die traditionelle intentionalistische Position stärken, zumindest was die antijüdische Politik und die «Endlösung» betrifft. Bei den Themen, von denen Hitler besessen war und die den Kern seines Systems darstellten, nämlich die Eroberung von «Lebensraum» und der allumfassende Kampf gegen die Juden, ist sein Eingreifen in allen entscheidenden Phasen deutlich erkennbar, und seine erklärten politischen Ziele wurden schließlich ungeachtet von Zögern und Widerständen verwirklicht.

Viele der erwähnten Historiker haben, wenn sie Hitlers Antisemitismus und seine Rolle in der antijüdischen Politik des nationalsozialistischen Regimes diskutierten, versucht, ein explizites oder implizites psychologisches Portrait des Diktators zu entwerfen.[66] Keiner dieser Autoren bestreitet Hitlers fanatischen Antisemitismus, und viele betonen dessen pathologische Züge. Martin Broszat gehört zu denen, die den stärksten Nachdruck auf die krankhafte Form von Hitlers Judenhaß legen und die Tatsache betonen, daß Hitler, je mehr er spürte, daß die militärische Auseinandersetzung verloren war, desto mehr das vorantrieb, was für ihn zum «wirklichen» Krieg geworden war.[67] Es gibt einen offensichtlichen Widerspruch zwischen der Beschreibung eines so tiefsitzenden Hasses einerseits und Broszats Hauptthese bezüglich der «Genesis der ‹Endlösung›» und des Fehlens eines Führerbefehls andererseits. Warum sollte ein so pathologischer Judenhasser davor zurückschrecken, einen Befehl zur völligen Vernichtung zu geben? Wie konnte er seinen Untergebenen eine Sache völlig überlassen, die nach Broszat selbst seine zentrale Zwangsvorstellung war?

Hans Mommsen versucht diese logische Falle dadurch zu vermeiden, daß er Hitlers fanatischen Antisemitismus zwar nicht bestreitet, aber ein ziemlich komplexes psychologisches Bild entwirft, das man etwa wie folgt zusammenfassen könnte. Erstens (und das bezieht sich auf frühere Arbeiten Mommsens) setzte Hitler seinen Willen oft nicht durch, sondern war ein etwas «schwacher Diktator».[68] In dem Aufsatz «Die Realisierung des Utopischen» erscheint diese Schwäche in einer anderen Form. Auf vielen Gebieten wich Hitler Entscheidungen nicht aus, sondern es läßt sich nach Mommsen im Gegenteil eine Art «Flucht nach vorn» feststellen.[69] Dies traf aber im Fall der Judenfrage nicht zu, in der Hitler aus irgendwelchen geheimnisvollen Gründen seine Ansicht dauernd in chiliastischen Formulierungen darlegte[70] und davor zurückscheute, «die ideologische Scheinwelt, in der er lebte, mit der politischen und sozialen Realität zu konfrontieren». Dies erkläre seine Nichteinmischung in die Entscheidungen bezüglich der Vernichtung der Juden: «Konfrontiert mit den realen Konsequenzen der Judenvernichtung, reagierte Hitler nicht anders als seine Unterführer – er suchte diese nicht wahrzunehmen oder zu verdrängen.»[71]

Der Prozeß der Vernichtung kam, wie bereits gesagt, durch die innere Dynamik des Systems und durch Himmlers fanatischen Ehrgeiz in Gang, Hitlers apokalyptische Träume hier und jetzt zu verwirklichen.[72] So bleibt der fanatische Träumer ein Fanatiker, ist aber, weil er ein Träumer ist, an den wirklichen Entscheidungen bezüglich der Vernichtung kaum beteiligt. Diese Erklärung gerät in Schwierigkeiten, da sie die bekannten Fakten über Hitlers persönliche Beteiligung an der «Endlösung» nicht berücksichtigt. Man kann zum Beispiel fragen, weshalb Hitler verlangte, regelmäßig über die Aktionen der Einsatzgruppen auf Sowjetgebiet informiert zu werden,[73] und weshalb Himmler ihm am 21. Dezember 1942 den Bericht Nr. 51 sandte. Dieser behandelt die Operationen der Einsatzgruppen auf Sowjetgebiet in der Zeit von August bis November 1942 und erwähnt die Exekution von 336 211 Juden (nach einer Notiz von Hitlers Adjutant Pfeiffer wurde dieser Bericht Hitler am 31. Dezember 1942 vorgelegt).[74] Man fragt sich auch, warum wir direkte Befehle von Hitler haben, 1942 die im Distrikt Rowno in der Ukraine noch verbliebenen Juden zu exekutieren.[75] Und schließlich: Wenn Hitler davor zurückschreckte, seine ideologische Traumwelt mit der Realität zu konfrontieren, wenn er das Wissen um die Vernichtung der Juden verdrängte oder ihm aus psychologischen Gründen auswich, dann fragt man sich doch, warum er in seiner letzten politischen Erklärung, seinem Testament vom 29. April 1945, geschrieben am Vorabend seines Todes, sich mit eben dieser Vernichtung der Juden brüstete und sie als den größten Dienst hinstellte, den der Nationalsozialismus der Menschheit erwiesen habe.[76] Allgemeiner gesprochen: Die Diskrepanz zwischen Hitlers absoluter Rücksichtslosigkeit bei der Entfesselung des Krieges, der Tötung der Geisteskranken, der Befehle über die Art des Vernichtungskrieges, der in Rußland geführt werden sollte, und seiner angeblichen Furcht, bei der Vernichtung der Juden den Realitäten ins Auge zu sehen, überzeugt nicht.

Wenn wir uns nun nach Hitlers Persönlichkeit der Funktion seiner antisemitischen Ideologie zuwenden, wie Broszat sie beschreibt, nämlich als eine im wesentlichen instrumentelle, mobilisierende Ideologie, dann sehen wir uns ähnlichen Schwierigkeiten wie soeben gegenüber: Warum sollte ein so besessener Judenhasser nicht zuerst und vor allem danach trachten, seine antijüdische Ideologie zu verwirklichen? Warum sollte diese Ideologie nicht zu einem konkreten Ziel, zu einer konkreten Politik führen? Aber hinter diesem logischen Argument erhebt sich die Frage: Wen eigentlich sollte diese Ideologie mobilisieren? Die Bevölkerung? Die Parteimitglieder?

Was die Bevölkerung betrifft, so wissen wir heute, daß, obwohl antijüdische Vorurteile weit verbreitet waren und obwohl die antijüdische Politik des Regimes die Einstellungen sogar in den Kreisen des deutschen Widerstandes nicht wesentlich beeinflußte,[77] die Maßnahmen keine allgemeine Begeisterung auslösten. Von den Nationalsozialisten können die Reaktionen auf ihren Antisemitismus als allenfalls «gemischt» eingeschätzt worden sein. Otto Dov Kulkas Untersuchungen zu dieser Frage zeigen bedeutende regionale Unterschiede. Dennoch ergeben sich auch einige vorherrschende Aspekte: Abneigung gegen unordentliche antijüdische Maßnahmen und deshalb Bevorzugung von ordentlichen, «gesetzmäßigen» Lösungen (Nürnberger Gesetze), vor allem aber wachsende Gleichgültigkeit und Trägheit.[78] Ian Kershaws speziellere, auf Bayern konzentrierte Arbeit zeigt eine größere Zurückhaltung von seiten der Bevölkerung:

> «Die andauernde Radikalisierung der antijüdischen Politik des Regimes kann nach den hier interpretierten Quellenbelegen kaum als das Produkt starker Forderungen der öffentlichen Meinung oder als Antwort darauf bezeichnet werden. Sie führte vielmehr in den Jahren 1935 und 1938 zu einem Prestigeverlust der Partei, der selbst Rückwirkungen auf Hitlers eigenen Nimbus gehabt haben könnte, wenn er öffentlich die Radikalen unterstützt und ihre Partei angegriffen hätte. Die Radikalisierung des negativen Dynamismus, der die Antriebskraft der nationalsozialistischen Partei darstellte, fand bemerkenswert wenig Resonanz in der Masse der Bevölkerung. Die öffentliche Meinung, die weitgehend indifferent und mit einem latenten Antisemitismus durchsetzt war, der durch die Propaganda noch verstärkt wurde, schuf das Klima, in der sich die eskalierenden Aggressionen der Nationalsozialisten gegen die Juden ungehin-

dert entfalten konnten. Aber sie war nicht die Ursache dieser Radikalisierung.»[79]

Welche Nuancen es in der öffentlichen Meinung auch gegeben haben mag, es muß der durch Polizei und SD über die Stimmung der Bevölkerung wohl informierten NSDAP bald klargeworden sein, daß der Antisemitismus keinen größeren Mobilisierungseffekt besaß, sondern eher das Gegenteil. Es bleibt deshalb die Frage nach der Mobilisierung der Partei.

Daß die antijüdischen Aktionen im Frühjahr 1933, im Frühjahr und Sommer 1935 und im November 1938 ein Ventil für Radikale in der Partei waren, ist gut belegt.[80] Aber wurde dieses Ventil von der Führung bestätigt, die Ausbrüche von Hitler gefördert? Die Quellen scheinen das Gegenteil zu belegen: 1933 widersetzte sich Hitler bei der Entfernung der Juden aus dem öffentlichen Dienst und besonders bei ihrer Entfernung aus den juristischen Berufen den Forderungen der Radikalen und sprach sich für die zurückhaltenderen Vorschläge des Justizministeriums aus.[81] Die Nürnberger Gesetze von 1935 wurden unter anderem erlassen, um der Agitation der Radikalen ein Ende zu bereiten.[82] In seiner Rede vom 29. April 1937 vor Kreisleitern der Partei in der Ordensburg Vogelsang warnte Hitler die Radikalen davor, in der Judenfrage Schritte von ihm zu verlangen, die nicht sorgfältig geplant seien.[83]

Im November 1938, als die katastrophalen Folgen der «Kristallnacht» offenkundig wurden, nahm Hitler die jüdischen Angelegenheiten endgültig den Partei-Radikalen aus der Hand und übertrug sie dem Triumvirat Göring-Himmler-Heydrich.[84] Das waren zwar wahrlich Radikale, aber sie brauchten keinen Antisemitismus als Ventil und keine antijüdischen Initiativen zur «Mobilisierung».[85]

Der antijüdischen Politik der Nationalsozialisten fehlte in den dreißiger Jahren in der Tat ein genauer im voraus aufgestellter Plan. Sie mußte daher wegen innerer und äußerer Schwierigkeiten nach einer etwas unklaren Strategie vorgehen. Dennoch ist ein allgemeines Ziel ganz deutlich: die Absonderung der Juden aus der deutschen Gesellschaft und ihre Vertreibung (durch freiwillige oder erzwungene Auswanderung) von deutschem Boden. Die Punkte des Parteiprogramms vom Februar 1920 zur Judenfrage wurden verwirklicht. Die Ideologie äußerte sich in konkreten Maßnahmen; es gab keinerlei Zurück. Da hier von Zielen und von Politik die Rede ist, ist das Problem von Hitlers direkter Beteiligung von Bedeutung.[86] Um darüber eine sichere Schlußfolgerung ziehen zu können, würden wir eine Untersuchung über die dreißiger Jahre benötigen, wie sie Gerald Fleming für die Zeit des Krieges und der «Endlösung» angestellt hat. Da es eine solche Arbeit (ungeachtet der Bedeutung der allgemeinen Arbeiten zur nationalsozialistischen Judenpolitik in dieser Zeit) nicht gibt, müssen wir uns hier auf wenige Bemerkungen beschränken:

Am 26. März 1933 rief Hitler Goebbels nach Berchtesgaden, um die Vorbereitungen für den antijüdischen Boykott vom 1. April zu besprechen. Zwei Tage später sprach er mit seinem Propagandaminister nochmals über das bevorstehende Ereignis und bedeutete ihm, welche Themen in der ersten handfesten antijüdischen Initiative des neuen Regimes aufgegriffen werden sollten.[87] Was die Diskussion über das «Gesetz zur Wiederherstellung des Berufsbeamtentums» und über das zur «Zulassung der Rechtsanwaltschaft» betrifft, so haben wir Hitlers allgemeinen Standpunkt bereits erwähnt; nach Uwe Adam nahm Hitler an dieser Besprechung, die am 31. März oder 1. April 1933 stattfand, wahrscheinlich teil.[88] Bezüglich des Ausschlusses der Juden aus den juristischen Berufen ist seine Zurückweisung der Forderungen der Radikalen aus den Akten belegbar. Es läßt sich in der Tat feststellen, daß Hitler während des gesamten Jahres 1933 die Geschwindigkeit, mit der die antijüdischen Maßnahmen ergriffen wurden, unter Kontrolle hatte, daß er die Initiative eines Boykotts, wie er von den Radikalen gefordert wurde, akzeptierte, daß er sich aber den extremen Maßnahmen, die von ihnen später gefordert wurden, im Hinblick auf die allgemeine politische Situation widersetzte.

Die Nürnberger Gesetze stehen im Zentrum der Auseinandersetzung um Hitlers Eingriffe in den dreißiger Jahren. Wir haben Mommsens Darstellung betrachtet, deren zentrale Aussage bereits in Bernhard Loeseners Bericht[89] enthalten war: Die Gesetze wurden im allerletzten Moment vorbereitet, da die Gegenstände, die von Hitler in der Schlußsitzung des Parteitages eigentlich behandelt werden sollten, zwei Tage vor dieser Sitzung fallengelassen wurden. Eine erneute Überprüfung der Quellen zeigt indes, daß die Rassengesetze seit Monaten in Vorbereitung und auf Ministerebene und auch mit Hitler selbst besprochen worden waren. Am 30. August 1935 wurde ihre bevorstehende Verkündung sogar in der ausländischen Presse erwähnt.[90]

Daß Hitlers Aufmerksamkeit selbst dem kleinsten Detail der politischen Maßnahmen gegen die Juden galt, zeigt sein Entschluß, in letzter Minute die zentralen Worte «dieses Gesetz bezieht sich nur auf Volljuden» zu tilgen, als er am 15. September 1935 vor dem Reichstag das «Gesetz zum Schutze des deutschen Blutes und der deutschen Ehre» verkündete.[91] Man könnte auch darauf hinweisen, daß es Hitler selbst war, der während des Anschlusses auf die Idee kam, den jüdischen Staatsbeamten Österreichs zu verbieten, den Loyalitätseid, der auf ihn persönlich geleistet wurde, abzulegen.[92] Schließlich könnte man anführen, daß am 9. November 1938, als der Tod vom Raths bekanntgegeben wurde, wahrscheinlich noch vor der Entfesselung des antijüdischen Pogroms, ein Treffen zwischen Hitler und Goebbels stattfand. Für die Hauptkontroverse bezüglich der Entwicklung der antijüdischen Politik ist jedoch die entscheidende Periode offensichtlich die Kriegszeit.

Das allgemeine Ziel der nationalsozialistischen Judenpolitik von 1933 bis 1939 scheint also die Absonderung und Vertreibung der Juden gewesen zu sein. Auf den Kriegsausbruch folgten eine notwendige Pause und ein Suchen nach einer neuen, den völlig veränderten Umständen angepaßten Lösung.[93] Das Jahr 1941, in dem die Phase des Zögerns zu Ende gekommen zu sein schien, ist schließlich dasjenige, das den Historiker mit den eigentlich zentralen Fragen konfrontiert.

Martin Broszat betont die Tatsache, daß keiner von Hitlers Paladinen irgendeine Erinnerung an einen mündlichen Befehl zur vollständigen Ausrottung der Juden hatte, als sie nach dem Krieg verhört wurden. Außerdem deuten Eintragungen in den unveröffentlichten Tagebüchern von Goebbels, die auf das Judenproblem während des Sommers und Herbstes 1941 zu sprechen kommen, oft eine Evakuierung in Lager auf russischem Gebiet an, erwähnen aber keinen Vernichtungsbefehl. Schließlich zitiert

Broszat unter anderem als Quellenbeleg die Auseinandersetzung zwischen Himmler und SS-Brigadeführer Übelhör, der für das Getto von Lodz verantwortlich war. Anfang Oktober 1941 widersprach Übelhör ganz entschieden der Deportation von Juden aus dem Reich nach Lodz, da die Aufnahmekapazität des Gettos überbeansprucht sei. Diese Auseinandersetzung wäre sinnlos gewesen, wenn die Vernichtung bereits beschlossen gewesen wäre.[94]

Zu diesen Argumenten schrieb Christopher Browning eine Entgegnung. Er verwies darauf, daß Himmler und Heydrich, die Hauptarchitekten der «Endlösung», nach dem Krieg für Verhöre nicht mehr zur Verfügung standen, und daß Göring, der um sein Leben kämpfte, mit Sicherheit nicht zugegeben hätte, daß er einen Befehl zur allgemeinen Vernichtung der Juden unterstützte. Die Goebbels-Tagebücher seien, wenn überhaupt, eine schlechte Quelle, da Goebbels bekanntlich seit dem November 1938 von Göring, Himmler und Heydrich bewußt von jüdischen Angelegenheiten ferngehalten worden war. Auf der anderen Seite hätte Broszat eine ganze Reihe von Hinweisen auf die Vorbereitung der «Endlösung» im Sommer und Herbst 1941 ausgelassen. So bezogen sich zum Beispiel nach dem Krieg sowohl der frühere Kommandant von Auschwitz, Rudolf Höß, als auch Adolf Eichmann darauf, daß in dieser Zeit allgemeine Vernichtungspläne ausgearbeitet worden seien. Was die Behandlung betrifft, die nach Broszat für die in den Osten deportierten Juden vorgesehen war (Tod durch Hunger, Überarbeitung, Kälte usw), so unterschied sie sich nicht wesentlich von einem Vernichtungsplan. Schließlich weist Görings Befehl an Heydrich vom 31. Juli 1941 auf eine umfassende Vorbereitung hin, die notwendigerweise die Erprobung verschiedener möglicher Methoden sowie Zögern und plötzliche Initiativen beinhaltete, die zusammengenommen für einige Monate den Eindruck von Chaos gegeben haben mögen, den Broszat als ein Anzeichen für das vollständige Fehlen jeder Planung nimmt.[95] Aber kehren wir zu der Abfolge der Ereignisse selbst zurück.

Bis zum Herbst des Jahres 1941 wurden nur die sowjetischen Juden systematisch vernichtet. Adam und Broszat betrachten diese Vernichtungsaktion als nicht notwendigerweise mit der umfassenden «Endlösung» verbunden, obwohl – wie Browning zeigt

– die Vernichtungsaktionen auf sowjetischem Gebiet einen offensichtlichen qualitativen Wandel in der nationalsozialistischen Judenpolitik darstellen. Außerdem begannen im Herbst 1941 Deportationen aus dem Reich – überwiegend nach Lodz, Kowno, Minsk und Riga. Einige der nach Riga und Lodz Deportierten wurden sofort ermordet – in der Nähe von Riga und im Vernichtungslager von Chelmno (Kulmhof) bei Lodz (unter den Liquidierten waren auch Juden aus der örtlichen Umgebung). Es sollte eigentlich scheinen, daß wir uns jetzt den Stufen eines umfassenden Plans gegenübersehen, da der Vernichtungsprozeß nun Juden ergriff, die von Deutschland zu den Tötungsstätten gebracht wurden. Broszat interpretiert diese Tötungsaktionen jedoch als notwendige Folge lokaler Überlegungen (die Deportationen aus dem Reich verstärkten die Überfüllung der Gettos, und die Juden konnten nicht weiter nach Osten gebracht werden, da der Vormarsch der Wehrmacht in Rußland stockte). Er fügt hinzu, daß der sehr chaotische Eindruck, den die Deportationen wegen Hitlers plötzlichem Bedürfnis, das Reich so bald wie möglich judenfrei zu sehen, boten, jede systematische Planung eines Vernichtungsprozesses auszuschließen scheine.

In Wirklichkeit jedoch waren die Vernichtungen von Riga keine örtliche Improvisation. Hinrich Lohse, der Reichskommissar Ostland, erhielt durch SS-General Friedrich Jeckeln die Weisung Himmlers, daß diese Vernichtungsaktionen unter Berufung auf seinen (Himmlers) Befehl und in Übereinstimmung mit den Wünschen des Führers durchgeführt werden sollen («Sagen Sie dem Lohse, es ist mein Befehl, was auch des Führers Wunsch ist»).[96] – Es ist also klar, daß dies keine örtliche Initiative, sondern in jeder Hinsicht eine von Hitler war.

Die Belege für den Beginn der Vernichtungsaktionen in Chelmno sind komplexer. Broszat erinnert uns daran, daß der Gedanke, einen Teil der Juden aus dem Getto von Lodz zu vernichten, um das Überfüllungsproblem zu lösen, unter örtlichen SS-Offizieren und mit dem Reichssicherheitshauptamt bereits im Juli 1941 besprochen wurde, als es noch keinen allgemeinen Plan für die «Endlösung» gegeben haben konnte.[97] Ist es also nicht denkbar, daß die Vernichtungsaktionen im Herbst ihren Ursprung in ähnlichen Überlegungen hatten, die auf einer ziemlich niedrigen Befehlsebene entwickelt wurden?

Im März des Jahres 1944 berichtete nach Gerald Fleming der Gauleiter des Warthegaues, Greiser (in dessen Gebiet Lodz und Chelmno lagen), seinem Führer stolz, daß praktisch alle Juden des Warthelandes vernichtet worden seien (zum größten Teil in Chelmno). Am 21. November 1942 informierte Greiser Himmler, daß er bei seinem Treffen mit Hitler angewiesen worden sei, bezüglich der Juden «nach seinem eigenen Gutdünken zu handeln». Greiser hatte zwei Treffen mit Hitler, das erste am 1. Oktober und das zweite am 8. November 1942.[98]

Greisers Bericht an Hitler aus dem Jahr 1944 zeigt ganz deutlich, daß Hitlers Bemerkungen von Oktober oder November 1942 völlig richtig verstanden wurden. Auf der anderen Seite hatte Greiser, wie wir wissen, die Vernichtungsaktion in Chelmno bereits ein Jahr vor diesem Treffen in Gang gesetzt. Hätte er den gleichen Befehl wie Lohse im Herbst 1941 empfangen, dann würden Hitlers Worte ein Jahr später keinen Sinn ergeben. Es bieten sich zwei mögliche Erklärungen von allgemeiner Bedeutung an: Entweder waren Greiser oder Übelhör in Lodz von dem allgemeinen Plan in diesem frühen Stadium nicht unterrichtet, oder die unterschiedlichen konkreten Situationen führten, wie es dann durch die ganzen folgenden Jahre der Fall gewesen wäre, zu beschränkten und einander widersprechenden Entscheidungen, ungeachtet des allgemeinen Vernichtungsplans. Das könnte Heydrichs eigenes Zögern bezüglich des Schicksals der spanischen Juden in Frankreich im Oktober desselben Jahres erklären (ein Fall, der von Mommsen dazu benutzt wird, die Hypothese der Existenz eines Befehls für die allgemeine Vernichtung in Frage zu stellen).[99]

Wenn man vom Einzelfall zur Betrachtung des allgemeinen Kontextes übergeht, dann wird das gesamte Bild sehr viel klarer. Bis zum Herbst 1941 hatten die Einsatzgruppen fast eine Million Juden in der Sowjetunion vernichtet, und Juden aus dem Reich wurden massenhaft in Riga und Chelmno getötet. Jede Auswanderung von Juden aus den besetzten Gebieten Europas war verboten (Befehl vom 23. Oktober 1941), und die Bauarbeiten am Vernichtungslager Belzec im Generalgouvernement hatten begonnen. Es wird außerdem allgemein erwähnt, daß im Frühherbst desselben Jahres in Auschwitz erste Experimente mit Vergasungen durch Zyklon B stattfanden. Die Testphase war zu Ende, und der allgemeine Rahmen der «Endlösung» wurde sichtbar.

In diesem Zusammenhang (wie auch für sich selbst genommen) erscheint der Zweck der Wannsee-Konferenz, auf der Heydrich am 20. Januar 1942 den versammelten Vertretern verschiedener Ministerien und SS-Stellen die Umrisse der Endlösung darlegte, unmißverständlich. Trotzdem wollen wir noch einmal Mommsens Interpretation betrachten:

> «Auf der Wannsee-Konferenz wurde der Beschluß gefaßt, alle europäischen Juden in das Deportationsprogramm mit einzuschließen und die Entscheidung bezüglich der Definition der Juden, die zur Gruppe der Verfolgten gehörten, voranzutreiben. Das Vernichtungsprogramm scheint noch immer sehr vage gewesen zu sein, und Heydrichs Bemerkungen lassen unterschiedliche Interpretationen zu, obwohl er die Notwendigkeit einer späteren Eliminierung der Deportierten erwähnte, die den Prozeß der Vernichtung durch Arbeit überleben sollten. Die fiktive Einbeziehung der Juden in ein Arbeitseinsatzprogramm stellte die psychologische Kette her, die von der Emigration über die Absonderungslösung zum Genozid führte.»[100]

Wenn die Einbeziehung der Juden in ein Programm der Zwangsarbeit fiktiv war – was es in der Tat war –, dann stellte Heydrichs gesamter Entwurf den umfassenden Plan für die Vernichtung des europäischen Judentums dar. Die Errichtung von Vernichtungslagern im Generalgouvernement während der folgenden Monate beseitigt alle Zweifel oder Unklarheiten über das, was am Wannsee gemeint war. Was logisch zwingend erscheint, wird außerdem noch durch Quellenbelege bestätigt. Bei seinem Prozeß in Jerusalem wurde Adolf Eichmann, der der technische Organisator der Konferenz war und daran teilnahm, vom Vorsitzenden des Gerichts nach dem allgemeinen Inhalt der Besprechung gefragt. Er antwortete: «Es wurde von Töten und Eliminieren und Vernichten gesprochen.»[101]

Wenn wir einräumen, daß die Absicht der Wannsee-Konferenz offenkundig unmißverständlich ist, und wenn wir uns daran erinnern, daß Heydrich in seiner Eröffnungsansprache nicht nur auf den Befehl, den er von Göring erhalten hatte, sondern auch auf Hitlers Zustimmung zum Beginn der Evakuierung der Juden in den Osten Bezug nahm, dann kann dies nur eines bedeuten: Hitler hatte dem Vernichtungsplan zugestimmt. Es ist kaum glaublich, daß Heydrich einem ganzen Aufgebot hoher Beamter einen Vernichtungsplan vorlegte, wenn Hitler selbst einen *echten* Evakuierungsplan beabsichtigt hätte.

Die Konferenz war ursprünglich für den 9. Dezember 1941 angesetzt und später auf den 20. Januar 1942 verschoben worden. Man muß deshalb annehmen, daß die Vorbereitungen des Plans, den Heydrich vorlegte, einige Monate in Anspruch genommen hatten. Und es erscheint wahrscheinlich, daß Hitler seine «Zustimmung» im Laufe des Sommers 1941 gab. Und Hitlers «Zustimmung» bedeutet in Wirklichkeit genauso wie Hitlers «Wunsch» Hitlers «Befehl», und zwar ohne die Notwendigkeit, einen solchen formell erlassen zu müssen. Aus einem früheren Verhör von Rudolf Höß schließlich, das von den britischen Behörden während seiner Gefangenschaft durchgeführt wurde, wird deutlich, daß dieser nicht, wie oft angenommen wurde, die Daten durcheinanderbrachte, als er in seinen Gefängnismemoiren schrieb, er habe im Sommer 1941 von einem Befehl zur völligen Vernichtung der Juden gehört. Es scheint, daß Höß Himmler im Juni 1941 traf und von ihm von Hitlers Befehl, die allgemeine Vernichtung der Juden vorzubereiten, hörte.[102]

Die Aussage von Höß paßt sowohl zu den Quellen, die Gerald Fleming gesammelt hat, wie zu den verschiedenen Erwähnungen eines Befehls von Hitler, die in den unterschiedlichsten Quellen erscheinen. Als Otto Bradfisch, Leiter des Einsatzkommandos 8, das in der Region von Minsk operierte, im August 1941 Himmler fragte, wer die Verantwortung für die Exekutionen trüge, antwortete dieser, die Befehle kämen von Hitler und hätten die Kraft eines Gesetzes.[103] Als ein Jahr später der SS-General Gottlob Berger im Namen des Ministeriums für die besetzten Ostgebiete vorschlug, daß eine exakte Definition des Begriffs «Jude» herausgegeben werden sollte, wies Himmler den bloßen Gedanken einer weiteren Definition, die nur Beschränkungen auferlege, zurück und fügte hinzu: «Die besetzten Ostgebiete werden judenfrei gemacht. Die Durchführung dieses sehr schweren Befehls hat der Führer auf meine Schultern gelegt. Die Verantwortung kann mir ohnedies niemand abnehmen. Also verbiete [sic] ich mir alles mitreden.»[104]

In der ersten Hälfte des Jahres 1944 nahm Himmler in nicht weniger als vier verschiedenen Reden (26. Januar, 5. Mai, 24. Mai und 21. Juni) auf den sehr schweren Führerbefehl hinsichtlich der «Endlösung» Bezug. Drei dieser Reden wurden vor großen Versammlungen hoher Wehrmachtoffiziere gehalten.[105] Nach dem Zeugnis des SS-Richters Konrad Morgen soll Himmler, als Christian Wirths Kommando in das Generalgouvernement gesandt wurde, um Globocnik beim Vernichtungsprozeß zu helfen, «die Angehörigen durch einen Eid zum Schweigen verpflichtet und ihnen gesagt haben ‹er mute ihnen Übermenschlich-Unmenschliches zu. Es sei aber Befehl des Führers›».[106]

Ende Dezember des Jahres 1941 informierte Bernhard Loesener, Referent für Judenfragen im Innenministerium, den Staatssekretär Wilhelm Stuckart, daß er wegen der Vernichtung der Juden in dem Gebiet um Riga, von denen er gehört hatte, nicht in seinem Amt bleiben könne. Stuckart antwortete: «Wissen Sie nicht, daß diese Dinge auf höchsten Befehl geschehen?»[107] Im Mai 1942 trafen sich Reinhard Heydrich, der Chef des Reichssicherheitshauptamtes und neuernannte Protektor von Böhmen und Mähren, und einige Abwehr-Offiziere in Prag. Im Verlauf der sehr hitzigen Diskussion über die Vernichtungsaktionen erklärte Heydrich, daß das Reichssicherheitshauptamt für die Ermordungen nicht verantwortlich sei, sondern daß sie auf den persönlichen Befehl des Führers hin ausgeführt würden.[108]

Wie bereits erwähnt, sandte der Chef der Geheimen Staatspolizei, Heinrich Müller, am 1. August 1941 folgenden Befehl an die Chefs der vier Einsatzgruppen:

«Dem Führer sollen von hier aus lfd. Berichte über die Arbeit der Einsatzgruppen im Osten vorgelegt werden.»[109] Wir haben auch schon erwähnt, daß Himmler im Dezember 1942 den Bericht

Nr. 51 an Hitler sandte, und daß der Bericht am 31. Dezember Hitler vorgelegt wurde. Im selben Monat notierte Himmler nach einer Besprechung mit Hitler «Punkt (3) Juden ... abschaffen, Juden in Frankreich 600–700 000, abschaffen».[110] In der Tat sollte Himmler, was die Statistik anbelangt, Ende Dezember noch besser informiert werden, als der SS-Inspektor für Statistik, Richard Korherr, für ihn einen vollständigen und genauen Bericht über den Gang der «Endlösung» verfertigte. Im April 1943 war dieser Bericht, auf den aktuellen Stand vom 31. März gebracht und auf sechseinhalb Seiten konzentriert, fertig zur Vorlage beim Führer. Auf der speziellen «Führer-Schreibmaschine» (die extra große Typen hatte) getippt, wurde Hitler der Bericht kurz vor Mitte April 1943 vorgelegt.[111] Nach Eichmanns Aussage trug der Bericht, als er ins Reichssicherheitshauptamt zurückkam, folgende Notiz: «Führer hat Kenntnis genommen. Zu vernichten. H. H. [Heinrich Himmler]»[112]

Hier müssen wir die seltsamen Widersprüche bei der nationalsozialistischen Tarnung der «Endlösung» betrachten. Richard Korherr wurde gebeten, das Wort «Sonderbehandlung», das in diesem Befehl auftauchte, zu tilgen. Rudolf Brandt, Himmlers persönlicher Adjutant, schrieb ihm:

> «Er [Himmler] wünscht, daß an keiner Stelle von ‹Sonderbehandlung der Juden› gesprochen wird. Auf Seite neun, Punkt vier sollte die Formulierung deshalb wie folgt lauten: transportieren von Juden aus den Ostprovinzen nach dem russischen Osten: Es wurden durchgeschleust durch die Lager im Generalgouvernement [...] durch die Lager im Warthegau. – Eine andere Formulierung ist nicht gestattet. Ich sende Ihnen den Bericht, der bereits vom Reichsführer SS korrigiert ist, mit der Forderung zurück, daß Seite neun entsprechend geändert und der Bericht wieder vorgelegt wird.»[113]

Man ist verwundert über die Inkonsistenz der Tarnungsversuche. Einerseits wurde selbst das Codewort «Sonderbehandlung» aus dem an Hitler gesandten Bericht entfernt; andererseits bezog sich Himmler mehrfach auf Hitlers Befehle, als er über die völlige Vernichtung der Juden sprach. Oder noch paradoxer formuliert: In einem Dokument, das an Hitler selbst gesandt wurde, war keine

Bezugnahme auf die Endlösung gestattet; aber in Reden vor vielen Zuhörern (nicht nur vor SS-Offizieren, sondern auch vor regulären Wehrmachtoffizieren) bezog sich Himmler ganz offen auf die Befehle Hitlers.

Es ist gut möglich, daß im Fall des Korherr-Berichts die Erklärung in einem Erlaß liegt, der einige Zeit später, am 11. Juli 1943, vom Chef der Parteikanzlei, Martin Bormann, herausgegeben wurde, nach dem «im Einvernehmen mit dem Führer [angeordnet wird], daß man bei einer öffentlichen Diskussion über die Judenfrage davon absehen soll, über eine Endlösung zu sprechen: Juden wurden zur Arbeit geschickt, en bloc und in angemessener Weise.»[114]

Dennoch bleibt die Inkonsequenz. Hitler selbst gab 1942 in nicht weniger als vier Reden (am 1. Januar, 30. Januar, 24. Februar und 8. November) dunkle Hinweise darauf, daß seine Prophezeihung der Vernichtung der Juden im Falle eines Weltkrieges zur Zeit erfüllt werde.[115] Im April 1943 räumte er in Gesprächen mit dem rumänischen Staatschef Antonescu und dem ungarischen Reichsverweser, Admiral Horthy, die Vernichtung der Juden praktisch ein.[116] In einem seiner letzten Gespräche, am 13. Februar 1945, und in seinem politischen Testament, das er am Vorabend seines Todes schrieb, rühmte er sich der Tat mit großem Nachdruck.

Schließlich gibt es indirekte Belege dafür, daß Hitler den Prozeß der Vernichtung aufmerksam verfolgte. So besuchte zum Beispiel SS- und Polizeiführer Odilo Globocnik, der für die vier Vernichtungslager verantwortlich war, die 1942 im Generalgouvernement errichtet wurden, im Herbst dieses Jahres die Reichskanzlei. Eine Notiz Himmlers über eine Konferenz mit Hitler am 7. Oktober 1942 enthält folgende Bemerkung: «Verhältnisse im Gen-[eral]Gouv.[ernement]. Globus» («Globus» war Globocniks Spitzname).[117] Der Gegenstand der Besprechung wird so offensichtlich.

Am 13. April 1943 wurde ein Vorschlag, Christian Wirth (Globocniks rechte Hand und Spezialist für Vergasungen – zuerst von Geisteskranken und dann von Juden) zum SS-Sturmbannführer zu befördern, beim Personalhauptamt eingereicht. In diesen Unterlagen steht, Wirth sei seit Kriegsbeginn «in einem Sonderauftrag des Führers tätig».[118]

Daß Hitler bis 1943 nichts von der «Endlösung» gewußt haben konnte, wie David Irving behauptete,[119] widerspricht allen Quellen; daß er irgendwann im Sommer 1941 einen mündlichen Befehl zur völligen Vernichtung der europäischen Juden gab, ist höchstwahrscheinlich, kann aber aus existierenden Quellen nicht mit absoluter Sicherheit nachgewiesen werden. Wir haben jedoch gesehen, daß er über den Vernichtungsprozeß auf dem laufenden gehalten wurde und auch von Fall zu Fall in ihn eingriff.

Auf der engeren Ebene der Analyse nationalsozialistischer Politik erscheint eine Entscheidung der Debatte zwischen den verschiedenen theoretischen Ansätzen möglich. Auf der Ebene einer umfassenden historischen Interpretation jedoch bleiben die wirklichen Schwierigkeiten bestehen. Der Historiker, der nicht durch ideologische oder theoretische Scheuklappen behindert ist, kann leicht erkennen, daß es der nationalsozialistische Antisemitismus und die antijüdische Politik des Dritten Reiches waren, die ganz wesentlich den besonderen Charakter des Nationalsozialismus prägten.

Wir haben bemerkt, daß die Erklärung, die sich auf den Verlauf der deutschen Geschichte stützt, viele Fragen unbeantwortet läßt, und daß Faschismus und Totalitarismus in Anbetracht der zentralen Bedeutung von Hitlers Judenhaß kaum angemessene Kategorien sind. Eine Betrachtungsweise, die den Nationalsozialismus als «politische Religion» auffaßt, könnte uns vielleicht einen besseren Zugriff auf einige der hier aufgeworfenen Fragen bieten, falls Untersuchungen in dieser Richtung weiter entwickelt werden. Die besondere Schwierigkeit, die «Endlösung» in den Rahmen einer umfassenden Deutung des Nationalsozialismus zu integrieren, hat in der Tat manche Historiker in die paradoxe Lage gebracht, daß sie zwar die absolut zentrale Bedeutung von Hitlers rassistischer Ideologie für das System des Nationalsozialismus betonen, dann aber mit einer Deutung der Hauptfragen des Nationalsozialismus fortfahren, ohne die antijüdische Politik in Betracht zu ziehen.[120] All dies kann uns zu dem Schluß führen, daß die Vernichtung des europäischen Judentums vielleicht ein Problem darstellt, das historische Analyse und historisches Verstehen nicht zu lösen vermögen.

Allenfalls kann man von einem bis heute einzigartigen Auftauchen eines messianischen Glaubens und einer apokalyptischen Vision der Geschichte mitten im politischen, bürokratischen und technologischen System einer hochentwickelten Industriegesellschaft sprechen. Aber auch hierbei entsteht wieder ein falscher Eindruck – es gab keine Massenbewegung gegen die Juden, nicht einmal den Kreuzzug einer fanatischen Sekte. Die Bürokratie spielte die zentrale Rolle, eine Bürokratie, die der Vernichtung gleichgültig gegenüberstand, aber von einem Führer gelenkt wurde, der seinerseits von den stärksten Überzeugungen getrieben wurde.

Die Lähmung der Historiker resultiert aus der Gleichzeitigkeit und Verquickung völlig heterogener Phänomene: messianischer Fanatismus und bürokratische Strukturen, pathologische Handlungsantriebe und administrative Erlasse, archaische Denkweisen in einer hochentwickelten Industriegesellschaft.

Wir wissen im einzelnen, was geschah; wir kennen die Abfolge der Ereignisse und ihre möglichen Zusammenhänge; aber die Tiefendynamik des Phänomens entgleitet uns. Und was wir auch nicht begreifen, ist die fast schlagartige Auflösung der politischen, institutionellen und der Rechtsstrukturen Deutschlands sowie die Kapitulation der moralischen Kräfte, die naturgemäß wichtige Hindernisse hätten darstellen müssen für die Nazis in Deutschland, in anderen europäischen Ländern und in der gesamten westlichen Welt.

Vorwort zu «Kitsch und Tod»

Die Erstfassung dieses Buchs erschien 1982, und das «Nachwort» zur ersten deutschen Taschenbuchausgabe wurde Ende 1985 verfaßt. Seither hat sich in der Geschichtsschreibung über den Nationalsozialismus, in der öffentlichen Debatte über die Hitlerzeit und in der Darstellung dieser Epoche in Literatur und Kunst ein erheblicher Wandel vollzogen. Der paradoxeste Aspekt dieser Vergangenheit aber, daß sie uns immer noch gegenwärtig ist und Herausforderung an uns bleibt, unsere Gesellschaft und uns selbst zu begreifen, ist heute sogar noch augenfälliger als 1986.

Im letzten Absatz des Nachworts von 1986 (in dieser Ausgabe enthalten) war angemerkt worden, Albert Speer habe 1948 in sein Spandauer Tagebuch die Frage notiert, ob sich noch irgendwer für seine «Erinnerungen» interessieren werde, wenn zu viel Zeit verstreiche ... Im Januar 1986 konnte ich nicht umhin hervorzuheben, wie heftig sich Interesse, Fragen und Debatten seit 1948 gesteigert hatten. Ich zitierte dazu die Gedenkveranstaltung Helmut Kohls mit Ronald Reagan in Bitburg, Richard v. Weizsäckers Rede zum 8. Mai 1985 und die Fassbinder-Affäre und kam zu dem Schluß: «Deutsche, Juden, und viele andere ringen, jeder auf seine Art, noch immer mit einer unaufgearbeiteten Vergangenheit.»

1986 setzte der «Historikerstreit» ein, später gefolgt von den Debatten um die Auswirkung der Wiedervereinigung auf das Gedenken an den Nationalsozialismus, die Prozesse gegen Klaus Barbie und Maurice Papon in Frankreich, die Kreuzesprovokationen polnischer Katholiken in Auschwitz, die Auseinandersetzung um die Rolle der Schweiz im Zweiten Weltkrieg und deren Nachkriegsverhalten, die endlosen Erörterungen über das Berliner Mahnmal, die Debatten um Kurt Waldheim, Philipp Jenninger, Daniel Goldhagen und neuerdings um die «Skandalrede» Martin Walsers. Zugleich waren die Hitlerjahre ständig mit hohen Zuschauerzahlen in Film und Fernsehen präsent: Claude Lanzmans *Shoah* gehört ebenso in die Zeit vor 1985 wie die von der NBC produzierte Serie *Holocaust* und Edgar Reitz' deutsche Antwort *Heimat.* Und der massenwirksamste Film über diese Epoche, Steven Spielbergs *Schindlers Liste,* ist ebenso ein Produkt der neunziger Jahre wie zuletzt Roberto Benignis *Das Leben ist schön.*

Nicht weniger auffällig als der öffentliche Meinungsstreit und die großen Kinoereignisse ist der Zuwachs an Museen vorwiegend über den Holocaust sowie die neuerdings sprunghafte Intensivierung der geschichtlichen Aufarbeitung, die nicht zuletzt von einer jungen Generation deutscher Historiker getragen wird.

Die häufig erhobene Forderung nach einem «Schlußstrich» läßt offen oder unterschwellig durchblicken, die anhaltende Beschäftigung mit dem Nationalsozialismus und vor allem mit der Judenvernichtung sei einer abgestimmten Medienkampagne oder einem historisch-moralischen Anpassungsdruck geschuldet. In Nebensächlichem könnte das sein, doch der Umfang und die Heftigkeit der Reaktionen auf die Verbrechen des Nationalsozialismus und vor allem seine Ausrottung der Juden Europas sind wohl kaum das Ergebnis einer bewußten Manipulation. Wie ist diese paradoxe Entwicklung also dann zu deuten?

I.

Zu Beginn des Vorworts zu meinem Buch hatte ich unterstellt: «Bei Kriegsende war der Nazismus die fluchbeladene Seite der abendländischen Zivilisation, der Inbegriff alles Bösen.» Anders gesagt, der Nationalsozialismus wurde gleichgesetzt mit dem «radikal Bösen», wie Hannah Arendt im Vorwort zur englischen Erstausgabe ihrer *Elemente und Ursprünge totaler Herrschaft* schrieb. Mehr als fünf Jahrzehnte nach dem Krieg scheint diese Gleichsetzung des Nazismus mit dem geschichtlichen Höhepunkt des Bösen in der westlichen (vielleicht sogar weltweiten) Phantasie tiefer verwurzelt als damals. In vielen Köpfen muß das Verbrecherregime der Nazis offenbar als Meßlatte für alle anderen Erscheinungsformen des Bösen in der Geschichte der Neuzeit herhalten. Es wäre müßig, hier zu erörtern, ob andere Regime (etwa der Stalinismus) ihm den Rang ablaufen. Tatsache bleibt, daß die Verbrechen des Nationalsozialismus für die meisten unserer Zeitgenossen an eine Art letzte Grenze stoßen, die sich nicht mehr wesentlich hinausschieben läßt. Und wenn dem so ist, dann ist die hartnäckige Gegenwärtigkeit dieser Vergangenheit in der Vorstellungskraft von heute nicht durch Medienverschwörung und Manipulation zu erklären, sondern durch die Aktualität der Frage, in welchem Verhältnis ein derartiges Regime und seine Taten zur deutschen und abendländischen Geschichte, zur heutigen Gesellschaft der Neuzeit und zur Natur des Menschen stehen, die ja schließlich von Geschichte und Gesellschaft geprägt ist.

Anhaltende Beschäftigung mit herausgehobenen geschichtlichen Ereignissen ist in der Neuzeit kein ungewöhnliches Phänomen, wie sich an den Debatten um den Terror der Französischen Revolution und die Greuel des Amerikanischen Bürgerkriegs erweist. Doch in diesen wie in vielen anderen Fällen wurden Geschichtsereignisse für das politische Tagesgeschäft instrumentalisiert und hatten für Bevölkerungsgruppen, die mit anderen vermeintlich in einen Kampf um alles oder nichts verwickelt waren, eine klare politische Funktion.

Es wird gesagt, die jüdischen Gemeinden, besonders in Amerika, müßten das Gedenken an die Judenvernichtung schon deshalb lebendig halten, weil es ihnen Notnagel für die Selbstfindung sei. Daran mag ein Quentchen Wahrheit sein, doch erklärt es nicht, warum die Thematik der Judenvernichtung und allgemeiner der Nazizeit in Holland, Italien, Frankreich, im wiedervereinigten Deutschland und sogar in den christlichen Kirchen so häufig wieder aufgegriffen wird. Für diese diversen «nichtjüdischen» Milieus leuchtet nicht so ohne weiteres ein, welche politische Funktion damit verbunden sein könnte.

Die gegenwärtige Gewissenserforschung dürfte vorwiegend mit dem Zusammenbruch traditioneller Wertesysteme, mit einem Bewußtsein der Verantwortung vor der Geschichte und mit aktuellen moralischen Entscheidungssituationen zusammenhängen. Die Sache wird nämlich um so komplizierter, je weiter die historische Forschung voranschreitet. Nachdem wir erfahren haben, daß die Täter bei zahlreichen Vernichtungsaktionen im Osten nicht ausschließlich aus ideologisch verblendeten Einheiten der SS kamen, sondern auch Angehörige der Schutzpolizei und oft normale Wehrmachtssoldaten waren, oder daß viele mittlere und hohe Beamte nüchtern vorrechneten, wie viele Millionen Menschen umzubringen seien, um ein optimales Verhältnis zwischen Bevölkerung und Versorgung herzustellen, oder wie blindlings manche der begabtesten Vertreter der geistigen Elite die radikalsten ideologischen Lehren des Nationalsozialismus übernahmen und anwendeten, rücken überzeugende Antworten in immer weitere Ferne. Alle diese mörderischen Anwandlungen oder ideologischen Verblendungen schlummern offenbar in der Natur des Menschen.

Viel konkreter ist für uns indes die Frage nach dem gesellschaftlichen oder ideologischen Umfeld, das solche Verhaltensweisen entfesselt, solche Entscheidungen überhaupt möglich macht. Und in dieser spezifischeren Hinsicht sind wir heute auch nicht viel weiter als vor fünfzig Jahren. Lassen wir die wenig überzeugende Annahme beiseite, ein ganz spezieller, tiefverwurzelter, mordlustiger deutscher Antisemitismus sei an allem schuld, bleiben uns als Erklärungsfiguren nur noch die altbekannten Formeln «Totalitarismus» oder «Moderne».

Betrachten wir die Ausrottungspolitik des Nationalsozialismus und besonders die Judenvernichtung als Phänomen *sui generis*, brauchen wir die allgemeinen Kategorien Moderne und Totalitarismus nicht und können sie auch nicht gebrauchen. Vergleichen wir allerdings die Völkermorde unseres Jahrhunderts nach diesen Kategorien, merken wir sogleich, daß der Totalitarismus zwar auf den Nationalsozialismus, Stalinismus und möglicherweise auf das Regime der Roten Khmer paßt, aber weder auf den türkischen Völkermord an den Armeniern noch auf das Abschlachten der Tutsi in Ruanda in jüngster Zeit. Die gleiche Schwierigkeit ergibt sich bei der Moderne, welche die Roten Khmer wiederum in die Nähe der Türken oder Hutus rücken läßt. Und betrachten wir deren Ausrottungssysteme jeweils als Unterkategorien, fallen uns alsbald Unterschiede auf, die viel erheblicher sind als etwaige Ähnlichkeiten, so bei der Rolle der Ideologie. Somit sind die moralischen Fragen, mit denen wir konfrontiert sind, nicht durch zwingende Deutungen der Geschichtsschreibung geklärt, bzw. sind wir in der Betrachtung unseres Jahrhunderts an dessen Ende weiter mit den moralischen Grundfragen konfrontiert, die «Auschwitz» schon an sich und für sich aufwirft, aber auch deswegen, weil es keinen allgemeingültigen historischen Interpretationsrahmen für das grausige Geschehen gibt.

II.

Innerhalb dieses erweiterten Zusammenhangs können wir heute vielleicht die von mir in diesem Buch angesprochenen Fragen besser erfassen. Nachdem ich vorgetragen hatte, daß der Nazismus seit Kriegsende allgemein als «Inbegriff alles Bösen» betrachtet werde, wandte ich mich in meinem Text dem zu, was ich als eine Art «neuen Diskurs» wahrnahm, der hauptsächlich Ende der sechziger und in den siebziger Jahren aufgekommen war. Die typischen Aspekte dieses «neuen Diskurses» über den Nazismus schienen mir darin zu bestehen, daß die moralische Distanzierung von einer Art ästhetischer Faszination und moralischer Gespaltenheit abgelöst worden waren, weil vorrangig ästhetische Kategorien betrachtet wurden. Was diese Kategorien als solche angeht, deutete ich sie als Widerspiegelung der Konvergenz von Gegensätzen, die nicht nur in Deutschland so viele Köpfe in den Bann des Nationalsozialismus geschlagen hatte: sentimentales Streben nach dem Guten und Schönen auf der einen und Todestrieb und Vernichtungswut auf der anderen Seite; daher mein Buchtitel «Kitsch und Tod».

Es war mir (in Unkenntnis des Begriffs) entgangen, daß der von mir so benannte «neue Diskurs» in Wirklichkeit einem postmodernen Ansatz in der Darstellung des Nationalsozialismus entsprang. Diesen wiederum sah ich als Teil einer allgemeineren kulturellen Verschiebung, weg von einem klar moralischen Diskurs und hin zur Unverbindlichkeit einer Vielfalt ästhetischer Alternativen in moralischen Konfliktfällen.

Heute allerdings scheint diese ästhetisierende Versuchsphase in der Darstellung des Nationalsozialismus vorüber. Wir sind eingetreten in eine Phase «neuer Sachlichkeit», für die etwa der zentrale Stellenwert von Dokumenten und Fotoausstellungen oder von Rekonstruktionen und Collagen typisch ist und die sich weithin an die dokumentaristische Methode hält: Kempowski und Klemperer. Sogar bei den Massenmedien können wir diesen Trend ausmachen: in einer Filmproduktion, die trotz ihrer fragwürdigen Qualität vom selben «Bemühen um Authentizität» geprägt ist: *Schindlers Liste.*

Der Wandel in der Darstellung des Nationalsozialismus seit Mitte der achtziger Jahre besagt jedoch nicht, daß die postmodernen Versuche nicht den Finger auf gewisse Grundbestandteile der ästhetisch-emotionalen Versuchung durch das Hitlerregime gelegt hätten. Ich will versuchen, im letzten Teil dieses Vorworts einiges zu dem hinzuzufügen, was ich hierzu in meinem Buch gesagt habe.

III.

Am 19. Mai 1933 erließ das neue Regime in Deutschland ein Gesetz gegen den Kitsch. Es hieß *Reichsgesetz zum Schutz der nationalen Symbole* und wurde durch Ausführungsbestimmungen ergänzt. Da die Bevölkerung die feinen Unterschiede des Gesetzes offenbar nicht nachvollziehen konnte, mußten die Zeitungen zur Verdeutlichung Beispiellisten für Erlaubtes und Unerlaubtes abdrucken. Verbotene Schmuckformen wurden dabei ausdrücklich als «Kitsch» bezeichnet.

Im Grunde untersagte das Gesetz den herabwürdigenden Gebrauch nationaler Symbole. Zuallererst solle ein nationales Symbol, etwa das Hakenkreuz, Kunstwerk bzw. kunsthandwerkliches Erzeugnis und nicht in «Billigausführung» hergestellt sein. Zweitens erheische die Schmückung eines Gegenstandes mit einem nationalen Symbol *eine innere Beziehung* zwischen Gegenstand und Symbol, etwa wie bei einem Hakenkreuz als Fahnenmastspitze, während andererseits untersagt sei, ein Symbol ohne solche Beziehung zu verwenden, etwa ein Hakenkreuz auf einem Fußball, einer Pralinenpackung oder Zigarettenschachtel. Die Kommentatoren überließen nichts dem Zufall: So wurde ausdrücklich angemerkt, auch eine Hakenkreuzbratwurst sei verboten.

Aus der Gegenüberstellungsliste erlaubter und verbotener Schmuckformen wird augenscheinlich, daß das Erlaubte nicht weniger kitschig war als das Verbotene. Dennoch haben wir es mit zweierlei Kategorien von Kitsch zu tun.

Zum Erlaubten gehörten beispielsweise Neujahrspostkarten mit Hakenkreuz oder Christbaumspitzen als Hakenkreuz oder Hinterglasbild des Führers mit Kerzenhalter. Die Funktion der erlaubten Darstellungen lag auf der Hand: Sie sollten *symbolverstärkend* wirken. Die verbotenen waren *symbolentweihend.* Für unsere Zwecke dürfen wir die verbotene Kategorie als «Massenkitsch», die gestattete als «Edelkitsch» definieren.

Lassen Sie mich diese Unterscheidung präzisieren. In seinem Buch *Masscult or Midcult* schrieb Dwight Macdonald unter Zitierung Brochs, schon wegen des Charakters der Massenproduktion und ihres Nebenprodukts Massenkultur sei ein kultureller Pluralismus ausgeschlossen. Dieser Schmelztiegel bringe nur das geschmacklose, farblose Fluidum der Einheitlichkeit hervor. Auch wir neigen wie Macdonald zu der Annahme, daß Massenkultur aus einem Sammelsurium von Kitsch besteht, das auf Einförmigkeit und Gleichmacherei gerichtet ist: *Dallas, Denver, Disney* ... Der «Edelkitsch» aus der Nazizeit hingegen zielte auf Hervorhebung, Verankerung und Verherrlichung sogenannter nationaler Symbole.

Diese beiden Kategorien des Kitsches haben eindeutig entgegengerichtete Funktionen. Betrachten wir Kitsch als ästhetisch minderwertige Ausdrucksform, als Nachahmung von Kunst, die eine gedankenlose, emotionale Sofortreaktion auslösen soll, so besteht seine Funktion entweder darin, in erster Linie etwas ohne Rücksicht auf das Umfeld kommerziell zu propagieren, oder aber darin, in erster Linie in einem bis ins letzte definierten Umfeld die ideologische Identifikation zu steigern.

Ich lasse den «Massenkitsch» hier beiseite und konzentriere mich auf den «Edelkitsch». Solcher Kitsch hat eine klare Mobilisierungsfunktion. Erstens ist das, was er ausdrückt, leicht verständlich und der Mehrheit zugänglich, zweitens fordert er eine gedankenlose, emotionale Sofortreaktion, und drittens handhabt er die Schlüsselwerte eines politischen Regimes oder ideologischen Systems als harmonisch geschlossene Einheit, deren Wahrheit der besseren Wirkung wegen durch «Schönheit» verklärt werden muß. Letztendlich bewirkt diese eigenartige Verknüpfung von «Wahrem» und «Schönem» eine Stilisierung, die offensichtlich mythische Muster ansprechen soll. Politische Mythen werden mit religiösen verschmolzen. In Gesellschaften der Neuzeit werden politische Glaubensgemeinschaften zum Nährboden für «Edelkitsch».

«Edelkitsch» als solcher ist jedoch von zweierlei Warte zu betrachten. Dazu zwei Anschauungsbeispiele: der Umzug zum Ersten Mai in Milan Kunderas *Die unerträgliche Leichtigkeit des Seins,* und die Beerdigung Horst Wessels. Zunächst Kunderas Beschreibung:

«Näherte sich der Umzug der Tribüne, so erstrahlten selbst die gelangweiltesten Gesichter in einem Lächeln, als wollten sie beweisen, daß sie sich gebührend freuten, oder genauer, daß sie gebührend einverstanden waren. Es ging jedoch nicht einfach um das Einverständnis mit dem Kommunismus, sondern um das Einverständnis mit dem Sein als solchem. Die Feier des Ersten Mai wurde aus dem tiefen Brunnen des kategorischen Einverständnisses mit dem Sein getränkt. Die ungeschriebene, unausgesprochene Parole des Umzugs lautete nicht: ‹Es lebe der Kommunismus!›, sondern ‹Es lebe das Leben!› Die Stärke und die List kommunistischer Politik lagen darin, sich diese Parole zu eigen gemacht zu haben. Gerade diese idiotische Tautologie (‹Es lebe das Leben!›) riß auch Menschen mit in den kommunistischen Umzug, denen die Thesen des Kommunismus gleichgültig waren.»[1]

Mit dem Begräbnis Horst Wessels dagegen wurde der vollkommenste Mythos des Nazikitsches geschaffen, der sich grundlegend vom kommunistischen Kitsch unterscheidet, wie zu zeigen sein wird. Der Trauerzug für Wessel bewegt sich durch feindselige kommunistische Massen zum Berliner Nicolaifriedhof (eine Szene aus dem Propagandafilm *Hans Westmar).* Am offenen Grab spricht Goebbels:

«Wenn später einmal in einem deutschen Deutschland Arbeiter und Studenten zusammenmarschieren, dann werden sie sein Lied singen, und er wird mitten unter ihnen sein. ... Schon singen es landauf, landab die braunen Soldaten. ... Sein Lied macht ihn unsterblich. ... Ein Soldat der deutschen Revolution! Wie er so manchmal, die Hand am Gurt, stolz und aufrecht, mit dem Lachen der Jugend auf den roten Lippen seinen Kameraden voranschritt, immer bereit, sein Leben einzusetzen, so wird er mitten unter uns bleiben.»

«Genau in diesem Moment», schreibt der Historiker Jay W. Baird, «schien die Natur sich auf Goebbels' Seite zu schlagen. Plötzlich brach die Sonne durch die finsteren Wolken und strahlte die Hakenkreuzfahnen an, die in der leichten Brise zu flattern begannen. Für die Trauergemeinde wurde dies zum Zeichen der Vorsehung, zum Beweis, daß Horst Wessel in die himmlischen Gefilde eingegangen war.» Zum Himmel deutend, erläuterte Goebbels die Vision:

«Ich sehe im Geiste Kolonnen marschieren, endlos, endlos. Ein gedemütigtes Volk steht auf und setzt sich in Bewegung. ... Hinter den Standarten marschiert er mit. ... Die Banner wehen, die Trommeln dröhnen, die Pfeifen jubilieren; und aus Millionen Kehlen klingt es auf, das Lied der Deutschen Revolution: ‹Die Fahne hoch!›»[2]

Von da an, schreibt Baird, «gehörte der Mythos von Tod und Auferstehung zur Grundausstattung der Nazipropaganda».

Die Feierlichkeiten der Kommunisten und die der Nationalsozialisten waren grundverschieden, obgleich beide vom selben «Edelkitsch» durchdrungen. Die Maiparade wirkte allerdings viel schwächer auf das Gefühl als das Begräbnis Horst Wessels. Warum wohl?

Der «Edelkitsch» der Nazis war eingebettet in eine «Weltuntergangsphantasie», deren wichtigstes Versatzstück der Tod war. Kitsch, der das Leben verherrlicht, wirkt offenbar nur kurz und schwach auf das Gefühl. Kitsch in Verbindung mit Tod und Opfergang dagegen scheint der Schlüsselreiz für eine bestimmte Spielart extremster politischer Mobilisierung zu sein. Über die Gründe dieses Wirkungsgefälles lassen sich nur Vermutungen anstellen.

Kommunistischer Kitsch will das Diesseits verklären, mit Parolen wie «Es lebe das Leben!». Doch die Verherrlichung des Lebens paßt nicht ins Glaubensgefüge der abendländischen «jüdisch-christlichen» Überlieferung. Folglich kann diese Art Kitsch die tieferen Schichten der Glaubensbereitschaft nicht ansprechen. Der nationalsozialistische Typ von «Edelkitsch» erschließt im Unterschied zum kommunistischen diese Tiefenschichten und ihre Grundthemen: Tod, Auferstehung, Ewigkeit. Wesentlich für diesen Rahmen von «Kitsch und Tod» ist die Spannung zwischen Gegensätzen, indem zwei entgegengesetzte Sehnsüchte zugleich angesprochen werden: Harmonie und Vereinigung einerseits und andererseits Zerstörung und Tod. Diese Mixtur von Eros und Thanatos war geeignet, in der extremsten politischen Mobilisierung der Neuzeit Massen in den Wahn zu treiben.

Umgekehrt könnte man sich fragen, ob eine Allgegenwart von «Massenkitsch» in der Öffentlichkeit nicht ein Kennzeichen der Demokratie ist ... Immerhin könnte der Verzicht auf «hehre» Gefühle und auf eine Ästhetisierung der Politik (Walter Benjamin) tatsächlich eine der Grundvoraussetzungen für politische Freiheit sein.

Los Angeles, 1999 *Saul Friedländer*

(Übersetzung: Günter Seib)

Überlegungen zur Historisierung des Nationalsozialismus

Der «Historikerstreit», der in der deutschen Öffentlichkeit wie auch außerhalb Deutschlands beträchtliche Aufmerksamkeit erregt hat, stellte im Kern eine politisch-ideologische Auseinandersetzung dar, eine Auseinandersetzung, die sich um das Problem der Darstellung bzw. des Umschreibens der Geschichte der Nazizeit kristallisierte. Eine solche Debatte kann auf der politisch-ideologischen Ebene analysiert werden; sie kann aber auch in bezug auf divergierende Haltungen hinsichtlich der Frage der deutschen Identität gesehen werden – eine Ebene, die weitgehend der ersteren entspricht, letztlich aber mit ihr nicht ganz übereinstimmt. Schließlich ist sie vom historiographischen Standpunkt aus zu sehen, das heißt im Hinblick auf den spezifischen oder als wenig spezifisch erachteten Charakter des Nazismus und seiner Verbrechen – vor allem die Vernichtung der Juden.

Unabhängig von diesem Streit, aber mit ihm durchaus in Beziehung stehend, fand ein Begriff Verwendung, dem der Münchener Zeithistoriker Martin Broszat in einem Beitrag in der Mai-Nummer des Jahres 1985 der Zeitschrift *Merkur* zu einer breiteren Aufmerksamkeit verholfen hatte: die «Historisierung des Nationalsozialismus».[1] Tatsächlich stellt Martin Broszats Aufsatz eine Zusammenführung einiger konvergierender Aspekte deutscher Geschichtsschreibung über den Nationalsozialismus dar, die sich teilweise schon in den späten sechziger Jahren und dann, sehr viel signifikanter, in den späten siebziger und achtziger Jahren entwickelten und die, *als Ganzes betrachtet,* wichtige Veränderungen in der historischen Auffassung über die Nazi-Epoche nach sich ziehen. Dabei finden zwei zu unterscheidende Neubearbeitungen der Geschichte des Nationalsozialismus gleichzeitig statt: Es gilt sie klar voneinander zu trennen.

Es handelt sich einerseits um solche historiographischen Argumente, wie sie von Ernst Nolte und jenen, die seine Ansichten teilen, verwandt werden, die, um das Bild des Nazismus und seiner Verbrechen neu zu arrangieren, von einer Art sind, die für eine echte wissenschaftliche Auseinandersetzung wenig hergibt. Als «Between Myth and Revisionism: National-Socialism from the Perspective of the 1980s» im Jahre 1985 und «Eine Vergangenheit, die nicht vergehen will» [2] 1986 veröffentlicht wurden, waren die Argumente, die Nolte in diesen Aufsätzen vorbrachte, für viele absolut unannehmbar. Jene Argumente können inzwischen als bekannt vorausgesetzt werden und bedürfen hier keiner Wiederholung.

Das Problem der Historisierung, wie es Martin Broszat in seinem *Merkur*-Artikel und in anderen Schriften darstellte, gehört hingegen in den Bereich eines grundsätzlich wissenschaftlichen Dialogs, eines Dialogs zwischen Historikern, die unterschiedliche wissenschaftliche Anschauungen vertreten mögen – in ihrer Haltung zum Nazismus und zu seinen Verbrechen aber einige fundamentale Grundannahmen teilen.

Als Martin Broszat etwa 1977 «Hitler und die Genesis der ‹Endlösung›: Aus Anlaß der Thesen von David Irving» publizierte und als 1983 Hans Mommsen mit «Die Realisierung des Utopischen: Die ‹Endlösung der Judenfrage› im ‹Dritten Reich›»[3] diese Tendenz fortführte, hatten diese beiden Beiträge – die sicherlich zum Ziel hatten, die traditionelle Darstellung der Genese der «Endlösung» zu verändern – erhebliche Auseinandersetzungen nach sich gezogen. Aber für alle Beteiligten waren diese Kontroversen genuiner Bestandteil des historiographischen Diskurses.

Martin Broszats Beitrag im *Merkur* konfrontiert den Historiker der nationalsozialistischen Zeit mit einem der theoretisch wie methodisch bedeutendsten Probleme, die hierzu bislang gestellt worden sind – und dies ist auch sein unbestrittenes Verdienst. Insofern kann meine Behandlung dieses Themas nur vorläufiger und versuchsweiser Natur sein; aber diese Debatte ist schon allein deshalb nötig, weil in der gegenwärtigen Diskussion der Begriff Historisierung des öfteren benutzt und – mehr noch – mißbraucht worden ist.[4]

Gleich zu Anfang möchte ich den Kern der These, die hier entwickelt werden soll, so klar wie möglich herausstellen: Für jeden Historiker ist Historisierung – und in diesem Falle die Historisierung der Naziperiode, wenn sie als Geschichtsschreibung mit allen zur Verfügung stehenden Methoden verstanden wird – selbstverständlich. Ein Problem kann aber möglicherweise doch entstehen, nämlich dann, wenn der Ausgang des Forschungsprozesses offenbleibt, ohne dabei gleichzeitig ein klares alternatives Konzept anbieten zu können. Wie wir sehen werden, kann ein solcher Prozeß, *insbesondere in der gegenwärtigen vorherrschenden ideologischen Kontextuierung*, zu unerwarteten und ungewollten Ergebnissen führen.

Zunächst will ich versuchen, die Bedeutung von Historisierung an sich zu analysieren, und dies auf einer rein begrifflichen Ebene; dann soll aufgezeigt werden, wie die unklare Bedeutung von Historisierung, vor allem ihres Kontexts wegen, zu verschiedenen Bedeutungsverschiebungen führen kann; und schließlich sollen einige Gedanken zum kritischen Diskurs gewagt werden, der den Ansatz der Historisierung der Geschichte des Nationalsozialismus begleiten könnte, ebenso wie sich zu seinen Grenzen geäußert werden soll.

I.

Martin Broszat bietet weder in seinem «Plädoyer» noch in anderen Schriften eine präzise Definition dessen an, was unter Historisierung verstanden werden soll. Gleichwohl weist er zum einen auf jene Zugänge in der Geschichtswissenschaft hinsichtlich der Nazivergangenheit hin, die neu zu überdenken Ziel der Historisierung ist; zum anderen, was die neuen Wege historischen Verstehens jener Zeit sein sollen und die durch Historisierung zu erreichen wären. Jene traditionellen Haltungen zur Nazizeit, die durch Historisierung in Frage zu stellen seien, lassen sich leicht definieren:

«Je größer der historische Abstand wird», schreibt Martin Broszat in «Nach Hitler. Der schwierige Umgang mit unserer Geschichte», «um so dringlicher (ist es), zu begreifen, daß Ausgrenzung der Hitler-Zeit aus der Geschichte und geschichtlichem Denken in gewisser Weise auch dann schon stattfindet, wenn diese fast nur politisch-moralisch aufgearbeitet wird, nicht mit der gleichen differenziert angewandten historischen Methodik wie andere Geschichtsepochen, mit weniger gründlich abwägender Beurteilung und auch in einer gröberen, pauschalen Sprache, wenn wir der Geschichtsdarstellung der nationalsozialistischen Zeit aus gut gemeinten didaktischen Gründen eine Art methodischer Sonderbehandlung angedeihen lassen.»

Ob sich heute noch die Hauptentwicklung der Geschichtsschreibung über den Nazismus auf jenem von Martin Broszat beschriebenen Stand befindet, ist fraglich. Seine Äußerung impliziert jedenfalls die Auffassung, traditionelle Paradigmata belasteten in gewisser Weise immer noch die Vorstellung des Historikers von der Vergangenheit. Die charakteristischen Merkmale dieser Vorstellung seien – so jedenfalls läßt sich schließen – die dauernde Betonung der ideologischen, politischen und kriminellen Aspekte des Naziphänomens, d. h. die Zerstörung des demokratischen Systems, die Ausweitung staatlicher Kontrolle über die Gesellschaft und die Terrorisierung jener, die als Feinde galten oder als Außenseiter stigmatisiert wurden. Hinzu kommen die Betonung der «Eroberung von Lebensraum», die rassistische Politik und der globale Kampf gegen die Juden neben anderen gewichtigen Ausdrucks- und Erscheinungsformen der Kriminalität des Systems. Dieses Paradigma, das in der Tat fundamentale moralische Distanzierung von jener Epoche impliziert und das – wegen der politischen, ideologischen und moralischen Fragen, die die Naziperiode aufwirft – die Zeit zwischen 1933 und 1945 als klar bestimmbares Forschungsfeld betrachtet, ließe sich etwa anhand Karl-Dietrich Brachers klassischer Darstellung «Die deutsche Diktatur: Entstehung, Struktur, Folgen des Nationalsozialismus» exemplifizieren. Welche Fortschritte hinsichtlich der Historisierung des Gegenstandes seit den sechziger Jahren auch gemacht wurden – die implizite Annahme dieses Paradigmas führt nach Broszat immer noch zu einer fast rituellen Haltung des Historikers: «Das Besondere an unserer Situation ist die Notwendigkeit und Schwierigkeit, den Nationalsozialismus in die deutsche Geschichte einzuordnen. Vierzig Jahre Abstand haben dabei, so scheint es auf den ersten Blick, nicht viel bewirkt. Welches Geschichtsbuch man auch aufschlägt: Wenn das Dritte Reich beginnt, geht der Autor auf Distanz. Das Einfühlen in historische Zusammenhänge bricht ebenso ab wie die Lust am geschichtlichen Erzählen. Die Geschichte des Nationalsozialismus wird nicht mehr verdrängt, aber sie verkümmert zur Pflichtlektion.»

Die Definition dessen, was Historisierung heißen soll, ist weit weniger faßbar als die Bestimmung dessen, auf welche Veränderungen der Zugang der Historisierung abzielt. Dennoch scheint es möglich, seine Absichten in vier Hauptpunkten zusammenzufassen:

1. Das Studium der Naziperiode sollte dem Studium jedes anderen historischen Phänomens gleich sein: Es muß jegliche Einschränkung von Fragestellung und methodischem Ansatz vermeiden.
2. Der politisch-moralische Rahmen, der noch immer die Interpretation jener Epoche beherrscht, sollte durch ein wesentlich komplexeres Bild ersetzt werden, ein Bild, in dem der Bedeutung sozialer Kontinuität ein angemessener Platz einzuräumen wäre; und das Schwarzweißbild von der Nazizeit sollte durch die Darstellung aller widersprüchlichen Aspekte abgelöst werden. Es soll klargemacht werden, daß der Nationalsozialismus nicht nur von seinem katastrophalen Ende her zu beurteilen ist, und daß viele Aspekte von Leben und gesellschaftlicher Entwicklung zu jener Periode nicht notwendigerweise dem Regime und seinen Zielen zugute kommen mußten.
3. Die beiden vorangegangenen Punkte und die Minderung der zentralen Bedeutung einer ausgesprochen politischen Perspektive bedeuten eine erhebliche Relativierung des zeitlichen Rahmens «1933–1945» und eine Einpassung der Naziepoche in die größeren Trends historischer Entwicklung, die sowohl der deutschen Geschichte wie der Geschichte der westlichen Welt gemeinsam ist.
4. Die selbstauferlegte Distanzierung des Historikers von der Naziepoche in ihrer Gesamtheit, d. h. das Syndrom der «Pflicht-

lektion», das durch moralisches Urteil über jene Zeit in ihrer Totalität getroffen wurde, gelte es zu beseitigen. Die umfassende Darstellung der komplexen und widersprüchlichen Aspekte jener Ära werde so zur einzig möglichen Grundlage für die Verankerung einer erneuten moralischen Bewertung von Geschichte allgemein, und dies im Lichte jener Lehren, die aus der Historisierung des Nationalsozialismus gezogen werden. So heißt es bei Martin Broszat: «Auch die Pauschaldistanzierung von der NS-Vergangenheit ist noch eine Form der Verdrängung und Tabuisierung ... Auflösung dieser Blockade zugunsten einer moralischen Sensibilisierung der Historie überhaupt, gerade aufgrund der Erfahrung des Nationalsozialismus – das ist der Sinn dieses Plädoyers für seine Historisierung.»

II.

Differenzierung und Nuancierung sind dem Handwerk des Historikers genuin. Jedoch könnte die Einführung einer ständig wachsenden Anzahl von Details, immer subtilerer Unterscheidungen in die Darstellung – und dies ohne gleichsam auf einen Wechsel des Paradigmas abzuzielen – von sich aus schon grundlegende Veränderungen im Geschichtsbild nach sich ziehen, insoweit jedenfalls, als die beherrschenden Elemente des tradierten und traditionellen Bildes in einer Art unscharfer Gegenüberstellung widersprüchlicher Züge verschwinden. Allein dies könnte für Historiker jener Ära schon erhebliche Probleme nach sich ziehen. Ich möchte das dadurch illustrieren, indem ich mich auf genau umrissene Dilemmata konzentriere, die in direkter Beziehung zu einigen wesentlichen Charakteristika von Historisierung stehen, wie oben definiert.

Das erste Dilemma ergibt sich schon aus der Fragestellung, ob die Periodenspanne «1933–1945» aufrechterhalten oder zugunsten viel weitreichenderer Zeiträume und damit anderer Perspektiven aufgegeben wird. Die Relativierung des Rahmens «1933–1945» impliziert fast schon definitionshalber eine Relativierung des wesentlich politisch-moralischen Rahmens, wie er mit dem traditionellen Zugang in Verbindung gebracht wird.

Seit den sechziger Jahren bestehen vor allem links orientierte Historiker auf der Hervorhebung des Aspekts der Kontinuität jener gesellschaftlichen Strukturen und Institutionen, die in Deutschland mindestens seit dem 19. Jahrhundert bestimmend waren, den Aufstieg der Nazis zur Macht direkt beeinflußten, den Nazismus mit der nötigen Unterstützung und Dynamik ausstatteten und mit der Niederlage des Dritten Reiches nicht verschwunden waren. Wäre dem anders, so argumentieren sie, so wäre es für konservative Historiker ein leichtes, den Nazismus als ein bloß temporäres, ja zufälliges Phänomen anzusehen, das Deutschland durch Hitler und seine Partei aufgezwungen worden war. Der nationale Schaden wäre begrenzt und die deutsche Geschichte sowohl vor 1933 wie nach 1945 von allem Übel frei. Dagegen läßt sich vorbringen, daß solche Dichotomie nicht völlig überzeugt: Man kann Kontinuitäten, besonders im Hinblick auf die Zeit vor 1933 und das Dritte Reich klar anerkennen, ohne dabei gleich die entscheidende und einschneidende Bedeutung des Wendepunktes von 1933 und jenen von 1945 beiseite zu schieben. Das neue Regime hatte eine derart mobilisierende und «potentialisierende» Wirkung des Vorgegebenen nach sich gezogen, daß dies einen Unterschied ums Ganze macht. Die zuvor schon bestehenden Faktoren und gesellschaftlichen Strukturen waren zwar notwendiger Nährboden; aber neue politische, soziale und psychologische Umstände trugen zu dem bei, was die Besonderheit des Dritten Reiches ausmachte.

Die Historisierung, von der hier die Rede ist, geht nun einen Schritt weiter. Sie lenkt die Aufmerksamkeit des Historikers auf die Notwendigkeit, in das Bild der Naziperiode hinein eine umfängliche Anzahl viel allgemeinerer und auf Langfristigkeit gerichteter historischer Prozesse einzubeziehen. Viele «normale» soziale Entwicklungen konnten in der Tat unmöglich nur den zwölf Jahren des Dritten Reiches entsprungen sein: Solche Trends hatten ihren Ursprung lange vor 1933 und hinterließen noch lange nach 1945 ihre Spuren in der deutschen Gesellschaft. Martin Broszat führt das interessante Beispiel der Planung einer allgemeinen

Sozialversicherung an, die zu Ende des Ersten Weltkrieges, in den zwanziger und dreißiger Jahren, entwickelt wurde, von der Forschungsgruppe der Deutschen Arbeitsfront 1941/42 als fertig ausgearbeitetes Projekt präsentiert und schließlich zu großen Teilen in das Sozialversicherungssystem der Bundesrepublik integriert wurde. Überdies waren jene Pläne, die 1942 vorgestellt wurden, dem Beveridge-Plan sehr ähnlich, der etwa zur selben Zeit vorbereitet wurde, um zur Grundlage des britischen Wohlfahrtsstaates zu werden. Wir treffen im Dritten Reich also ein Beispiel für eine solche Langfristigkeit an, ein Beispiel, das in einem anderen Land, einem Land mit einer vorbildlichen Demokratie freilich, ähnlich nachzuweisen ist. Ich möchte noch auf ein anderes Exempel hinweisen: Der langsame Prozeß der Emanzipation der Frau in Deutschland während der wilhelminischen und der Weimarer Zeit wurde in der Naziepoche beträchtlich beschleunigt – gegen alle Glaubenssätze des Regimes; und ohne Zweifel wurde die noch schnellere Entwicklung in ebendiese Richtung, wie sie seit Kriegsende in der westdeutschen Gesellschaft festzustellen ist, davon erheblich beeinflußt.

Man könnte eine beliebige Anzahl ähnlich langfristiger Entwicklungsprozesse hinzufügen, die in der Nazizeit beschleunigt oder auf verschiedenste Weise verändert wurden, und dies ganz unabhängig von der für das Regime charakteristischen Politik und Ideologie. Diese verschiedenen Veränderungen fallen wesentlich in den größeren Zusammenhang von Modernisierungsprozessen, wie sie auch im nationalsozialistischen Deutschland nachzuweisen sind.

In den letzten beiden Jahrzehnten brachte eine beträchtliche Anzahl von Untersuchungen die unterschiedlichsten Aspekte solcher Modernisierungen ans Licht: Betrachtet man sie in ihrer Gesamtheit, dann zeigt sich, daß die Aufmerksamkeit der Forscher sich von den Besonderheiten des Nationalsozialismus abwendet, um sich dafür den allgemeineren Problemen der Modernisierung zuzuwenden. Damit wird freilich die Frage der Relevanz, oder genauer: der relativen Relevanz von Entwicklungen solcher Art für eine umfassende geschichtliche Darstellung der Nazizeit gestellt.

Der spezifische Charakter der Epoche scheint nämlich genau von jenen neuen Elementen abhängig zu sein, die mit Hitlers Machtantritt in laufende Prozesse erst eingebracht wurden. Viele Trends, die für die Zeit lange vor 1933 nachweislich sind, wurden damals politischen Zwecken dienstbar und für die Umwandlung der Gesellschaft wirksam gemacht; sie wurden konkretisiert und instrumentalisiert.

Im Bereich des Ideologischen bestanden ohne Frage Antisemitismus oder Rassenhygiene bereits vor 1933 ebenso, wie Theorien über die Vertreibung oder gar Vernichtung der Juden oder Theorien über die mögliche Vernichtung der Träger von Erbkrankheiten usw. nachweislich sind. Jedoch ist das Aufkommen politischer Bedingungen, die zur Konkretisierung solcher Theorien, ihre Umwandlung in politisches Handeln möglich machten – wobei es in unserem Zusammenhang nicht wesentlich ist, wie die Dynamik dieser Umwandlungen vor sich gegangen sein mag –, das, was als wesentlich zu gelten hat: Was potentiell möglich war, wird wirklich. Schließlich wurden weder in England noch in den Vereinigten Staaten geisteskranke Menschen ausgelöscht, obwohl eugenisches Denken weit verbreitet war; auch in der Weimarer Republik schwebten diese Menschen nicht in Lebensgefahr.

Eine ausschließliche Konzentration auf die spezifisch verbrecherische Dimension, die in der Tat durch die Machtübernahme der Nazis wirksam wurde, scheint aber gleichzeitig das zu sein, was das traditionelle Bild vom Nationalsozialismus allzu simpel macht. Es gilt deshalb, die langfristigen, «neutralen» Prozesse ebenso zu berücksichtigen, wie die traditionelle Sichtweise aufrechtzuerhalten. In einer solchen Kombination kommt es selbstverständlich auf das jeweilige Gewicht der unterschiedlichen Anteile an. Wie ein jeder langfristig orientierte Prozeß in das Bild eingefügt werden kann, so bleibt für den Historiker – ungeachtet der Komplexität der dadurch hinzugefügten Schichten – die Bestimmung des Brennpunktes wesentlich. Eine Aufrechterhaltung des Brennpunktes scheint praktisch dann unmöglich, wenn der politische Rahmen «1933–1945» mit seinem implizit «potentialisierenden» Effekt und den spezifischen Elementen, die er enthält, zu sehr relativiert wird.

Wenn man sich von der Ebene der Monographie hin zur allgemeinen Darstellung bewegt, auf die die Historisierung explizit abhebt, dann gilt es sich zu fragen, ob das «Ermächtigungsgesetz» oder das «Gesetz zur Wiederherstellung des Berufsbeamtentums», d. h. das formale Ende des demokratischen Systems und der Beginn legaler antisemitischer Maßnahmen – zwei Marksteine des Jahres 1933 –, nicht notwendig beherrschende Elemente einer historischen Landschaft bleiben sollten, in der es viele Hügel gibt, in der sich aber auch eine Reihe von Vulkanen auftürmen. Kurz: Wie weit kann die neue politische Dimension, die durch Hitlers Machtantritt eingeführt wurde, relativiert werden, ohne daß sich die gesamte Landschaft verändert?

Das zweite Dilemma ist das der «Distanz». Wie erwähnt, zielt die Historisierung auf die Abschaffung des «Pflichtlektion»-Syndroms, auf jene automatische Distanzierung des Historikers von seinem Gegenstand, sobald er sich der Nazizeit nähert. Ohne Zweifel ist dabei nicht beabsichtigt, sich verstärkt den verbrecherischen Anteilen dieser Zeit zu widmen, sondern eher, sich aus jener Quarantäne zu begeben, die angeblich bis heute der Epoche im Ganzen auferlegt ist.

Obwohl die generelle Stoßrichtung eines solchen Plädoyers ganz verständlich ist und obwohl – wie angenommen werden kann – es sich dem Ziel verschrieben hat, eine gewisse Differenzierung zwischen dem Einhalten einer Distanz einigen Aspekten jener Zeit gegenüber einerseits und der Beseitigung der Distanz anderen Aspekten jener Periode gegenüber andererseits herzustellen, kann dies in Wirklichkeit zu unlösbaren Problemen führen – wird die Ebene der Monographie zugunsten globaler Darstellung verlassen. Nur wenige Bereiche der Zeit können – mit Ausnahme der unmittelbar verbrecherischen – als gänzlich verwerflich angesehen werden. Andererseits sind nur wenige Bereiche von den unerfreulichen oder gar verbrecherischen Aspekten des Kernbereichs unberührt geblieben. Es fallen einem sofort die verschiedensten Beispiele für diese Verflechtung von Normalität und Kriminalität ein: die Industrie etwa, die staatliche Verwaltung, das Militär etc. Die historische Bedeutung dieser Institutionen im Rahmen des Nationalsozialismus ist zuerst und vor allem ihre systemstabilisierende Rolle. Wenn man Institutionen in solcher Weise beurteilt, dann konnten nur sehr wenige vom Regime unabhängig oder an seiner immer radikaleren Entwicklung völlig unbeteiligt gewesen sein.

In einem System, dessen innerer Kern von Anfang an verbrecherisch war, ist sogar Nichtbeteiligung, Passivität als solche schon systemstabilisierend. Dies kann ganz selbstverständlich dazu führen, daß Distanz sogar dem gegenüber, was als normal, als nicht involviert gilt, eingehalten wird. Die örtliche Kirchengemeinde etwa, die unter Umständen zwar ideologisch unvergiftet geblieben war, aber ihre nichtarischen Mitglieder ausschloß, um sich nicht zu schädigen, und es ohne jeden Protest geschehen ließ, daß sie abtransportiert wurden, kann kaum ohne eine jede Distanzierung betrachtet werden ... Überdies impliziert der Drang, die *pauschale Distanzierung* von einer solchen Epoche wie die des Nationalsozialismus aufzuheben und zwischen verschiedenen Bereichen zu unterscheiden, eine Haltung, die davon ausgeht, Geschichte lasse sich von einem «neutralen», «objektiven» Standort aus schreiben, einem Standort, der es erlaubt, klare Kriterien für das Maß der Distanzierung oder Nicht-Distanzierung zu benennen. Mir scheint, Distanzierung bedeutet die Realisierung eines subjektiven Werturteils, ein Werturteil, das mit anderen nicht beliebig geteilt zu werden vermag. Für die Opfer des Regimes etwa – wer auch immer zu ihnen gehört haben mag – zieht die Zeitspanne zwischen 1933 und 1945 sicherlich eine pauschale Distanzierung nach sich, weil für sie mit Hitlers Machtantritt die Mißhandlung auf allen Ebenen anhob. Aber nehmen wir hier einen generellen Standpunkt ein: Denn wie wir weiter unten sehen werden, kann die Relativierung durch Distanzierung unerwartete Folgen nach sich ziehen.

Das führt schließlich zum dritten Dilemma, einem Dilemma, das in gewissem Sinne die meisten der anderen Aspekte der Historisierung einschließt und eine hierzu fast notwendige Begleiterscheinung darstellt.

Es kann nicht Absicht der Historisierung sein, nochmals die Diskussion der letzten drei Jahrzehnte über doch vertraute Interpretationen des Nationalsozialismus wieder aufzunehmen. Wenn die gewünschten Veränderungen nur innerhalb wohlbekannter Parameter erwogen würden, dann wären wir wieder bei der Diskussion «Totalitarismus» versus «Faschismus», «Hitler-Zentrismus» versus «Polykratie» etc. sowie ihren jeweiligen Vorzügen und Nachteilen angelangt. Aber die Historisierung zielt ganz deutlich auf mehr, sie zielt auf etwas, was sich nicht in der neuerlichen Aufnahme von Argumenten erschöpft, die uns inzwischen vertraut und wohlbekannt sind. Entscheidend vielmehr ist die Aussage, man sollte jetzt, vier Jahrzehnte nach Kriegsende, endlich in der Lage sein, die Naziperiode im Hinblick auf das Problem historischer Darstellung *wie jede andere Epoche auch* zu behandeln. *Die Relativierung, die in der zeitlichen Entgrenzung der Phase 1933–1945 angelegt ist, und die Relativierung, die mit dem Problem der Distanzierung von jener Epoche verbunden ist, stellen die Schlüsselelemente jenes Zugangs dar, die Epoche des Nationalsozialismus wie eine jede andere zu behandeln.*

Zwar ist davon die Rede, welches Bild der Geschichte wir zu verwerfen haben, welchen Rahmen es aufzubrechen gilt; nicht aufgezeigt wird, zu welchen Ergebnissen der Zugang des *offenen Ausgangs* führen kann, als ob die neuen Ansätze die Fakten besser für sich sprechen ließen, als ob die sogenannte «Rückkehr zur Geschichte» nicht für alle möglichen Interpretationen und Bedeutungsverschiebungen offen wäre, sollten erst einmal die «pauschale Distanzierung» und die «moralische Blockade» hinsichtlich jener Jahre aufgehoben werden. In diesem Zusammenhang wurde in der Bundesrepublik Deutschland vor kurzem erst deutlich, welche mannigfaltigen Interpretationen Historisierung möglich machen kann.

III.

Betrachtet man die Historisierung abstrakt, d. h. rein begrifflich, jenseits jedes konkreten ideologisch-politischen Zusammenhangs, dann geht es in der Tat nur darum, diese oder jene theoretische Frage zu klären. Aber de facto läßt sich kein historischer Begriff völlig außerhalb des Kontexts diskutieren, in dem er formuliert wird. Martin Broszat plädiert für Historisierung angesichts des Volumens abgelaufener Zeit. Er geht von der Annahme aus, daß die zeitliche Distanz inzwischen einen neuen Blick auf die Epoche der Naziherrschaft gestatte. Was dies im Kontext der achtziger Jahre in der Bundesrepublik bedeutet, machte Karl-Heinz Janssen in *Die Zeit* deutlich. Janssen stellt fest: «Broszat hofft, durch ‹stärker differenzierende Einsicht› könne jene Epoche ‹auch moralisch neu erschlossen werden›. War er sich klar darüber, auf welche Gratwanderung er sich da einließ?» Und er fügt hinzu: «Denn inzwischen wehten die Bonner Wende-Winde den Aufklärern ins Gesicht. Historisieren verstehen viele nur noch als Relativieren. Die Epoche des Nationalsozialismus soll für sie eine Epoche unter anderen werden ...»[5]

Karl-Heinz Janssen hätte zum Beispiel Klaus Hildebrands Kommentar zu Ernst Noltes «Between Myth and Revisionism: National Socialism from the Perspective of the 1980s» zitieren können: «... Der Artikel von Ernst Nolte (verdient) besondere Beachtung. Denn er unternimmt es, in außerordentlich anregender und weiterführender Art und Weise das für die Geschichte des Nationalsozialismus und des ‹Dritten Reiches› zentrale Element der Vernichtungskapazität der Weltanschauung und des Regimes *historisierend einzuordnen* und diesen totalitären Tatbestand in den aufeinander bezogenen Zusammenhang russischer und deutscher Geschichte zu begreifen.»[6] Wir wollen uns jede Untersuchung der Historisierung nach der Art Ernst Noltes ersparen, zumal sich durchaus begründen läßt, daß seine Fragestellungen und Konstrukte in keiner Weise jener Historisierung eigen sind, die hier dargestellt wird. Daher wollen wir einen anderen Fall von Historisierung heranziehen, einen Fall, der meiner Ansicht nach einen Aspekt ideologischer Kontextualisierung dessen ganz deutlich illustriert, was durch Historisierung kaum vermieden werden kann: den möglichen Übergang von der Historisierung zu einer Art von «Historismus», vor allem dann, wenn das Narrative Verwendung finden soll.

Martin Broszat lehnt die Rückkehr zum «Historismus» strikt ab. Tatsächlich könnten gute Gründe dafür angeführt werden, daß der Zug der Historisierung an jeder Station zum Stillstand gebracht werden kann; das Ende des Schienenstrangs muß nicht unbedingt erreicht werden. Aber der Kontext, in dem Historisierung sich heute anbietet, kann durchaus dazu ermutigen, die Reise bis zur Endstation des «Historismus» durchzuführen, und dies wesentlich aus folgenden Gründen:

- der Relativierung von Distanz und allgemeiner moralischer Quarantäne in bezug auf die Naziepoche als Ganzes wegen;
- aus Gründen der Betonung der nicht-kriminellen, nicht-ideologischen und nicht-politischen Aspekte der Epoche, was sich unter anderem in Alltagsgeschichte und der Darstellung von Alltäglichkeiten im Dritten Reich niederschlägt. Obwohl im Bereich des alltagsgeschichtlichen Zuganges unterschiedliche Varianten bestehen und obwohl manche Forschergruppen sich des Problems der Distanzierung sehr wohl bewußt sind, muß die alltagsgeschichthche Perspektive auf das Dritte Reich fast schon definitionsgemäß die Aufmerksamkeit auf die nicht-politischen Dimensionen der Epoche und auf immer feiner darstellbare Abstufungen in der Haltung der Bevölkerung lenken. Dadurch wird eine Art von Kontinuum geschaffen, in dem sich die Kriminalität des Alltagslebens betonen lassen kann – aber auch das erhebliche Maß an Normalität im allumfassenden kriminellen System.

In einem Kontext, in dem die relativierenden und normalisierenden Anteile der Nazizeit betont werden, mit dem Ziel, das traditionelle Bild jener Epoche neu zu formen, kann die Tendenz, dem Kontinuum eher in die eine als in die andere Richtung zu folgen, nicht einfach von der Hand gewiesen werden. Solcher Hinweis bedeutet nicht etwa, daß irgendein Fragenkomplex zu meiden wäre; aber gleichzeitig gilt es, nicht zu unterschlagen, daß dadurch einige Bedeutungsverschiebungen gefördert werden können. Nehmen wir ein Beispiel:

Die vielbändige Untersuchung zur Alltagsgeschichte in Bayern während des Nationalsozialismus brachte einen seither viel diskutierten Begriff hervor: den der «Resistenz». Es handelt sich hierbei um die Konzeptualisierung einer Zwischenkategorie von Verhaltensweisen, einem Verhalten im Zwischenbereich aktiver Opposition und gänzlicher Anpassung. Insofern illustriert der neue Ansatz als Alltagsgeschichte eines der Hauptziele von Historisierung, weil er zu erheblichen Differenzierungen führen kann.

Geht man von Hartmut Mehringers Definition der «Resistenz» aus (– Mehringer war einer der wichtigsten Mitautoren des Projekts *Bayern in der NS-Zeit,* durch den dieser Begriff stark in den Vordergrund gerückt wurde –), so wird darin eine Verständniskategorie vorgestellt, nach der die Grundhaltung der Mehrheit der Bevölkerung in Bereichen widerstreitender Loyalitäten von einer Mischung aus Konformität und Nonkonformität charakterisiert war: «... Die Nahsicht der gesellschaftlichen und politischen Konfliktzonen des Dritten Reiches zeigt jedoch, daß Teilopposition, ihre Verbindung mit zeitweiliger oder partieller Regimebejahung, daß das Neben- und Miteinander von Konformität und Nonkonformität die Regel darstellt ...»[7] Nun ließe sich argumentieren – und dies ist auch geschehen -, «Resistenz» sei ein viel zu amorpher Begriff, um sinnvoll angewandt werden zu können. So ergibt sich etwa kein ernstzunehmender Grund, jemanden, der den *Völkischen Beobachter* aus opportunistischen Gründen abonniert und die Zeitung dann aber ungelesen wegwirft, aus dem umfassenden Bereich verwaschener Nonkonformität auszuschließen. Man könnte das Konzept der «Resistenz» mit jenem Verhalten stillschweigender Hinnahme oder passivem Akzeptierens der schlimmsten Verbrechen des Regimes, trotz geflüsterter Mißbilligung etc., identifizieren. Wie auch immer; da die Mischung von Konformität und Nichtkonformität für viele die Regel war, stellt sie jedenfalls eine begriffliche Brücke dar, die es nunmehr erlaubt, mit widersprüchlichen Haltungen einzelner, die zwar manches am Regime nicht guthießen, jedoch als aktiver Bestandteil innerhalb von Institutionen wirkten, die das Regime stärkten, umzugehen. Mit anderen Worten: Obwohl die Wehrmacht stärker als jede andere Institution im Sinne des Regimes systemstabilisierend wirkte, waren trotzdem viele kämpfende Einheiten ideologischen Anmaßungen der Nazis gegenüber mehr oder weniger immun. Sie taten bloß ihr Bestes, die Front zu halten – wie Soldaten jeder anderen Armee auch. In diesem Sinne könnte die Haltung dieser Einheiten, und das heißt auch, der meisten Soldaten, als eine

Mischung aus Konformität und Nichtkonformität angesehen und mithin als «Resistenz» ausgelegt werden.

Solche Art von «Resistenz», die sich mit einem Kampf gegen eine Bedrohung verband, die moralisch als verdammenswert galt und aus einer deutschen nationalen Perspektive heraus als katastrophal angesehen wurde – nämlich die Sowjetunion –, kann den Historiker von einem neutralen Standpunkt weg zu einem der Einfühlung führen. In seinem Buch «Zweierlei Untergang: Die Zerschlagung des Deutschen Reiches und das Ende des Europäischen Judentums» nimmt Andreas Hillgruber mehr oder weniger diese Stellung ein. Wie inzwischen als bekannt vorauszusetzen ist, muß nach Hillgruber der Historiker einen Punkt der Identifikation in seinem Gegenstand ausmachen. Er selbst ist geneigt, sich mit den kämpfenden Wehrmachtseinheiten und den Leiden der deutschen Bevölkerung im Osten zu identifizieren, und dies ungeachtet der Tatsache, daß das militärische Standhalten der Wehrmacht es überhaupt ermöglichte, hinter den Linien den Vernichtungsprozeß fortzusetzen. In einem Interview mit der Zeitung «Rheinischer Merkur» verglich Andreas Hillgruber seine Beschreibung des Schicksals der Wehrmacht an der Ostfront mit dem der alltagsgeschichtlichen Ansätze:

«Ich habe in meinem Aufsatz über den Untergang im Osten 1944/45 einleitend das Geschehen aus der Perspektive der Bevölkerung, der kämpfenden deutschen Armee skizziert, also nicht von der Warte Hitlers oder der siegreichen Roten Armee ... Der Versuch, das Geschehen aus der Sicht der Betroffenen darzustellen, fügt sich ein in Anstrengungen von Kollegen (zum Beispiel H. Mommsen oder M. Broszat), auf anderen Feldern der Geschichte des ‹Dritten Reiches› ebenfalls die Dinge von dem Gros der erleidenden Bevölkerung aus zu erleben.»[8]

Andreas Hillgrubers Argument ist nicht völlig von der Hand zu weisen. Darauf hat bereits Hermann Rudolph in seinem Beitrag «Falsche Fronten?» hingewiesen: Man könne nicht – so schrieb Rudolph – auf der einen Seite einen Prozeß der Historisierung befürworten, einen Prozeß, den er selbst gutheißt, und auf der anderen Seite eine Art von moralischer Blockade über den Kampf von Wehrmachtseinheiten an der Ostfront verhängen, weil er die Fortsetzung der Vernichtung hinter den Linien ermöglichte: «Man kann diesen Prozeß der Differenzierung nicht vorantreiben», fügte er hinzu, «und zugleich den Blick zurück in Abscheu unbefangen behalten.»[9]

Zum Abschluß seines «Plädoyers» fordert Martin Broszat auf, die Blockade, die der Zeit von 1933–1945 auferlegt wurde, aufzuheben; dies, um unter anderem die Rückkehr zu einer Art traditionellem «Historismus» zu vermeiden, d. h. einer Art traditioneller Identifikation und Empathie mit den Zeiten, die vor und nach der Naziära liegen und die als «gesund» gelten. Ironischerweise könnten aber die Suche nach «gesunden» Bereichen während der nationalsozialistischen Zeit und die Außerkraftsetzung der Distanz zwischen dem Historiker und jener Epoche gerade zu einer Rückkehr einer Art von «Historismus» führen, und dies nicht nur im Hinblick auf die Phasen, die dem Dritten Reich vorausgingen und ihm folgten, sondern auf das Dritte Reich selbst. Das ständige Gegenüberstellen und Differenzieren zwischen dem Normalen und Alltäglichen und dem Abnormen und Kriminellen im Dritten Reich selbst kann im neuen ideologischen Kontext den Historiker, der die Historisierung als einen «objektiveren» Ansatz für das Studium der Naziepoche ansieht, mit unerwarteten Ergebnissen konfrontieren, werden jene nicht von zureichend präzisen Differenzierungskategorien begleitet.

IV.

Kurzum, Historisierung umfaßt Unterschiedliches, und im heutigen Kontext werden einige Interpretationen sich eher als andere bestärkt finden. Zum Abschluß sollten drei sehr allgemeine Probleme aufgeworfen werden. Zuallererst läßt sich mit gewisser Plausibilität die Auffassung vertreten, daß die Historisierung als solche Teil eines umfassenderen und kontinuierlichen Konstruktions- (oder Rekonstruktions-)Prozesses deutscher Erinnerung an die Nazizeit ist. Neben Historikern sind auch andere an der Konstruktion oder Rekonstruktion kollektiver Erinnerung hinsichtlich jener Epoche beteiligt. Obwohl die Geschichtsschreibung im

Prinzip das kritische Auge ist, das die Konstrukte der Erinnerung überprüft, ist sie in vieler Hinsicht auch Teil dieses generellen Prozesses selbst, weil sie sich mit einer Vergangenheit befaßt, die nicht vergehen will ... Kurz: Meiner Ansicht nach ist diese Vergangenheit immer noch viel zu gegenwärtig, als daß es den heute tätigen Historikern – handelt es sich vor allem um Deutsche oder Juden, handelt es sich um Zeitgenossen der Nazizeit oder Angehörige der zweiten oder vielleicht gar der dritten Generation – ein leichtes wäre, sich ihrer Vorannahmen und ihrer A-priori-Positionen bewußt zu werden.

Es ist anzunehmen, daß der Historiker des Nationalsozialismus sich oft kaum ganz darüber im klaren ist, auf welch spezifischer Grundlage, aus welchen Motiven und in welch besonderem ideologischen Kontext er sich mit dem Gegenstand seiner Forschung befaßt. Daher ist für jede Art historischer Analyse ein tiefgreifender Prozeß der Selbstreflexion nötig, durch den es dem Historiker bewußt bleibt, daß er – für wie objektiv auch immer er sich halten mag – er doch derjenige ist, der den Ansatz wählt, die Methode festlegt und das Material nach einem gewissen Plan organisiert. Was für eine jede Geschichtsschreibung zutrifft, ist für das Studium der besagten Epoche freilich entscheidend. Über den Nazismus schreiben ist jedenfalls etwas völlig anderes, als eine Geschichte Frankreichs im sechzehnten Jahrhundert zu verfassen. Der mögliche Irrtum der hier analysierten Historisierungsabsicht liegt darin begründet, daß man sich vierzig Jahre nach dem Ende des Dritten Reiches mit dem Nazismus auf eine ähnliche Art zu befassen beabsichtigt wie mit dem Frankreich des sechzehnten Jahrhunderts.

Ein weiteres Problem – und dies ergibt sich direkt aus dem vorausgehenden – ist das der jeweils unterschiedlichen Relevanz. Die Geschichte des Nazismus ist die Geschichte aller. Für Deutsche ist sie im Hinblick auf ihr nationales Selbstverständnis und ihre Identität, für das Verstehen nicht nur ihrer Vergangenheit, sondern auch ihrer heutigen Gesellschaft, von essentieller Bedeutung. Daher kann die Historisierung des Nationalsozialismus für verschiedene Gruppen in der Bundesrepublik Unterschiedliches bedeuten, je nach ideologischem und politischem Standort. Aber dieselbe Vergangenheit kann auch für die Opfer des Nazismus, wer immer sie auch sein mögen, erst recht etwas anderes bedeuten. Daraus ergeben sich für sie ebenso unterschiedliche, aber nicht weniger legitime Wege, diese Epoche zu historisieren. Spielt zum Beispiel die Erforschung der Alltagsgeschichte im Dritten Reich sowohl für konservative wie für eher links orientierte deutsche Historiker – wenn auch aus entgegengesetzten Gründen – im Prozeß der Historisierung eine zunehmend zentrale Rolle, so kann es durchaus sein, daß eben jener Aspekt der Geschichte des Dritten Reiches einigen Historikern außerhalb Deutschlands weniger unmittelbar relevant erscheint. Letztere könnten davon ausgehen, daß die politischen und ideologischen Aspekte des Dritten Reiches einer noch viel detaillierteren Erforschung bedürfen, zumal die Beziehung zwischen Ideologie und praktischer Politik noch immer äußerst nebulös ist – etwa im Hinblick auf die Endlösung.

Schließlich gilt es auch die möglichen Grenzen der Historisierung des Nationalsozialismus zu bedenken, Grenzen, die durchaus nicht irgendeinem Tabu geschuldet sind, sondern dem Phänomen selbst innewohnen. Diese Grenzen sind in Verbindung damit zu sehen, wie die Besonderheit oder umgekehrt: das Nicht-Besondere der Naziverbrechen angegangen wird. Obwohl man seine eigene Interpretation der Fakten in unterschiedlicher Weise darzulegen vermag, steht man dabei fraglos nicht vor einer Wahl zwischen Fakten und Fakten, sondern zwischen unterschiedlichen Interpretationen, die in verschiedenen Werturteilen verankert sind, und damit außerhalb von Beweis und Gegenbeweis stehen.

Mit der Bewertung der Nazi-Verbrechen als spezifische oder als nichtspezifische wird über das Wesen des Nationalsozialismus befunden. Da die Wahl, die der Historiker trifft, das Gesamtbild bestimmt, und da die Art solcher Bewertung sich historischer Analyse im engeren Sinne entzieht, *kann die Historisierung nur dann als vollbracht gelten, wenn die Verbrechen des Naziregimes in einen komplexen historischen Rahmen integriert werden. Wenn eine solche Integrierung nicht erfolgt, bleibt ein einschneidendes Element in der Historisierung jener Epoche schwer faßbar.* 1972 publizierte Geoffrey Barraclough in der *New York Review of*

Books eine Serie von zwei Artikeln, die bereits einige Argumente hinsichtlich der Historisierung des Nationalsozialismus einschloß. Unter anderem kritisiert Barraclough das, was er den liberalen Zugang zur modernen deutschen Geschichte nennt. Er zitiert dann den Faschismus-Historiker Gilbert Allardyce wie folgt: «Unser Wissen darüber, was in Auschwitz geschah, ist enorm gewachsen, aber nicht unser Verstehen.» Warum ist das so? fragt Barraclough. Seine Antwort ist wert, zitiert zu werden: «Wenn die Antwort sich uns noch immer entzieht, dann scheint die Annahme nahezuliegen, es würden noch mehr Fakten benötigt, mehr Informationen, weiteres Graben nach den ‹Wurzeln› des Nationalsozialismus. Dies ist eine Antwort, die auf der Hand liegt – aber sie ist nicht notwendigerweise die richtige. Wenn das Puzzle nicht aufgeht, liegt es vielleicht nicht daran, daß einige Teile fehlen, sondern daß wir es falsch zusammengesetzt haben. Mit anderen Worten: Es geht um die Gültigkeit von Annahme und Methodologie des vorherrschenden liberalen Zugangs zur deutschen Zeitgeschichte.»[10]

Etwa 15 Jahre sind seit der Publikation von Barracloughs Zeilen vergangen, und der liberale Zugang zur deutschen Zeitgeschichte ist ernstlich in Frage gestellt worden, genau gesprochen von Historikern wie Martin Broszat, Hans Mommsen und vielen anderen. Die Teile des Puzzles sind auf jede nur erdenkliche Weise bewegt, eine unermeßliche Anzahl neuer Details ist hinzugefügt worden. Trotzdem plädiert Martin Broszat 1985 für die Historisierung des Nationalsozialismus. Ein Jahr darauf brach zwischen deutschen Historikern der Streit über den spezifischen bzw. den nicht spezifischen Charakter der Naziverbrechen aus. Man muß sich die verschiedenen Phasen der Diskussion in Erinnerung rufen, um aufzeigen zu können, daß das scheinbar stetig wiederkehrende Hindernis zur Vervollständigung des Puzzles immer wieder die Frage nach dem spezifischen Charakter und dem historischen Ort der Vernichtungspolitik des Dritten Reiches ist. Darin liegt das Problem – und vermutlich auch die Grenze der Historisierung.

V.

Hannah Arendt könnte uns auf den letzten Zeilen ihres Buches «Eichmann in Jerusalem» unbeabsichtigt einen Hinweis darauf gegeben haben, was die Naziverbrechen von anderen unterscheidet. Die Nazis – so argumentiert Hannah Arendt – versuchten «zu entscheiden, wer die Welt bewohnen dürfe und wer nicht». *Dies hat tatsächlich kein anderes Regime unternommen zu tun, wie verbrecherisch es auch war.* In diesem Sinne erreichte das Naziregime meiner Ansicht nach gewissermaßen eine theoretisch äußerste Grenze: Man kann sich eine noch größere Zahl von Opfern und eine technologisch noch effizientere Tötungsart vorstellen; aber sobald ein Regime beschließt, daß Gruppen, nach welchen Merkmalen auch immer, ausgesondert und auf der Stelle zu vernichten seien und daß sie nie mehr auf Erden leben dürfen, ist tatsächlich das Äußerste überschritten. Diese Grenze ist meiner Auffassung nach in der modernen Geschichte nur ein einziges Mal, und zwar durch die Nazis erreicht worden. Es bedarf keiner besonderen Erwähnung, daß versucht werden kann, die Menschenvernichtung der Nazis mit anderen Fällen von Vernichtung zu vergleichen, daß man nach einer beliebigen Anzahl vergleichbarer Ereignisse Ausschau halten kann. Doch all das schließt die Anerkennung einiger erheblicher Unterschiede nicht aus. Durch den oben erwähnten Aspekt wird meiner Meinung nach der spezifische Charakter des Naziregimes bestimmt; und meinen eigenen Kriterien nach gehört solche Argumentation in den Bereich von Werturteilen. In der gegenwärtig vorherrschenden Kontextuierung können jene Historiker, die die Bedeutung des Nazismus relativieren und seinen Vernichtungscharakter zu historisieren beabsichtigen, eben jenen Begriff der «Historisierung» instrumentalisieren und das «Offene» im Prozeß der Darstellung sowie das Defizit an Klarheit, das einigen zentralen Aspekten des Nationalsozialismus innewohnt, benutzen, um zu jener nur scheinbar lange Zeit hinausgeschobenen «objektiven» Sicht der Vergangenheit zu gelangen. Historisierung als Form genauerer historischer Analyse verstanden, benennt nur einen ohnehin fortlaufenden und darüber hinaus notwendigen Prozeß. Das Bewußtmachen einiger der hier angesprochenen Probleme soll jedoch dazu beitragen helfen, eine solche Art von Historisierung mit zu ermöglichen, die sich nicht leichterhand für eine Relativierung der Nazivergangenheit mißbrauchen läßt, für ihre Banalisierung und letztlich dafür, jene Verbrechen aus dem Gedächtnis der Menschen auszulöschen.

(Übersetzung: Nele Low Beer)

Um die «Historisierung des Natonalsozialismus»
Ein Briefwechsel mit Martin Broszat

München, den 28. September 1987

Lieber Herr Friedländer,

anläßlich des 40. Jahrestages des Endes der NS-Herrschaft im Mai 1985 veröffentlichte ich in der Zeitschrift *Merkur* ein «Plädoyer für eine Historisierung des Nationalsozialismus».[1] Gegen Begriff und Grundgedanken dieses Historisierungs-Postulats haben Sie mehrfach in Vorträgen und Artikeln und stärker als irgendein anderer meiner Fachkollegen im In- und Ausland Bedenken vorgebracht. Ihre Besorgnisse gerieten dann außerdem in das Fahrwasser des 1986 in der Bundesrepublik entfachten «Historikerstreits» mit seinen zum Teil ganz anderen Anlässen, Akzentsetzungen und Frontbildungen. Dieser Streit hat, nach meinem Dafürhalten, durchaus auch Positives erbracht; er war aber nicht besonders geeignet, die sachliche Erörterung dessen zu fördern, was, aus ganz unpolemischem Anlaß, ein Jahr zuvor mit meinem «Plädoyer» gemeint war. Es blieb vielmehr nicht aus, daß dieses Beifall von der falschen Seite erhielt, und umgekehrt Bedenken auftauchten, wo vorher aufgeschlossene Zustimmung zu dem Grundgedanken vernehmbar gewesen war. Wegen solcher «Verzerrungen» der Sachdiskussion durch den Historikerstreit habe ich, wie Sie wissen, nach reiflicher Überlegung auch eine Einladung des Fischer-Verlages zur Mitwirkung an einem Taschenbuch-Sammelband ausgeschlagen, der schon im Herbst 1987 Gelegenheit geboten hätte, zu Ihren dort veröffentlichten kritischen «Überlegungen zur Historisierung des Nationalsozialismus»,[2] wenn auch nur in knapper Form, Stellung zu nehmen. Wenn ich davon absah, ebenso wie von einem Neuabdruck meines «Plädoyers» in diesem Taschenbuch, so vor allem, weil ich nicht Vorspanndienste leisten wollte für eine weitere recht einseitige Kompilation von Beiträgen zu dem schon reichlich breit publizierten Historikerstreit.

Sie bedauerten das zwar, folgten aber erfreulicherweise meinem Vorschlag, das Problem außerhalb solchen Kontexts auf dem ruhigeren Forum dieser Zeitschrift «unter uns» zu diskutieren und dafür eine Dialogform mit jeweils drei Briefen zu wählen. Wir muten den Lesern der *Vierteljahrshefte* dabei zu, auf die beiderseitigen Ausgangspunkte – mein «Plädoyer» im *Merkur* und Ihre «Überlegungen» in dem genannten Taschenbuch – selbst zurückzugreifen, da die von uns dort ausgebreiteten Argumente im Laufe des folgenden Briefwechsels sicher nur teilweise rekapituliert werden können. Uns selbst muten wir außerdem ein Experiment mit ungewissem Ausgang zu. Die Verabredung, die wir in bezug auf den Dialog getroffen haben, ist vorläufig nur ein Zeichen der guten Absicht, einen nicht nur polemischen, sondern auch fruchtbaren und klärenden Diskurs zu führen. Ob wir das aber und wie gut wir es vermögen, wird sich erst am Schluß zeigen und von den Lesern der Zeitschrift zu beurteilen sein.

Bei meinem ersten Einstieg in das Gespräch möchte ich mich auf drei Punkte beschränken.

1. Der von mir vorgebrachte Begriff der Historisierung des Nationalsozialismus ist, darin stimme ich Ihnen voll zu, vieldeutig und mißverständlich. In Ihrer Kritik gehen Sie im wesentlichen von seiner Mißbrauchbarkeit aus, nicht von dem, was ich als Zielsetzung und Motivation expressis verbis genannt habe. Für Ihre Befürchtung, mit dem Begriff der Historisierung des Nationalsozialismus sei ein gefährliches Stichwort für eine falsche Normalisierung des historischen Bewußtseins in der Bundesrepublik geliefert und der Weg zu einer moralischen Einebnung der Betrachtung der NS-Zeit beschritten worden, habe ich keine Handhabe in meinem «Pädoyer» geliefert. Weil Mißverständnis und Mißtrauen offenbar dennoch überwältigend sein können, möchte ich zur Eröffnung unseres Gesprächs vor allem noch einmal deutlich das Folgende herausstellen: Mein Historisierungs-Begriff war und ist eingespannt in zwei sich gegenseitig bedingende und insofern unverzichtbare Postulate. Er basiert erstens auf der Anerkenntnis der Notwendigkeit, daß geschichtliches Verstehen

schließlich auch vor der NS-Zeit nicht haltmachen kann, sosehr die Massenverbrechen und Katastrophen, die das Regime anrichtete, zu entschiedener politisch-moralischer Verurteilung immer wieder herausfordern. Zweitens gründet mein Historisierungs-Begriff auf einem Prinzip kritischen, aufklärerischen historischen Verstehens, das – wesentlich geprägt gerade durch die Nationalsozialismus-Erfahrung und das dabei entstandene Menschenbild – sich deutlich abhebt vom Verstehens-Begriff des deutschen Historismus im 19. Jahrhundert mit seiner romantisch-idealistischen Grundlegung und dem in ihm enthaltenen einseitigen Identifikations-Muster. Für die Ambivalenz post-nationalsozialistischer Historisierung scheint mir der Begriff der historischen Einsicht treffender zu sein als der des Verstehens. Einsicht nämlich in einem doppelten Sinn, verstanden einerseits als distanzierende, analytisch zu gewinnende Erklärung und Objektivierung, andererseits aber auch als begreifende subjektive Aneignung und als Nachvollzug vergangener Taten, Betroffenheiten und Verfehlungen. Historische Einsicht in diesem doppelten Sinn hat ganz generell, und nicht nur in bezug auf die deutsche Geschichte der NS-Zeit, stets auch die Aufgabe, zu verhindern, daß Geschichtsbewußtsein abermals wie im borussisch-deutschen Geschichtsdenken eines Heinrich von Treitschke zur Sakralisierung und Idealisierung brutaler Machttatsachen degenerieren kann. Eine Historisierung, die sich dieser doppelten Zielsetzung bei der Gewinnung und Vermittlung geschichtlicher Einsicht bewußt bleibt, kann gar nicht in die Gefahr geraten, die Schandtaten des Nationalsozialismus zu relativieren. Dementsprechend habe ich auch in meinem «Plädoyer» von 1985 deutlich zu machen versucht, daß es bei der Betrachtung des Nationalsozialismus gerade darauf ankommt, die scharfe Spannung zwischen den beiden Elementen des «Einsehens», dem Verstehen-Wollen und der kritischen Distanzierung, auszuhalten und sich weder in eine – auch moralisch allzu einfache – Pauschal-Distanzierung noch in ein amoralisches Nur-Verstehen zu flüchten.

Aus mir verborgenen Gründen hat dies alles Ihren Argwohn nicht entkräften können, mit dem Zug der Historisierung werde eine Reise angetreten, deren Endstation schließlich doch der alles verstehende und verzeihende Wertrelativismus sein könne. Gegenüber solchen Befürchtungen möchte ich einen klugen, historisch gebildeten Journalisten der *Süddeutschen Zeitung*, Hermann Rudolph, zitieren, der anläßlich des Historikerstreits vermerkte: Die Historisierung des Nationalsozialismus sei nicht nur unumgänglich, sondern auch notwendig, wenn man die ambivalenten Zusammenhänge von Zivilität und Aggressivität in der Wirkungsgeschichte des Dritten Reiches begreifen will, an denen «das nur moralisch geschärfte Urteil sich wund- oder aber leerläuft». Daß die Einzigartigkeit des Nationalsozialismus durch solche Differenzierung auf der Strecke bleiben könnte, so Rudolph weiter, sei «so ziemlich das letzte, was zu gewärtigen ist». Dafür habe der Nationalsozialismus schon selbst gesorgt durch das unerhörte Ausmaß seiner historisch gar nicht vergeßbaren Verbrechen und Verheerungen.[3]

2. Meine Polemik gegen eine mehr deklamatorische, moralisch kraftlose Pauschaldistanzierung von der NS-Zeit hat Sie zu besonderen Bedenken und kritischen Einwänden veranlaßt. Ich möchte dazu im folgenden eine aus der Entwicklung der «Vergangenheitsbewältigung» in der Bundesrepublik selbst hergeleitete Erläuterung geben. Nach 1945 ging es in Westdeutschland zunächst vor allem darum, eine antinationalsozialistische Staats- und Gesellschaftsordnung herzustellen und auf der Ebene der Verfassungs- und Normen-Diskussion zu rechtsstaatlich-humanitären Werten zurückzukehren. Diese Normenerneuerung und die damit zusammenhängende Notwendigkeit scharfer verbaler Abkehr von der NS-Zeit waren um so unumgänglicher, als und obwohl man damals, in der Adenauer-Zeit, gerade nicht in genügendem Maße willens oder in der Lage war, in den zahlreichen konkreten Fällen individueller Verstrickung in das Unrechtsregime des Nationalsozialismus eine moralisch überzeugende Position unnachgiebiger Verurteilung einzunehmen und eine ins einzelne gehende Auseinandersetzung mit dieser Vergangenheit zu führen. Mit anderen Worten: Die offizielle Pauschaldistanzierung von der NS-Vergangenheit, so wichtig sie für die neue Normensetzung war, kompensierte und verdeckte doch zugleich die unterbliebene oder zu kurz gekommene Untersuchung und Ahn-

dung der konkreten Anteile individueller Schuld und Mitverantwortung. Man verwarf die NS-Vergangenheit generell und deklamatorisch, auch weil es sehr mißlich war, sie genauer und im einzelnen abzuwägen. Dem entsprach in der Zeitgeschichtsschreibung der fünfziger und sechziger Jahre der Vorrang einer dämonologischen Deutung des Nationalsozialismus, die mehr auf distanzierende Beschwörung als auf historische Erklärung aus war. In der unmittelbaren Nachkriegszeit gab es für diese deklamatorische Pauschaldistanzierung manche triftigen politischen und psychologischen Gründe. Diese verloren aber im Verlauf der Stabilisierung der demokratischen Ordnung der Bundesrepublik erheblich an Gewicht. Heute, wo nicht mehr die vor 1945 schon erwachsen gewesenen Zeitgenossen des Nationalsozialismus die Geschichtswissenschaft und das Geschichtsstudium repräsentieren, sondern meist schon ihre Enkel, besteht für die Generalquarantäne kein hinlänglicher Grund mehr – übrigens auch kein sehr großes Bedürfnis mehr nach Anklage und Verurteilung, schon weil es kaum noch jemanden gibt, den man mit Fug und Recht als unmittelbar verantwortlich anklagen kann, und auch weil die ehemaligen Frontlinien unterschiedlicher Betroffenheit vom Nationalsozialismus in der Gesellschaft der Bundesrepublik inzwischen stark verblaßt sind. Um so stärker geworden ist, zumal bei den Jüngeren, das Begreifenwollen dieser Vergangenheit, mit der auch sie immer wieder konfrontiert werden als mit einer besonderen, für sie aber nur noch intellektuell und geschichtlich erfahrbaren Hypothek. Das bedeutet, ich wiederhole es nochmals, keineswegs, daß die moralische Bewertung und Verurteilung der Verbrechen und Versäumnisse der NS-Zeit vergeht, wohl aber, daß sie durch gewissenhafte historische Erkundung vermittelt werden und dem rationalen Begreifen dieser Vergangenheit standhalten muß. Geht man von diesen Bedürfnissen und zwangsläufig veränderten Perzeptionen der jüngeren Generation der Deutschen aus, dann handelt es sich schon lange nicht mehr darum, eine Historisierung der NS-Zeit nur als wünschbar hinzustellen, sondern nur noch darum, die Unvermeidlichkeit dieser längst im Gange befindlichen Historisierung bewußt zu machen.

3. Solche deutsch-zentrische Sicht genügt freilich allein nicht. In meinem «Plädoyer» habe ich zumindest versucht klarzumachen, daß die Geschichte der NS-Zeit längst nicht allein von deutschen Historikern bestimmt werden kann. Zur Besonderheit dieser Periode gehört vielmehr gerade, daß infolge der unermeßlichen Verfolgung von Millionen von Menschen nichtdeutscher Nationalität auch jeglicher exklusiver Anspruch auf deutsche Geschichtsdeutung in bezug auf diese Periode verspielt wurde. Jeder deutsche Historiker tut gut daran, sich dies mit allen Konsequenzen bewußt zu halten. Und in dem Maße, in dem die Geschichte des Nationalsozialismus ein zentrales Kapitel der historischen Erfahrung der durch das NS-Regime Verfolgten aller Länder und Nationen darstellt, ist diese Zeit für diese Menschen und ihre Hinterbliebenen noch längst nicht historisch tote Vergangenheit. Es ist ebenso absurd wie anmaßend, das Absinken der Erinnerung in solche tote Historizität von deutscher Seite aus einfordern zu wollen. Zur Besonderheit auch der wissenschaftlichen Erkundung dieser Vergangenheit gehört das Wissen darum, daß sie noch besetzt ist mit vielerlei Monumenten trauernder und auch anklagender Erinnerung, besetzt von den schmerzlichen Empfindungen vieler vor allem auch jüdischer Menschen, die auf einer mythischen Form dieses Erinnerns beharren. Deutsche Historiker und Geschichtsstudenten, das möchte ich meinem «Plädoyer» expressis verbis hinzufügen, müssen verstehen, daß es von Opfern der NS-Verfolgung und ihren Hinterbliebenen sogar als eine Einbuße ihres Anrechts auf ihre Form der Erinnerung empfunden werden kann, wenn eine nur noch wissenschaftlich operierende Zeitgeschichtsforschung mit akademischer Arroganz das Frage- und Begriffsmonopols in bezug auf die NS-Zeit beansprucht. Der Respekt vor den Opfern der Naziverbrechen gebietet, dieser mythischen Erinnerung Raum zu lassen. Hier gibt es auch kein Vorrecht der einen oder anderen Seite. Ob das Nebeneinander von wissenschaftlicher Einsicht und mythischer Erinnerung eine fruchtbare Spannung darstellt, hängt allerdings auch davon ab, ob letztere eigenständige Wahrheiten und produktive Bilder zu vermitteln vermag oder ob sie nur aufbaut auf einer mit der eingetretenen Vergröberung des Historischen, auf dem Vergessen der den

Zeitgenossen noch vertrauten Einzelheiten und Imponderabilien der Geschichte. Zu den Problemen einer auf mehr rationales Begreifen ausgehenden jüngeren deutschen Historikergeneration gehört sicher auch, daß sie es mit einer solchen gegenläufigen, geschichtsvergröbernden Erinnerung unter den Geschädigten und Verfolgten des NS-Regimes und ihren Nachkommen zu tun hat.

In Ihrer Essay-Sammlung «Kitsch und Tod»[4] haben Sie sich mit mancherlei literarischen Formen auseinandergesetzt, in die solche mythische Erinnerung umgesetzt wurde. Dabei kam vielleicht zu kurz, was mir in diesem Zusammenhang doch sehr wichtig erscheint, daß manche solcher literarischen, mythischen Bilder der NS-Erfahrung auf ihre eigene, nicht-wissenschaftliche Weise Einsichten vermitteln, die im bestem Sinne «intelligent» sind und sich deshalb durchaus vereinbaren lassen auch mit dem zunehmenden Bedürfnis nach besserem wissenschaftlichen Begreifen dieser Vergangenheit.

Mit den besten Grüßen
Ihr
Martin Broszat

Tel Aviv, den 6. Oktober 1987*

Lieber Herr Broszat,

die Form dieses Briefwechsels ist sicher der angemessenste Rahmen für die gedankliche Klärung einiger der in Ihrem «Plädoyer» (wie in einigen Ihrer früheren Artikel) umrissenen Themen und zur Erläuterung einiger der kritischen Bemerkungen, die ich dazu in meinen «Überlegungen» gemacht habe. Ich danke Ihnen für diesen Vorschlag und den Herausgebern der *Vierteljahrshefte,* daß sie ihn akzeptiert haben.

Aus Ihrem Beitrag zur Eröffnung unserer Diskussion könnte man den Eindruck gewinnen, meine Kritik an Ihrem Text sei

* Saul Friedländers Briefe wurden aus dem Englischen übersetzt.

schärfer und weniger hypothetisch gewesen, als dies tatsächlich der Fall war. Aber wir scheinen in der Beurteilung dessen übereinzustimmen, was einen Teil dieser Kritik erklärt, nämlich, daß der Begriff der Historisierung, wie Sie ihn in dem «Plädoyer» verwenden, vieldeutig und mißverständlich ist und deshalb zu mancher falschen Auffassung und zu manchem Mißbrauch, vor allem auch im Rahmen des Historikerstreits, geführt hat. Einige Schwierigkeiten scheinen jedoch auch in dem Begriff selbst zu liegen. Wie auch immer: Ihr Eröffnungsbeitrag stellt einige Hauptprobleme in den Mittelpunkt, und er bringt zumindest ein entscheidendes neues Thema zur Sprache, das möglicherweise am allerwichtigsten ist.

1. Die historischen Gründe der Pauschaldistanzierung von der NS-Zeit in der westdeutschen Nachkriegssituation sind mir klar. Aber in unserer Diskussion geht es nicht um diese allgemeinen Bedingungen, sondern um die Geschichtswissenschaft. Mein Eindruck war, daß seit Mitte der fünfziger Jahre – man könnte hier K. D. Brachers «Auflösung der Weimarer Republik» als einen symbolischen Ausgangspunkt ansehen – sowohl die westdeutsche Geschichtswissenschaft wie überhaupt die geschichtliche Darstellung der NS-Zeit alles in allem eine nüchtern distanzierte, nicht moralisierende Haltung an den Tag legte. In bezug auf die Genauigkeit und Ausführlichkeit der Untersuchung war diese Geschichtsschreibung sicherlich genauso wissenschaftlich wie in bezug auf irgendeine andere Periode. Nehmen Sie die Bedeutung Ihrer eigenen Arbeiten oder der von Hans Mommsen als Beispiel. Tausende von Studien haben alle möglichen Themen von allen möglichen Aspekten her behandelt. Ich sehe hier tatsächlich nirgendwo «Moralismus» oder eine «durchgängige Blockade», die die normale Entwicklung wissenschaftlicher Untersuchungen behindert hätte: Die Alltagsgeschichte der NS-Zeit mag aus theoretischen Gründen kritisiert worden sein, das hat aber nicht verhindert, daß sie zu einem blühenden Felde wurde.

Sie haben möglicherweise recht, wenn Sie in Ihren Arbeiten die «monumentalistische» Sicht des Widerstands kritisieren, wenn Sie auf das große Ausmaß des «Durcheinanders» oder auch der Normalität in vielen Lebensbereichen der NS-Zeit hinweisen, oder wenn Sie betonen, daß es in der Haltung verschiedener Gruppen von Nazis und Nichtnazis nicht nur klare Unterschiede, sondern auch große Ähnlichkeiten gegeben hat. Sie fordern eine größere Berücksichtigung der Komplexität und Ambivalenz, aber auch hier wird man nicht sagen können, daß sich die Historiker während der letzten 25 oder 30 Jahre dieser Komplexität des allgemeinen Bildes nicht bewußt gewesen wären, obwohl der Prozeß der Differenzierung natürlich weitergehen wird, solange wie die Geschichtswissenschaft selbst weitergeht. Schon vor 20 Jahren brachte ich selbst eine Biographie Kurt Gersteins heraus, in der die Ambivalenz individueller Positionen und Funktionen sogar innerhalb der SS – oder sogar innerhalb der Vernichtungsmaschinerie – den Kern meiner Argumentation ausmachte.[5]

Da aber all dies wohlbekannt ist, stellt sich doch die Frage, welche «Blockade» das «Plädoyer» eigentlich aufzuheben suchte, welche verschlossene Tür es zu öffnen wünschte. Und da einige Ihrer Artikel aus den Jahren 1983 und 1985 doch irgendwie für die massive Änderung der historischen Betrachtung der NS-Zeit zu plädieren scheinen, stellt sich die Frage, welche Begrenzungen Sie durchbrechen wollen. Manchmal drücken Sie Ihre Zielsetzung in allgemeinen Wendungen aus, aber diese hinterlassen Unsicherheit über das, was damit gemeint ist. So beschließen Sie zum Beispiel Ihren Artikel «Literatur und NS-Vergangenheit» von 1983 mit folgenden Bemerkungen: «Unsere Besinnung auf diese Zeit aus der langen Distanz von fünfzig Jahren sollte uns endlich auch freier machen von der falschen Vorstellung einer übermächtigen negativen Zentralstellung des Nationalsozialismus in der deutschen Geschichte des 20. Jahrhunderts.»[6] Sie werden verstehen, für diejenigen, die die fortdauernde Debatte über den «Sonderweg» miterleben und sehen, wie der Platz der NS-Zeit in der deutschen Geschichte Gegenstand höchst verschiedenartiger und unverblümter Auffassungen ist, klingt ein solcher Ruf mit dem Wort «endlich» verwirrend. Kurzum: Wie soll man das «Plädoyer» in bezug auf die geschichtswissenschaftliche Arbeit der vergangenen Jahrzehnte verstehen? Warum ein «Plädoyer»? Wo ist die «Blockade»?

Die Diskrepanz zwischen dem allgemeinen Zustand der Geschichtsschreibung über die Epoche des Nationalsozialismus und dem Ton der Dringlichkeit Ihres «Plädoyers» kann den Eindruck erwecken, es gehe um eine sehr bedeutsame Veränderung des Gesamtbildes dieser Epoche, etwa in Richtung auf einige der Punkte, die ich in meinen «Überlegungen» herauszustellen versucht habe: Relativierung der Bedeutung der politischen Sphäre, Abbau der Distanzierung, historische Beurteilung der NS-Zeit, als sei sie so entfernt wie das Frankreich des 16. Jahrhunderts.

2. Im Rahmen Ihrer theoretischen Erörterung schreiben Sie, historisches «Verstehen» dürfe «schließlich auch vor der NS-Zeit nicht haltmachen». Als mögliche Form empfehlen Sie «kritisches Verstehen», womit Sie, wenn ich Sie richtig verstehe, eine balancierte «historische Einsicht» meinen, gegründet auf der ständigen Interaktion von «Verstehen» und «kritischem Beurteilen». Die Frage ist: Was bedeutet das konkret?

Das vordringliche Problem ist das der Grenzen. Auf rein theoretischer Basis ist nichts Vernünftiges gegen Ihre Bestrebungen einzuwenden, aber in der Praxis mögen Sie sehr wohl auf die Schwierigkeit stoßen, auf die ich in meinen «Überlegungen» hinwies. Wir beide zitieren zustimmend Hermann Rudolphs Artikel «Falsche Fronten?», der in der Tat zu den originelleren Beiträgen im Rahmen des Historikerstreits zählt. Aber was ist Rudolphs konkreter Punkt, auf den es hier ankommt? Historisierung, wie Sie sie verfolgen, sei notwendig, sagt er. Aber man kann diese nicht befürworten, wie Habermas es tut, und zur selben Zeit in vehementer Weise Andreas Hillgrubers Position in «Zweierlei Untergang» angreifen: «Man kann diesen Prozeß der Differenzierung nicht vorantreiben», schreibt Rudolph, «und zugleich den Blick zurück in Abscheu unbefangen behalten.» Hier liegt in der Tat Ihr eigentliches Dilemma: Wo ist die Grenze des «Verstehens»? Wo kommt die kritische Distanz ins Spiel? Es gibt keine Schwierigkeit, sofern es um die offensichtlich kriminellen Bereiche der NS-Zeit geht. Aber was ist mit den Wehrmachtseinheiten, die 1944/45 die Ostfront hielten? Ich möchte nicht alle Widersprüchlichkeiten ausmalen, in welche dieses nun schon notorische Beispiel im Lichte Ihrer theoretischen Prämissen führen kann. Aber es wäre sehr hilfreich, wenn Sie bereit wären, hierzu Ihre Meinung zu sagen, da es fast so etwas wie ein Lackmus-Test für die Anwendbarkeit der erweiterten «historischen Einsicht» ist, die Sie offenbar im Sinne haben.

3. Ich frage mich freilich, ob einer der Hauptgründe Ihres «Plädoyers» – und insofern auch eine Antwort auf meine bevorstehenden Fragen – nicht im dritten und letzten Teil Ihres Beitrags zu finden ist. Ich meine die Vorstellung von der Besetzung der historischen Bilder der NS-Zeit durch die Opfer des NS-Regimes, was sehr wohl ein Hauptgrund für die Kritik an der Moralisierung dieser Vergangenheitsverarbeitung sein könnte. Hier geht es um ein gewichtiges Problem, mit dem es die Historie, Sie sagen: die «deutsche Historie», zu tun hat. Sie bekunden Respekt für das, was Sie als die besondere Erinnerung der «Opfer» des NS-Regimes ansehen, aber Sie nennen es eine mythische Erinnerung, und Sie folgern daraus: «Zu den Problemen einer auf mehr rationales Begreifen ausgehenden jüngeren deutschen Historikergeneration gehört sicher auch, daß sie es mit einer solchen gegenläufigen, geschichtsvergröbernden Erinnerung unter den Geschädigten und Verfolgten des NS-Regimes und ihren Nachkommen zu tun hat.»

Ich nehme zunächst einmal an, daß wir hier nicht von populären Geschichtsbildern sprechen, sondern vom Werk der Historiker. In dem «Plädoyer» erwähnen Sie, daß die Geschichte der NS-Zeit nach dem Krieg im wesentlichen von Historikern geschrieben worden ist, die aus politischen oder rassischen Gründen gezwungen gewesen waren, Deutschland zu verlassen, oder die gegenüber dem Nazismus eine sehr kritische Haltung eingenommen hatten. Das beeinflußte gewiß das Bild, das sie von dieser Zeit hatten. Was Sie hier implizieren, ist: Die Opfer oder ihre Nachkommen setzen sogar noch nach vier Jahrzehnten diese Art der nicht-wissenschaftlichen, der mythischen Schwarz-Weiß-Erinnerung fort und erzeugen damit tatsächlich jenes Problem, auf das Sie anspielen.

Dieses Thema wird, denke ich, in unserer Debatte eine zentrale Rolle spielen. Es ist bisher noch nicht offen behandelt worden, aber es ist wichtig, daß es an die Oberfläche kommt und geklärt wird. Ich will deshalb versuchen, Ihr Argument so gut wie möglich zu verstehen, und Sie zunächst einmal fragen, wer denn, genau gesprochen, die Historiker sind, die zur Kategorie der Träger einer «mythischen» Erinnerung gehören.

Ich nehme an, daß die jüdischen Opfer (und ihre Nachkommen) die wesentlichste Kategorie sind, die Sie meinen. Es wäre aber immerhin nützlich zu wissen, ob zum Beispiel nichtjüdische französische Historiker, sagen wir aus Familien, die in die Résistance verwickelt waren – oder überhaupt französische Historiker, um neben vielen anderen nur diese herauszugreifen –, in Ihre Kategorie eingeschlossen sind. Und wenn Sie die Kategorie auf die Juden beschränken, wer ist dann eingeschlossen? Nur die direkten Opfer der Nazis und ihre Nachkommen oder alle Juden? Sie sprachen einst Ihre Bewunderung aus für solche Pioniere der Analyse des Nationalsozialismus wie Ernst Fraenkel, Franz Neumann und Hannah Arendt, die alle jüdische Emigranten waren: Sind sie im Rückblick in Ihre Kategorie einzubeziehen? Und wie steht es mit jüdischen Historikern, die später zu Sichtweisen gelangten, welche Ihrer eigenen Interpretation des Dritten Reiches entsprechen?

Ein zweiter Aspekt des Themas scheint mir auf den ersten Blick ebenso wichtig wie der vorgenannte. Sie stellen dem rationalen Diskurs der deutschen Geschichtswissenschaft die mythische Erinnerung der Opfer gegenüber. Sie erwähnen jüngere deutsche Historiker als die natürlichen Träger dieses rationalen Diskurses. Aber einige dieser jüngeren Historiker gehören gerade zu denjenigen, die besonders sensibel auf die durch die Geschichte des Dritten Reiches aufgeworfenen moralischen Fragen reagieren. Warum überhaupt die Bezugnahme auf die jüngeren Historiker? Die jüngsten Debatten sind von einer großen Mehrheit derjenigen Historiker geführt worden, die auf deutscher Seite mindestens zur HJ-Generation gehören, manchmal auch zu Familien, die in dieser Zeit belastet waren, etc. Mißverstehen Sie mich nicht: Ich vermag mich gut in solche schwierigen Lagen einzufühlen, aber würden Sie mir nicht zustimmen, daß dieser deutsche Hintergrund bei der Darstellung der NS-Zeit ebenso viele Probleme bereitet wie in anderer Weise jener der Opfer? Dieser Punkt, den Sie vernachlässigt haben, war ein entscheidendes Argument in meinen «Überlegungen». Erlauben Sie mir einige Worte aus diesem Text zu zitieren: «Diese Vergangenheit ist immer noch viel zu gegenwärtig, als daß es den heute tätigen Historikern – seien es Deutsche oder

Juden, Zeitgenossen der Nazizeit oder Angehörige der zweiten oder vielleicht der dritten Generation – ein Leichtes wäre, sich ihrer Voreingenommenheiten oder a priori-Positionen bewußt zu werden.» Aber wenn man die Dinge aus Ihrer Sicht sieht: Warum sollen Ihrer Meinung nach Historiker, die zur Gruppe der Verfolger gehören, fähig sein, distanziert mit dieser Vergangenheit umzugehen, während die zur Gruppe der Opfer gehörenden es nicht können?

Das sind nur einige erste Fragen. Zum Problem des historischen Ortes der «Endlösung» (als einer paradigmatischen Illustration des kriminellen Bereichs der Nazizeit) innerhalb des Gesamtbildes dieser Zeit, wenn diese nicht «übermächtig negativ» sein soll, sollten wir, so scheint mir, in der nächsten Runde unseres Gedankenaustausches zurückkommen.

Mit den besten Grüßen
Ihr
Saul Friedländer

München, den 26. Oktober 1987

Lieber Herr Friedländer,

Ihre Einwände liefern reichlich Stoff für unseren weiteren Gedankenaustausch. Sie zeigen natürlich auch die ganzen Schwierigkeiten eines deutsch-jüdischen Gesprächs über die Darstellung und Erinnerung der NS-Vergangenheit. Sie äußerten vor einiger Zeit die Befürchtung, die verstärkte Rückwendung auf die jeweils eigenen geschichtlichen Erfahrungen und Betroffenheiten bei Deutschen und Juden könnte die Schere einer gegensätzlichen Darstellung dieser Zeit stärker öffnen als je zuvor. Diese Gefahr besteht sicher, und auf einige Aspekte, die dabei auch mich beunruhigen, will ich im folgenden zu sprechen kommen. Aber vielleicht sollte man die Situation auch mit einer gewissen Zuversicht sehen. Angesichts der Lebhaftigkeit der Kontroversen, aber doch auch des neuen Nachdenkens, das, so scheint mir, durch Ereignisse wie den Historikerstreit in Gang gekommen ist, frage ich mich, ob sich hier nicht auch neue Möglichkeiten des bisher versäumten deutsch-jüdischen Gesprächs anbahnen.

Hat dieses Gespräch, das Gershom Scholem schon vor 25 Jahren als einen bloßen Mythos bezeichnete,[7] als ein öffentliches Ereignis bisher überhaupt stattgefunden? Gilt für dieses «Gespräch» in bezug auf die deutsche Seite nicht im wesentlichen das gleiche, was ich auch der eigenen deutschen öffentlichen Vergangenheitsbewältigung angekreidet habe: daß sie trotz aller Meriten bei der Setzung des politisch-moralisch grundsätzlich richtigen Tones doch seit geraumer Zeit im Deklamatorischen steckengeblieben ist, ohne Kraft und Phantasie zu auch moralisch neu bewegender historischer Besinnung? Sind bei den deutsch-jüdischen Zeitgeschichts-Diskussionen, die es in Israel, in der Bundesrepublik und anderswo immerhin seit zwei Jahrzehnten in stärkerem Maße gegeben hat, nicht viele der besonders heiklen, am meisten gegensätzlichen Empfindungen und Erinnerungen bewußt oder unbewußt ausgespart worden, weil man sonst zu gar keinem Gesprächskontakt gekommen wäre? Und ist es deshalb wirklich verwunderlich, wenn jetzt, nachdem, aus welchen Gründen auch immer, auf beiden Seiten das Bedürfnis stärker geworden ist, solche Erinnerungsbestände mit größerer Offenheit zur Sprache zu bringen, dies nun natürlich, weil ungeübt und unerprobt, auch mit allen möglichen Ungeschicklichkeiten, wechselseitigen Verletzungen und empfindlichen Gegenreaktionen einhergeht? Ich möchte das nicht einfach als Grund zur Entmutigung ansehen. Nehmen Sie diese – hypothetische – Überlegung auch als erste Antwort auf Ihre besonders pressenden Fragen im Schlußteil Ihres Beitrags. Ich will auf Ihre wichtigen Einwände im folgenden nicht punktuell nacheinander eingehen, sondern wiederum versuchen, meine Stellungnahme zu einigen größeren Komplexen zu bündeln.

Ein Grundmißverständnis des Begriffs von Historisierung, wie ich ihn vorgebracht habe, ist die Annahme, es gehe dabei um eine bewußte oder fahrlässig bewirkte *Revision* der in der Geschichtswissenschaft der Bundesrepublik mit fast ausnahmsloser Übereinstimmung seit langem fest etablierten klaren Be- und Verurteilung der historisch inzwischen in großer Breite erforschten und dokumentierten freiheitsfeindlichen, rechtsbrecherischen, inhumanen und kriminellen Züge und Maßnahmen des NS-Regimes. Das gilt grundsätzlich auch für Ernst Nolte. Die Bewusstmachung des ja faktisch schon lange im Gange befindlichen Prozesses der Historisierung bzw. das Plädoyer für mehr Historisierung der NS-Zeit zielt vielmehr ab auf eine sinnvolle *Weiterführung,* auf eine neue Stufe der «Verarbeitung» der NS-Vergangenheit (in der Geschichtswissenschaft wie in der öffentlichen Diskussion) auf der *Basis* dieser fest etablierten Bewertung ihres politisch-moralischen Grundcharakters. Dieses Plädoyer geht davon aus, daß trotz der von Ihnen genannten kolossalen Verbreiterung der historischen Einzelforschung über die NS-Zeit deren Gesamtbild, wie es sich im öffentlichen Bewußtsein und auch in historiographischen Gesamtdarstellungen zeigt, gerade wegen der «pflichtgemäßen» und vorrangigen Abhebung auf die weltanschaulich-politischen Grundzüge merkwürdig wesenlos geblieben ist, oft mehr Schwarz-Weiß-Konstrukt aus der Retrospektive als genetisch entfaltete multidimensionale Geschichte, bevölkert weniger mit plastischen, psychologisch stimmigen Figuren als mit Typen und Stereotypen aus dem politikwissenschaftlichen Begriffs-Vokabular, präsentiert mehr durch einen moralisch-didaktischen Kommentar als durch einen historischen Bericht, formuliert in mehr oder weniger pathetischen oder dozierenden Worten von Historikern, deren Verlegenheit der Geschichte des Nationalsozialismus gegenüber sich auch darin äußert, daß sie ihr das eigentliche Transportmittel geschichtlicher Darstellung, die erzählerische Sprache, vorenthalten. Entschlackung und Auflösung solcher Stereotypen, Verlegenheiten und Pauschalierungen ist wesentlich gemeint mit Historisierung. Sie bedeutet keine Aufweichung der politisch-moralischen Beurteilung des Unrechtscharakters der NS-Herrschaft, wenn sie auch die Pluralität von historischen Handlungslinien und historischen Subjekten, die sich nicht alle dem politischen System und der Weltanschauung des NS unterordnen lassen, herausarbeiten muß. In diesem Sinne habe ich, und zwar konkret in einer eher beiläufigen Betrachtung über die Literatur in der NS-Zeit (1983), von der «endlich» zu überwindenden falschen Vorstellung «einer übermächtigen negativen Zentralstellung des Nationalsozialismus» auf allen Lebensgebieten der NS-Zeit gesprochen. Sie setzen dieses herausgegriffene Zitat leider in einen anderen Kontext und geben ihm dadurch eine irreführende Bedeutung.

Aber auch in der eben genannten Sache bestehen offensichtlich Auffassungsunterschiede zwischen uns. Sie schreiben in Ihren «Überlegungen»: Weil der Nazismus in seinem Kern verbrecherisch gewesen sei, seien auch die nur wenig von ihm affizierten institutionellen und gesellschaftlichen Bereiche (Industrie, Bürokratie, Wehrmacht, Kirchen u. a.) primär unter dem Gesichtspunkt zu sehen, ob und wodurch sie der Erhaltung dieser Herrschaft gedient hätten; «sogar Nichtbeteiligung, Passivität als solche [seien] schon systemstabilisierend» gewesen.[8] Aus der Perspektive der Opfer nationalsozialistischer Verfolgung und speziell der jüdischen Erfahrungen mit der großen Zahl der «bystander», die dem Regime bei seinen Verfolgungsmaßnahmen *nicht* in den Arm fielen, ist dieser Standpunkt gewiß verständlich. Absolut gesetzt, würde er aber wesentliche Zugänge der geschichtlichen Erkenntnis versperren und auch der historischen Gerechtigkeit kaum Genüge tun.

Ähnliches empfinde ich bei Ihren starken Bedenken gegen fast alle neueren Perspektiven der historischen Darstellung der NS-Zeit, zum Beispiel der alltagsgeschichtlichen oder der sozialgeschichtlichen Betrachtung, insbesondere sofern diese die politische Sphäre und die politische Systemperiode 1933–1945 überschreiten. Sie sehen hierin – allzu engherzig, wie mir scheint – nur oder primär Ablenkung vom politisch-weltanschaulichen Kern des Geschehens. Sie berücksichtigen dabei meines Erachtens zu wenig, daß durch solche anderen Gesichtspunkte vieles am Zustandekommen der NS-Herrschaft überhaupt erst erklärbar, viele Schubkräfte außerhalb der Ideologie und Politik erst sichtbar gemacht werden können. Das Urteil über die NS-Verbrechen wird dadurch in keiner Weise verändert, aber es wird doch besser verständlich, warum so große Teile einer zivilisierten Nation irrigerweise in so starkem Maße dem Nationalsozialismus und Hitler verfielen. Historisierung in diesem Sinne heißt vor allem auch, etwas von der Sperre beseitigen, die diese Geschichte als eine ganz und gar fremde und befremdliche erscheinen läßt.

Mit Recht hat Christian Meier kürzlich auf diesen Punkt hingewiesen. Nicht nur die Deutschen in der DDR, sondern auch die Deutschen in der Bundesrepublik, die doch staatsrechtlich die Nachfolge des Deutschen Reiches beanspruchen, wollten historisch diese Nachfolge lange Zeit gar nicht antreten, sondern gewöhnten sich an, die deutsche Geschichte vor 1945 distanzierend wie die Geschichte eines fremden Volkes darzustellen. Wir schrieben diese Geschichte nur noch in der dritten Person, nicht mehr in der Wir-Form, und ließen dadurch auch das Gefühl vermissen, daß in dieser Geschichte «unsere Sache» verhandelt wird.[9] Historisierung, die dazu beitragen will, diese Sperre aufzuheben, ist nicht ein Ablegen der NS-Zeit in ein Fach für tote Geschichte, sie will vielmehr eine Voraussetzung dafür schaffen, daß auch dieses zutiefst verderbte Kapitel der deutschen Geschichte überhaupt wieder als ein Stück der eigenen Geschichte integrierbar wird.

Am wenigsten verstehe ich Ihre Kritik an der Intention und der Art von Alltagsgeschichte der NS-Zeit, wie wir sie im Institut für Zeitgeschichte im Rahmen des langjährigen Bayern-Projekts seit Mitte der 70er Jahre versucht haben. Ging es doch hier um eine Nachholarbeit des Verstehbarmachens und der Verlebendigung historischer Erinnerungen, die das Politisch-Moralische gerade nicht ausblendete, sondern durch Konkretisierung neu zu begründen suchte. Das geschah zum Beispiel, wenn durch die eingängige Darstellung eines bestimmten lokalen Notstandsmilieus auch die Motive irrender kleiner Nazianhänger verstehbar gemacht und damit der Begriff «Nazi» seines bloßen Schlagwortcharakters entkleidet wurde. Es geschah auf andere Weise, wenn mit der plastischen Porträtierung von Personen und Fällen des tapferen kleinen Widerstands dem überhöhten Begriff des prinzipiellen Widerstands historische Wirklichkeitstreue zurückgegeben und dem Leser dadurch auch ein neuer Zugang zu dem Thema sowohl auf dem Wege des Verstehens wie des moralischen Nachvollzugs eröffnet wurde. Es geschah wiederum auf andere Weise, wenn die in der Darstellung der NS-Judenverfolgung oft zu bloßen Schemen degradierten «Objekte» dieser Verfolgung, die

Juden, in ihrer konkreten lokalen und sozialen Umgebung Gestalt gewannen und auch die unter den Bedingungen der NS-Herrschaft so stark vergiftete Beziehung zwischen Deutschen und Juden an konkreten Fällen exemplarisch sichtbar gemacht werden konnte. Gerade zu der moralisch zentralen Frage, welche Mitbeteiligung an der mörderischen Judenverfolgung des NS-Regimes und welche Mitschuld, auch durch Unterlassung von Hilfe und Anteilnahme, der Mehrheit unseres Volkes anzulasten ist, haben lokal- und alltagsgeschichtliche Dokumentationen und Untersuchungen wie die des Bayern-Projekts eine Menge bisher unbekannter Fakten überhaupt erst zutage gefördert.

Es genügt nicht, daß die Darstellung der NS-Zeit die nachträglich richtige moralische Einstellung ihrer mehr oder weniger selbstgefälligen Autoren zum Ausdruck bringt. So gewiß Geschichte «nicht ohne die Unterscheidung des Guten und Bösen» auskommen kann – darauf hat Dolf Sternberger in einer gedankenreichen Nachbetrachtung zum Historikerstreit vor kurzem hingewiesen –, so gewiß kann sie auch nicht auskommen «ohne teilnehmendes Interesse».[10]

Zum Schluß möchte ich noch einmal auf das Problem deutscher und jüdischer Geschichtserinnerung und, auf Ihre besondere Anregung hin, auf den Stellenwert von Auschwitz in dieser Geschichtserinnerung zu sprechen kommen. Ich habe doch deutlich gemacht, daß ich mit «mythischer Erinnerung» gerade eine Form des Erinnerns außerhalb der (deutschen und jüdischen) Geschichtswissenschaft, aber auch keineswegs nur einfach das negative Gegenteil von Wissenschaftlichkeit meine, nicht nur einfach falsche oder vergröberte Geschichtserinnerung. Gerade gegenüber dem so unsagbaren Geschehen des Holocaust ist vielen Juden das ritualisierte, mit anderen Beständen jüdischer weltgeschichtlicher Grunderfahrung verwobene quasi-geschichtstheologische Eingedenk-Sein neben der bloßen dürren historischen Faktenrekonstruktion wahrscheinlich unverzichtbar, weil anders die Unermeßlichkeit von Auschwitz gar nicht eingeholt werden kann. Es erübrigt sich deshalb wohl eine Beantwortung der weiteren, sehr künstlichen Fragen nach meiner von Ihnen gemutmaßten Klassifikation von solchen und solchen (jüdischen und deutschen) Historikern. Daß solchen großen emigrierten deutsch-jüdischen Gelehrten wie Hannah Arendt, Franz Neumann und Ernst Fraenkel bahnbrechende Einsichten in das Wesen des Nationalsozialismus, zum Teil auch gerade aus längerfristiger historischer Perspektive, gelangen, an deren Bedeutung die deutsche Zeitgeschichtsforschung in der Bundesrepublik bestenfalls 15 bis 20 Jahre später anknüpfen konnte, ist doch wohl unser beider gemeinsame Auffassung.

Ein schwieriges Problem, das möglicherweise im Zentrum unseres Auffassungsunterschieds steht, aber nicht unbedingt eine Trennungslinie in der Perspektive jüdischer und deutscher Historiker sein muß, sehe ich darin, daß die Größe und Singularität des grauenhaften Geschehens der Judenvernichtung nicht nur nach mythischer Sinngebung drängt, sondern auch zu einer retrospektiven Konstruktion vergleichbar großer, teuflischer Verursachung in der historischen Darstellung. Dieses Bedürfnis ist deshalb auch immer wieder in Konflikt geraten mit der politikwissenschaftlichen Entdeckung der «Banalität des Bösen» durch Hannah Arendt oder mit sonstigen historischen Darlegungen, die zeigen, daß die Größe dieses Verbrechens sich aus einer Vielzahl oft sehr kleiner Ursachen und individuell oft nur geringfügiger Schuldanteile zusammengesetzt hat. Im singulären Ereignis von Auschwitz ist ein Punkt erreicht, wo die wissenschaftliche Versteh- und Erklärbarkeit dem epochalen Bedeutungsgehalt zweifellos ohnmächtig hinterherhinkt. Mit Recht ist deswegen nicht nur von jüdischer Seite Auschwitz im nachhinein immer wieder als Zentralereignis der NS-Zeit empfunden worden. Auschwitz spielt deshalb auch, wie sich leicht nachweisen läßt, in der bundesdeutschen zeitgeschichtlichen Vermittlung der NS-Zeit, zum Beispiel in den Schulbüchern, eine zentrale Rolle, und angesichts der besonders intensiven jüdischen Erinnerung an den Holocaust kann es sehr wohl sein, daß er in der Erinnerung der Welt andere Taten und Untaten des Dritten Reiches mehr und mehr verblassen läßt. Dieses Potential der Holocaust-Erinnerung tendiert aber auch dazu, rückwirkend eine neue Hierarchie und Anordnung der geschichtsbestimmenden Faktoren zu schaffen, d. h. von Auschwitz her die ganze Geschichte des Dritten Reiches rückwärts aufzurollen, anstatt sie, wie das der historischen Methode entspricht, nach vorwärts zu entfalten.

Der Zentralität von Auschwitz aus der Retrospektive steht als historisches Faktum gegenüber, daß die Judenvernichtung in der Zeit, in der sie tatsächlich geschah, nur möglich war, weil sie gerade nicht im Rampenlicht stattfand, sondern weitgehend verborgen gehalten werden konnte; weil sie eine Minderheit betraf, die schon Jahre vorher durch soziale Ghettoisierung systematisch aus dem Blickfeld der nichtjüdischen Umwelt herausgerückt worden war. Die «Endlösung» konnte so reibungslos nur ins Werk gesetzt werden, weil das Schicksal der Juden für die Mehrheit der Deutschen während des Krieges nur eine wenig beachtete Nebensache war, und weil es auch für die alliierten Kriegsgegner Deutschlands nur ein – und nicht einmal das wichtigste – Problem darstellte, das sie während des Krieges beschäftigte.

Es ist evident: Der Stellenwert von Auschwitz im ursprünglichen geschichtlichen Handlungskontext ist ein extrem anderer als seine Bedeutung in der nachträglichen historischen Sicht. Auch der deutsche Historiker wird akzeptieren, daß Auschwitz wegen seines singulären Bedeutungsgehaltes nachträglich als Zentralereignis der Hitler-Zeit figuriert. Er kann aber als Wissenschaftler nicht so ohne weiteres akzeptieren, daß es nachträglich auch zum Angelpunkt des gesamten faktischen historischen Geschehens der NS-Zeit gemacht, daß diese ganze Geschichte in den Schatten von Auschwitz gestellt, ja Auschwitz sogar zu dem alleinigen Maßstab der geschichtlichen Perzeption dieser Zeit gemacht wird. Das würde nicht nur diejenigen nicht-nationalsozialistischen deutschen Traditionsbestände, die in die NS-Zeit hineinreichten und infolge ihrer «Indienstnahme» in gewisser Weise selbst Opfer des Nationalsozialismus wurden, noch nachträglich gänzlich unter diese usurpierte Herrschaft zwingen. Es würde vor allem auch der unermeßlich großen Zahl der nicht-deutschen und nicht-jüdischen Opfer, die andere Erinnerungsmonumente haben, nicht gerecht.

Mit den besten Grüßen
Ihr
Martin Broszat

Tel Aviv, den 8. November 1987

Lieber Herr Broszat,

jeder weitere Gedankenaustausch eröffnet in unserer Diskussion natürlich viele neue Perspektiven. Lassen Sie mich deshalb zunächst noch einmal zu klären versuchen, was die Gründe dafür sind, daß Ihr Plädoyer als eine Revision der traditionellen historischen Darstellung der Epoche des Nationalsozialismus mißverstanden werden kann.

In unserem ersten Briefwechsel stimmten wir überein, daß allein schon die Mehrdeutigkeit des Historisierungsbegriffs zu vielen Mißverständnissen Anlaß gibt. Und ich versuchte ferner darzulegen, daß der Begriff, auch wenn man ihn richtig versteht, seine problematischen Seiten hat. Aber dazu ist noch einiges mehr zu sagen. Die meisten Fragen warf Ihr «Plädoyer» dort auf, wo es sich in der logischen Folge der Argumentation als Generalisierung in bezug auf die moralische Bewertung der NS-Zeit ergibt.

Diese Argumentation kann meines Erachtens folgendermaßen übersetzt werden: Nach dem Krieg war durch die im wesentlichen von Emigranten beherrschte Geschichtsschreibung ein Schwarz-Weiß-Bild der Nazi-Zeit verfertigt worden, das, wie Ernst Nolte sagen würde, eine Art moralischen «Gegenmythos» schuf. Diese stereotype, vereinfachende Darstellung hielt sich trotz des wachsenden Zeitabstandes. Jetzt, nach einigen Jahrzehnten, ist aber eine Änderung dieses Bildes geboten, und Sie skizzierten die methodischen Perspektiven dieser Veränderung, Perspektiven, die ich dann meinerseits in meinen «Überlegungen» analysierte. Was als logisches Ergebnis Ihrer Argumentation zum Ausdruck zu kommen schien, wird am Schluß Ihres Artikels so formuliert: «Auch die Pauschaldistanzierung von der NS-Vergangenheit ist noch eine Form der Verdrängung und Tabuisierung. [...] Auflösung dieser Blockade zugunsten einer moralischen Sensibilisierung der Historie überhaupt, gerade aufgrund der Erfahrung mit dem Nationalsozialismus – das ist der Sinn dieses Plädoyers für seine Historisierung.»[11]

Ich weiß, mit dieser Konklusion meinen Sie die Überwindung der Lähmung des Moralischen durch Deklamation und Ritualisierung, die Sie vielem von dem zumessen, was in den letzten drei Jahrzehnten über den Nationalsozialismus geschrieben worden ist. Aber die moralische Perzeption der NS-Zeit auf die ganze Geschichte ausdehnen, heißt doch, sie grenzenlos machen, und bedeutet auch, daß solche moralische Perzeption dann schwer zu definieren und anzuwenden ist, es sei denn in ganz generellen Formeln über Gut und Böse. Sie kann deshalb eben doch leicht als eine allgemeine Relativierung moralischer Probleme erscheinen, die *speziell der Nationalsozialismus aufgeworfen hat.* Dies mag auch den Eindruck erzeugt haben, daß Ihre Vorstellung von Historisierung, wie sie in dem «Plädoyer» ausgedrückt ist, doch von recht weitreichender Bedeutung ist.

Sie kritisieren, was Sie als meine Ablehnung neuer historischer Forschungsansätze verstehen. Aber ich stelle mich doch gar nicht gegen einen auf die NS-Zeit bezogenen sozialhistorischen Zugang oder gegen die Alltagsgeschichte als solche. In meinen «Überlegungen» habe ich mehrmals betont, daß die Ausweitung und Nuancierung des Bildes für den Historiker essentiell ist. Aber Historisierung, wie Sie sie präsentiert und wie wir sie hier schon diskutiert haben, könnte eher weniger eine Erweiterung des Blickfeldes als eine *Verlagerung des Focus* bedeuten. So gesehen, kann das Insistieren auf dem Alltag oder auf langfristigen sozialen Trends in der Tat zu einer erheblichen Relativierung dessen führen, was ich noch immer als den entscheidenden historischen Ansatz zur Darstellung dieser Zeit betrachte, ein Ansatz, der davon ausgeht, daß diese zwölf Jahre eine definierbare geschichtliche Einheit darstellen und daß sie vor allem anderen geprägt waren vom «Primat der Politik». Wenn wir darin übereinstimmen, daß dies der Kern der Sache ist, dann ist jede zusätzliche Differenzierung nicht nur wichtig, sondern notwendig. Meinen methodischen «Traditionalismus» sollten Sie nicht etwa prinzipiell, sondern im Zusammenhang meines anfänglichen Verständnisses der Bedeutung Ihres «Plädoyers» sehen. In bezug auf Alltagsgeschichte bin ich freilich gespaltener Meinung. Manches von der Kritik, die bei dem Kolloquium zu Wort kam, das Sie selbst anläßlich des Bayern-Projekts unter dem treffenden Untertitel «Neue Perspektive oder Trivialisierung?» organisiert haben,[12] scheint mir nicht wenig überzeugend. Aber wie ein noch zu behandelndes Beispiel zeigen wird, können doch offensichtlich viele Einsichten aus dem Alltag gewonnen werden.

Hilfreich wäre die Klärung eines weiteren methodologischen Punktes, nämlich Ihr Insistieren auf dem erzählerischen Element als des einzig möglichen Ansatzes für eine Gesamtdarstellung, wie sie Ihnen vorschwebt. In dem «Plädoyer» kritisieren Sie als Mangel der Historiographie, sobald diese sich der NS-Zeit zuwendet: «Das Einfühlen in historische Zusammenhänge bricht ebenso ab wie die Lust am historischen Erzählen.» Auch in Ihrem zweiten Brief bestehen Sie auf dem narrativen Ansatz und haben manch Kritisches über begrifflich-analytische Geschichtsdarstellungen der NS-Zeit zu sagen. Das war nicht Ihre Position, als Sie Ihr Buch «Der Staat Hitlers» schrieben, und ich nehme an, es war die ständige Bewußtmachung der Nuancen jeder spezifischen Situation, wie sie im Bayern-Projekt in den Vordergrund gestellt wurde, die Sie zu einer Änderung Ihres theoretischen Ansatzes führte.

Über die Alternative analytische versus narrative Geschichtsdarstellung kann man bis zum Sankt-Nimmerleinstag streiten, ohne zu einem Ergebnis zu kommen. Ich bin aber sehr neugierig zu sehen – und ich sage das ohne jede Ironie –, wo «die Lust am geschichtlichen Erzählen» ihren Ausdruck finden wird, wenn wir eines Tages jene Art von Gesamtdarstellung bekommen, die Ihnen vorschwebt. Es ist nicht nur der «enge» Gesichtspunkt der Opfer, den ich mit solchen Bedenken zur Geltung zu bringen suche, sondern noch etwas anderes: Was gegenüber der NS-Zeit die Distanzierung veranlaßt, was normales historisches Einfühlen eliminiert, ist nicht nur die kriminelle Dimension des NS-Regimes, sondern auch die widerliche Vorstellung nationalistischer Exaltation, frenetischer Selbstglorifizierung, die so rapide praktisch alle Bereiche des öffentlichen und auch große Teile des privaten Lebens durchdrang.

Auch andere Regime haben gezeigt, daß sie zu Verbrechen fähig waren, aber wenigstens in ihren Anfängen, wenigstens in ihren offiziellen Proklamationen, haben sie ein Streben nach universellen Idealen, nach einer Verbesserung der Menschheit erkennen lassen. Wir wissen, was aus alledem wurde. Trotzdem ist eine ideologiefreie «Lust am geschichtlichen Erzählen» möglich: Man denke an die «zehn Tage, die die Welt erschütterten», vielleicht sogar – ungeachtet der eigenen Orientierung an liberalen Prinzipien – an die ersten Jahre des sowjetrussischen Experiments. Nichts davon gab es im Nazismus. Es sind andere Gründe, wenn Millionen von Menschen noch immer mit historischem Verstehen und Empfinden an die Zeit zurückdenken, als die Rote Armee die Grenzen des Reichs überschritt. Für Andreas Hillgruber ist es ausgemacht, daß dies nur die Sicht der Opfer des Nazismus sein kann; seine «Lust am historischen Erzählen» entzündete sich am verzweifelten Abwehrkampf der Wehrmacht. Aber wo könnte sich für Sie der Ansatzpunkt solchen Erzählens ergeben? Meinen Sie nicht auch, daß, von der narrativen Geschichte und der «Lust am geschichtlichen Erzählen» her gesehen, mein Argument von der möglichen Wiederkehr einer Form von Historismus nicht vollkommen unbegründet ist?

Lassen Sie mich nun, obwohl dies wahrlich längerer Überlegung bedürfte, in aller Knappheit zu Ihren Gedanken über den Stellenwert von Auschwitz in einer Gesamtdarstellung der NS-Epoche Stellung nehmen. Zunächst: Wenn ich in diesem Kontext von Auschwitz spreche, meine ich die NS-Vernichtungspolitik gegenüber jeglicher Kategorie von Opfern. Wie am Ende meines ersten Briefes bemerkt, betrachte ich Auschwitz als paradigmatische Kennzeichnung der Nazi-Kriminalität. Insofern trifft der letzte Satz Ihres zweiten Briefes nicht meine Vorstellung.

Sie stellen fest – und wir stimmen hier ganz überein –, daß Auschwitz wegen seiner Besonderheit und Unvergleichbarkeit für den Historiker der NS-Zeit ein herausragendes Ereignis ist. Jürgen Habermas hat diese Besonderheit und Unvergleichlichkeit neulich in besonders starken Worten ausgedrückt: «Hier [in Auschwitz] ist etwas geschehen, was bis dahin niemand auch nur für möglich halten konnte. Hier ist an eine tiefe Schicht der Solidarität zwischen allem, was Menschenantlitz trägt, gerührt worden; die Integrität dieser Tiefenschicht hatte man bis dahin – trotz aller naturwüchsigen Bestialitäten der Weltgeschichte – unbesehen unterstellt. [...] Auschwitz hat die Bedingungen für die Kontinuierung geschichtlicher Lebenszusammenhänge verändert – und das nicht nur in Deutschland.»[13]

Sie schreiben, diese Unvergleichlichkeit von Auschwitz erfordere eine kreative mythische Erinnerung, um überhaupt irgendeine Form von Sinngebung zu ermöglichen. Tatsächlich genügt Geschichtswissenschaft allein nicht. Dies vorausgeschickt, stimme ich auch mit Ihnen überein, daß der Historiker als Historiker die NS-Epoche nicht nur von ihrem katastrophalen Ende her betrachten kann. Gemäß den allgemein akzeptierten Grundsätzen historischer Methodik haben wir mit dem Anfang zu beginnen und den mannigfaltigen Pfaden der Entwicklung zu folgen, wie sie sich uns präsentieren, darunter vielen Linien des Geschehens innerhalb der deutschen Gesellschaft, die wenig mit Auschwitz zu tun haben, und *dies* durch die ganze Geschichte dieser Periode hindurch. Aber der Historiker *kennt* das Ende und teilt diese Kenntnis mit dem Leser. Diese Kenntnis sollte die Erforschung aller möglichen Wege und ihre Interpretation nicht behindern, aber sie zwingt den Historiker, die zentralen Elemente zu wählen, um die herum seine breit entfaltende Erzählung implizite aufgebaut ist. Mit anderen Worten, wir kommen zurück auf das Problem des zentralen Focus. Niemand wird behaupten, daß in eine Gesamtdarstellung nicht ein ganzes Kapitel über soziale Sicherung eingeschlossen sein könne, aber selbst wenn Sie die Normalität des Alltagslebens zeigen, selbst wenn Sie das «gespaltene Bewußtsein» betonen, läuft doch der Hauptstrang Ihrer Erzählung auf ein Ende zu, das Sie sehr wohl kennen.

All dies führt zu zwei Argumenten, die Sie gegen Ende Ihres zweiten Briefes vorbringen und die mir in Ihrer Darlegung zentrale Bedeutung zu haben scheinen. Die Richtigkeit dieser Annahme vorausgesetzt, könnte das bedeuten, daß auch Auschwitz bis zu einem bestimmten Punkt in den Rahmen der Historisierung der NS-Zeit eingeordnet werden kann, wie sie in Ihrem «Plädoyer» gefaßt ist.

Erstens führen Sie aus, daß die Einzigartigkeit und Unvergleichbarkeit von Ausschwitz nicht nur notwendigerweise eine Suche nach Formen mythischer Sinngebung hervorrufe, sondern auf der Ebene der historischen Betrachtung (Ihrer Meinung nach aber offenbar nur bei einigen Historikern) auch das Bedürfnis, die Kette der Ereignisse so zu rekonstruieren, als seien sie von ebenso singulären, fast dämonischen Ursachen determiniert worden. Darin sehen Sie, wie Sie schon in Ihrem ersten Brief ausführten, ein Problem für die wissenschaftliche Geschichtsschreibung. Ihrer Meinung nach ist die Antwort auf das Problem in Hannah Arendts Theorie von der «Banalität des Bösen» zu finden.

Zweitens schreiben Sie, die Zentralität von Auschwitz, wie wir sie heute sehen, sei während des Geschehens selbst nicht gesehen worden, da die Juden zunehmend von ihrer Umgebung isoliert wurden, da ihre Vernichtung völlig geheimgehalten wurde und da sogar die Alliierten Auschwitz nicht als ein zentrales Problem betrachteten. Fangen wir damit an, was die Leute wußten und was nicht. Was Deutschland betrifft, haben die jüngsten Studien über dieses Problem – Ian Kershaws überarbeitete englische Ausgabe seines Buches über den «Hitler-Mythos»[14] und die exzellente alltagsgeschichtliche Arbeit von H. und S. Obenaus[15] – dargelegt, daß die Durchschnittsbevölkerung viel mehr darüber wußte, was mit den Juden geschah, als wir bisher annahmen. Aber ich kann hier auch aus Ihren eigenen Darlegungen zitieren, zum Beispiel aus Ihrem 1983 veröffentlichten Artikel «Zur Struktur der NS-Massenbewegung», wo Sie sich über die Frage, was die Bevölkerung von der Judenvernichtung wußte, so äußern: «Die NS-Führung hatte also offenbar selbst stärkste Zweifel, ob die volle Kenntnis der von ihr in Gang gesetzten Verbrechen populären Rückhalt finden würde. Aber so gänzlich unverborgen waren diese Verfolgungen doch wiederum nicht, und vor allem die antihumane Grundgesinnung, aus der sie sich herleiteten, besonders der fanatische Haß gegen die Juden, wurde von der Führung auch öffentlich bei fast jeder Gelegenheit immer wieder deutlich zum Ausdruck gebracht. Hierfür gab es also durchaus einen gesellschaftlichen Resonanzboden.» Noch vielsagender ist die Bemerkung, die Sie am Ende desselben Artikels machen im Zusammenhang mit der Frage nach den möglichen Gründen für die Passivität der deutschen Bevölkerung sogar noch, als das Kriegsende schon kurz bevorstand: «Hier spielte offenbar auch das Bewußtsein herein, daß man mitverantwortlich hineinverwickelt gewesen war in die Exzesse und Verbrechen des Regimes.»[16]

Kurz gesagt: Wenngleich die Vernichtung der Juden aus der Sicht und in der Politik der Alliierten während des Krieges nur ein kleineres Problem gewesen sein mag, so scheint es doch mehr und mehr, daß sie schon während des Krieges als ein zwar verborgenes, aber sehr wohl wahrgenommenes Faktum die Gedanken zahlreicher Deutscher beschwerte.

Wenn meine Annahme richtig ist, hat sie beträchtliche Bedeutung im Hinblick auf die Kernthese Ihres «Plädoyers». Denn ein normales Leben in dem Bewußtsein, daß gleichzeitig massive Verbrechen geschehen, begangen durch die eigene Nation und die eigene Gesellschaft, ist doch wohl kein so ganz normales Leben ...

Ihrer Meinung nach liefert Hannah Arendts «Banalität des Bösen» die historische Antwort in bezug auf die von Ihnen angesprochene Kategorie unakzeptabler retrospektiver Konstruktionen. Riesenhaft Böses kann aus einer Menge winziger, fast nicht bemerkbarer und mehr oder weniger banaler individueller Ursachen entstehen. Es bedarf keines allumfassenden Plans des Bösen, um ein absolut böses Ergebnis zu erzielen. Aber Hannah Arendt benutzte auch andere Begriffe, wenn sie vom Nazismus und von der «Endlösung» sprach. Sie erinnern vielleicht, daß sie auch vom «radikalen Bösen» sprach und in einem bedeutsamen Brief an Karl Jaspers die Aktivitäten der Nazis als Taten bezeichnete, die in den normalen Kategorien von Schuld und Strafe nicht zu fassen sind.[17]

Ich weiß übrigens nicht, wer die Historiker sein sollen, die nach dämonischen Ursachen suchen, um Auschwitz zu erklären. Ich kenne einige, deutsche und andere, die Wert legen auf den Aspekt der Weltanschauung und der zentral geleiteten Politik; aber das hat wenig zu tun mit Dämonologie, und ich verstehe nicht, warum Sie diese seltsame Position Historikern zuschreiben, die zur Gruppe der Opfer gehören. Niemand leugnet die Banalität des Bösen auf vielen Ebenen des Vernichtungsprozesses, aber sie ist doch wohl nicht die einzige Erklärung für alle Ebenen.

Nach meiner Meinung hatten Teile der NS-Führung und auch Teile ihrer Gefolgsleute durchaus das Gefühl, etwas wahrhaft Historisches, Metahistorisches, Außerordentliches zu verrichten. Wir beide kennen Himmlers Posener Rede vom Oktober 1943 in allen ihren Details. Das ist nicht Banalität des Bösen, das ist nicht, soweit es um die Judenfrage geht, eine flapsige Ansprache an müde Würdenträger der SS, vielmehr Ausdruck eines «Rausches», des Gefühls einer fast übermenschlichen Unternehmung. Aus solchen Gründen neige ich dazu, einige wichtige Aspekte der NS-Bewegung in den Kategorien einer «politischen Religion» zu sehen, im Sinne von Eric Voegelin, Norman Cohn, Karl Dietrich Bracher, James Rhodes, Uriel Tal und vieler anderer. Wenn wir von politischer Religion sprechen, kommen wir wieder dem traditionellen Bild näher, aber unter einem Gesichtspunkt, der weiten Raum läßt für neue Untersuchungen. Das meinte ich, wenn ich in meinen «Überlegungen» auf das meines Erachtens noch immer nicht genügend aufgeklärte, nebulöse Verhältnis von Weltanschauung und Politik etwa bei der «Endlösung» hinwies. Wenn wir diesen Gesichtspunkt einnehmen, sind wir freilich vom Alltag in Sabbach[18] ziemlich weit entfernt, aber nicht so weit von den Ordensburgen oder von der Entschlossenheit einiger der Führer der Einsatzkommandos, ihre Pflicht zu tun; nicht so weit weg auch von dem «Rausch», der so weit reichte und so vieles durchdrang und nicht nur das Ergebnis eines funktional zweckmäßigen «Führer-Mythos» war. All dies muß natürlich auch im Kontext der deutschen Geschichte interpretiert werden; hier stimmen wir zweifellos überein.

Erlauben Sie mir zum Schluß einige Bemerkungen über den deutsch-jüdischen Dialog, seine Schwierigkeiten und Möglichkeiten. Als Gershom Scholem in dem Brief, den Sie zitierten, diesen Dialog als einen Mythos bezeichnete, bezog er sich in erster Linie auf die Vor-Nazi-Zeit, in welcher die Juden, so Scholem, nur einen Dialog mit sich selbst führten. Nach dem, was zwischen 1933 und 1945 geschah, erschien Scholem die Idee eines solchen Dialogs wie eine Schändung des Andenkens der Toten. Er mag seine Ansicht später geändert haben; sein Aufenthalt in Berlin, kurz vor seinem Tod, ist vielleicht ein Ausdruck dieser veränderten Einstellung gewesen. Die fundamentalen Schwierigkeiten eines solchen Dialogs bleiben trotz allem bestehen – und werden darüber hinaus noch erhöht durch Schichten ritualisierten Verhaltens oder auch schlicht materieller Interessen, die es zu verdecken vermögen.

Sie erwähnen diese Schwierigkeiten in allgemeinen Wendungen, aber auch in bezug auf die «pressenden Fragen», die ich im letzten Teil meines ersten Briefes stellte. Das waren nicht pressende Fragen; es war der Versuch zu verstehen, was Sie meinen, wenn Sie der rational orientierten deutschen Historie eine eher mythologisch orientierte Historie der Opfer entgegensetzen. In Ihrer Antwort räumen Sie der mythischen Erinnerung einen zentralen Stellenwert ein, aber Sie rücken sie gleichwohl in die Nähe von unhaltbaren historiographischen Konstrukten. Sie tun das mit weniger Nachdruck, aber Sie tun es doch, wie ich zu zeigen versucht habe.

Für den Fall, daß der weniger starke Nachdruck in Ihrem zweiten Brief mehr auf die Absicht zurückzuführen ist, ein Thema, das Sie im Rahmen unserer Diskussion für allzu empfindlich halten, nicht zu sehr zu forcieren, möchten Sie vielleicht darauf zurückkommen. Ein gewisses Maß an Offenheit gehört zu unserem «Experiment», und diese Offenheit ist, wie Sie selbst bemerkten, die einzige mögliche Basis für einen deutsch-jüdischen Dialog.

Mit den besten Grüßen
Ihr
Saul Friedländer

München, den 4. Dezember 1987

Lieber Herr Friedländer,

ich habe über die Frage der Befangenheit oder Offenheit unseres Gedankenaustausches aufgrund der Schlußbemerkung Ihres letzten Briefes lange nachgedacht. Die Schwierigkeit unseres Dialogs, über die wir uns einig sind, bekundet sich wohl auch in dieser Hinsicht. Sie drücken sich selbst ja recht zurückhaltend aus, wenn Sie schreiben, «ein gewisses Maß an Offenheit» sei erforderlich. Schon im Schlußteil Ihres ersten Briefes, wie in Ihren «Überlegungen», hatten Sie davor gewarnt, die Möglichkeiten objektiver wissenschaftlicher Beschäftigung mit der NS-Zeit zu überschätzen, da diese Zeit noch immer «viel zu gegenwärtig» und es für die heutigen Historiker noch keineswegs ein Leichtes sei, sich von ihren Vorurteilen zu lösen oder sich diese auch nur bewußt zu machen. Ich frage mich freilich, ob diese Ihre Skepsis unseren Diskurs mit so viel Argwohn belasten muß, wie ich ihn aus Ihren Bemerkungen immer wieder herauslesen kann. So scheint es mir doch vielsagend, daß Sie im Zusammenhang mit der eben zitierten Warnung auch die Vermutung nahelegen, bestimmte Positionen des Historikerstreits in der Bundesrepublik könnten damit zu tun haben, daß die betreffenden deutschen Historiker «zur HJ-Generation gehören». Im Kontext unseres Briefwechsels und seines Anlasses sollte diese Bemerkung wohl auch mein Historisierungs-Plädoyer als ein Bedürfnis der HJ-Generation klassifizieren. Einige Absätze zuvor fordern Sie mich in diesem ersten Brief auf, den von mir in Anspruch genommenen Begriff des «kritischen Verstehens» anzuwenden auf das Andreas-Hillgruber-Exempel der «deutschen Wehrmachteinheiten, die 1944/45 die Ostfront hielten» (und damit auch die KZs aufrechterhielten). Das sei, so schrieben Sie wörtlich, «so etwas wie ein Lackmus-Test», und Sie glaubten mir diesen Test nicht ersparen zu sollen. In Ihrem zweiten Brief kamen Sie erneut auf Hillgrubers Ostfront-Identifikation zurück und fragten nach, ob meine «Lust am geschichtlichen Erzählen» sich etwa auch an diesem Thema oder wo denn sonst festmachen wolle.

Glauben Sie, lieber Herr Friedländer, wirklich, daß solche Fragen nicht «pressend», sondern nur nachdenklich sind, daß sie der Offenheit unseres Gesprächs dienen – und nicht Befangenheit produzieren? Haben Sie sich in Ihrem Argwohn gegen mögliche Verharmlosungstendenzen im Umgang mit der NS-Zeit durch deutsche Historiker, zumal solche der HJ-Generation, nicht publizistisch und durch Ihre Vortragstätigkeit (seit einiger Zeit auch gerade in der Kritik an meinem «Plädoyer») schon so sehr festgelegt, daß Sie von diesen Positionen gar nicht mehr herunterkommen können, auch in diesem Briefwechsel nicht? Ist nicht zum Beispiel auch Ihre vor einigen Jahren geführte, an sich hochinteressante Auseinandersetzung mit Syberbergs und anderen filmischen oder literarischen Verarbeitungen der NS-Zeit[19] durch solchen pessimistischen Argwohn übermäßig bestimmt? Haben Sie nicht auch einen Zaun um sich selbst errichtet, der Ihnen nur noch «ein gewisses Maß an Offenheit» erlaubt?

Ich möchte zunächst zu dem Thema HJ-Generation, der ich (Jahrgang 1926) angehöre, etwas anmerken – wie ich denke, nicht nur in eigener Sache. Ganz persönlich gesprochen: Hätte ich nicht dieser HJ-Generation angehört und ihre spezifischen Erfahrungen gemacht, wäre es für mich nach 1945 wahrscheinlich nicht ein solches Bedürfnis gewesen, mich so kritisch und, wie wir damals empfanden, zugleich mit «heiliger Nüchternheit» mit der NS-Vergangenheit auseinanderzusetzen. Als Angehöriger dieser Generation hatte man das Glück, in politisches Handeln und in Verantwortung noch nicht oder nur marginal hineingezogen zu werden, aber man war alt genug, um emotional und geistig hochgradig betroffen zu werden von der moral- und gefühlsverwirrenden Suggestivität, zu der das NS-Regime, zumal im Bereich der Jugenderziehung, fähig war, trotz der Gegenwirkung von regimekritischen Eltern, Lehrern und Bekannten. Ein wichtiges Stück Jugend-Traum-Potential war von der Nazi-Welt besetzt, andere, bessere Träume hatten nicht geträumt werden können, und erst spät, in der Zeit des Rückzugs auf private Werte in den letzten Kriegsjahren und in der unmittelbaren Nachkriegszeit, begannen wir, mit Heißhunger das Versäumte nachzuholen mit dem wachsenden Gefühl von Zorn, um wichtige Jugendjahre betrogen worden zu sein. Zwar betroffen, aber kaum belastet, war die HJ-Generation freier als ältere Jahrgänge und motivierter als jüngere, sich dem Lernprozeß dieser Jahre voll hinzugeben. Aus der persönlichen Kenntnis vieler Altersgenossen weiß ich, und aus den Lebensläufen vieler anderen bestätigt sich meines Erachtens, daß sich die Mehrheit dieser HJ-Generation nach 1945 die einst von den Nazis denunzierten Werte mit Verve zu eigen machte. Aus dieser Generation sind besonders viele engagierte Demokraten hervorgegangen, und sie ist in der politisch-kulturellen Prominenz der Bundesrepublik überproportional vertreten, wie auch ein Band mit Erinnerungen von Zeitzeugen zeigt, der anläßlich des 40. Jahrestages des Kriegsendes herauskam.[20]

Um noch weitere Offenheit muß ich bemüht sein, schon weil in unserem verabredungsgemäß begrenzten Briefwechsel dies vorläufig die letzte Gelegenheit ist, auf einige Punkte Ihrer Argumentation zurückzukommen, die ich nicht unkommentiert lassen möchte, schon weil die Dokumentation unseres Gedankenaustausches sonst durch Unterlassung fehlerhaft werden könnte. Es geht dabei zunächst um drei mehr punktuelle Klarstellungen; danach werde ich auf einige komplexere Themen zurückkommen, die auch wieder zur thematischen Substanz unserer Diskussion hinführen.

- Ich habe in meinem ersten Brief lediglich bemerkt, daß der *Begriff* der Historisierung als solcher vieldeutig und mißbräuchlich ist, nicht meine Darstellung in dem «Plädoyer». Sie nahmen deshalb fälschlich zuviel in Anspruch, wenn Sie in Ihrem ersten Brief schrieben, wir seien uns einig darüber, daß ich mich in diesem «Plädoyer» mißverständlich ausgedrückt habe.
- Ihre Version der Motivation meines «Plädoyers», wie Sie sie im dritten Absatz Ihres zweiten Briefes darlegen, hat in meinen schriftlich vorliegenden Äußerungen keine Grundlage. Sie selbst bezeichnen diese Ihre Version als eine mögliche Lesart (englisch: «could be read as ...»). Es wäre mir lieber gewesen, wenn Sie sich auf das bezogen hätten, was ich tatsächlich geschrieben habe. Ich wundere mich auch darüber, daß Sie die von Ihnen gemutmaßte Motivation meines «Plädoyer» dann noch mit einem gemutmaßten Begriff von Ernst Nolte schmücken.

Das erinnert mich an Ihr schon charakterisiertes, auch in Ihren «Überlegungen» enthaltenes Bemühen, mein «Plädoyer» in die Nähe von Andreas Hillgrubers Ostfront-Identifikation zu rücken.

– Sie erwecken am Schluß Ihres zweiten Briefes erneut, wie schon in Ihrem ersten Brief, den Eindruck, ich hätte zwischen einer rationalen deutschen und einer irrationalen jüdischen Erinnerung der NS-Zeit unterschieden. Sie verkehren dabei ganz und gar den Gedankengang, der mich leitete und dem ich Ausdruck zu geben versuchte. Schon in meinem ersten Brief habe ich doch, und zwar mit der ausdrücklichen Begründung, mein Plädoyer in dieser Hinsicht ergänzen zu wollen und seine zunächst anlaßbedingte deutsch-zentrische Sicht auszuweiten, deutlich auf zwei Punkte hingewiesen: einmal darauf, daß durch die Untaten des NS-Regimes «jeglicher exklusive Anspruch auf deutsche Geschichtsdeutung in bezug auf diese Periode verspielt wurde», zum andern darauf, daß es neben der wissenschaftlich-akademischen Rekonstruktion der NS-Zeit (durch deutsche und nichtdeutsche Historiker) einen legitimen Anspruch auch anderer, etwa mythischer Formen der Geschichtserinnerung durch die Opfer gibt, und «kein Vorrecht der einen oder anderen Seite».

Sie werden verstehen, daß es mir wichtig ist, das Vorstehende festzuhalten. Ich möchte nun aber auf einige der größeren Komplexe unseres Gedankenaustausches zurückkommen, zunächst noch einmal zur Frage der Forschungsansätze bzw. des Focus bei der zeitgeschichtlichen Erforschung der NS-Zeit.

Sie konzedieren: Alltagsgeschichte oder die Betrachtung der NS-Zeit unter längerfristiger sozialgeschichtlicher Perspektive sei durchaus zu begrüßen, wenn nur gesichert ist, daß das Wichtigste, die NS-Weltanschauung und die kriminelle Dimension des politischen Systems, im Zentrum der Betrachtung bleibe. Ich meine dagegen: Überhaupt vorschreiben zu wollen, was wissenschaftlich getan werden solle oder nicht, und dabei zum Beispiel auch den Broszat des Hitler-Staates gegen den Broszat des Bayern-Projekts zu stellen, führt ins Abseits einer Verengung wissenschaftlicher

Fragemöglichkeit. Bei Forschungsvorhaben wie dem Bayern-Projekt z. B. kommt es doch zunächst einmal darauf an, von einem bestimmten neuen Ansatz her auch neue Erfahrungen und Eindrücke der historischen Wirklichkeit der NS-Zeit zu gewinnen, gerade um diese dann in eine produktive Spannung zu Erfahrungen aus anderen Forschungsansätzen bringen zu können. Natürlich haben Sie recht, der Focus der Betrachtung des Bayern-Projekts liegt ganz woanders als etwa der Focus meiner früheren jahrelangen Beschäftigung mit deutscher und nationalsozialistischer Polenpolitik oder mit den NS-Konzentrationslagern. Aber eine konzentrierte Verfolgung einer bestimmten Forschungsperspektive wäre gar nicht möglich, wenn man dauernd ängstlich darauf bedacht sein müßte, ob denn der Focus, der bei einer Gesamtdarstellung der NS-Zeit natürlich das politische System und die Weltanschauung des NS stark zu berücksichtigen hätte, auch im Rahmen einer solchen Spezialforschung richtig gesetzt ist. Ich möchte auch Ihrer mit großer Eloquenz vorgetragenen Ansicht widersprechen, daß ein Studium der Ordensburgen grundsätzlich mehr mit dem Wesentlichen der Erkenntnis zu tun hat als ein Studium der Alltagsgeschichte von Schabbach. Wenn Sie die Ergebnisse aller sechs Bände der Reihe «Bayern in der NS-Zeit» gründlich zur Kenntnis nehmen, werden Sie leicht feststellen, daß hier keineswegs nur eine unpolitische «Normalität» des Lebensalltags in der NS-Zeit dokumentiert worden ist, vielmehr die kriminelle Dimension durchaus auch in die bayerische Provinz hineinreicht und sich an lokalen Schicksalen aus dieser Provinz sogar sehr eindrucksvoll veranschaulichen läßt. Nehmen Sie nur den im sechsten Band dieser Reihe dokumentierten Fall des Würzburger Juristen und Weinhändlers Obermayer, der als Jude und Homosexueller von der Gestapo mit besonders unersättlicher Rachsucht und gleichsam aus doppelten ideologischen Gründen verfolgt wurde und sich dennoch jahrelang mit erstaunlicher Tapferkeit zur Wehr zu setzen vermochte, bevor er schließlich in Mauthausen zu Tode gebracht wurde. Aber ich sehe andererseits die Funktion eines Forschungsvorhabens wie des Bayern-Projekts gerade auch darin, das zum Teil tatsächlich beziehungslose Nebeneinander von relativ unpolitischer Lebensnormalität und den diktatorischen Zumutungen und Verfolgungen des Regimes als Gegenstand des historischen Fragens und Weiterdenkens fruchtbar zu machen. Und dabei kann und soll dann auch herauskommen, was Sie am Beispiel des halben Wissens der deutschen Bevölkerung über die an den Juden begangenen Verbrechen mit Recht hervorkehren: daß unter solchen Umständen das Alltagsleben in der NS-Zeit so normal, wie es vordergründig erscheint, wahrhaftig doch nicht gewesen ist.

Aber es geht nicht nur um diese politisch-moralischen Kernfragen. Historisierung des NS heißt auch, daß es möglich sein muß, die Geschehnisse dieser Zeit auch unter dem Gesichtspunkt beispielsweise ihrer Funktionalität im Rahmen einer sozialgeschichtlichen Modernisierungstheorie zu betrachten. Das bedeutet gewiß eine Focus-Verlagerung. Aber jeder Historiker, der bei Sinnen ist, wird deswegen nicht die politischen Aspekte und vor allem die kriminelle Natur des Regimes vergessen oder in einer Gesamtdarstellung ausklammern.

Ein ganz anderer Aspekt der Historisierung ist das von mir aufgeworfene und von Ihnen anscheinend mißverstandene Problem der historischen Sprachfähigkeit gegenüber dem so «verderbten» Geschichtsabschnitt der NS-Zeit. Ich hatte von der abhanden gekommenen «Lust» am geschichtlichen Erzählen, was Sie nicht wissen konnten, vor meinem «Plädoyer» ursprünglich in einem anderen Zusammenhang geschrieben,[21] und in diesem anderen Kontext hatte das Wort selbst ironische Bedeutung. Auf die «Lust» kommt es tatsächlich nicht an, wohl aber auf die Wiederherstellung plastischer historischer Sprache auch in bezug auf die in der Tat vielfach sinistren oder mediokren Figuren der NS-Zeit, um diese aus einem bloßen Schemen- und Schattendasein wieder zu Subjekten emphatischen (das kann auch heißen: zornigen) Nacherlebens, und damit auch einer moralischen Neubegegnung zu machen. Über die Plastizität der Sprache entscheidet sich vielleicht erst, ob eine Figur oder ein Handlungsmuster der NS-Zeit tatsächlich nur noch typologisch oder symbolisch gefaßt und nicht mehr konkret verlebendigt werden kann. Daß Sie zwar den irrenden Trotzki notfalls noch für einen würdigen Gegenstand sprachlicher Veranschaulichung von Geschichte halten, dem irrenden Kleinbürger der NS-Zeit, der Hitler seine Stimme gab und ihm nachlief, im übrigen aber wenig profitierte und auch wenig verstand (und doch, ohne Absicht, zur Leistungsfähigkeit des Regimes gehörig beitrug) – daß Sie diesem Prototyp, der in der NS-Zeit Geschichte machte, jede Darstellung und Aufmerksamkeit vorenthalten wollen, halte ich für schwer begründbar und letzten Endes für ungerecht. Es wird weiterhin in der NS-Zeit Bereiche geben, die sich der plastischen historischen Sprache entziehen. Aber diese Sprache der NS-Zeit überhaupt zu verweigern, erscheint mir wie die Verweigerung der quellenkritischen Methode; denn auch bei der sprachlichen Verlebendigung von Geschichte geht es um den Rückgewinn von Authentizität.

Zum Schluß möchte ich noch einmal auf das Thema Auschwitz und einige der sich daraus für die Geschichtswissenschaft und -erinnerung ergebenden Probleme zu sprechen kommen. Sie schreiben in Ihrem zweiten Brief, mit Auschwitz meinten Sie ganz generell die «Nazi-Vernichtungspolitik gegenüber jeglicher Kategorie von Opfern»: Sie betrachteten «Auschwitz als paradigmatische Umschreibung der Nazi-Kriminalität» schlechthin. Mir scheint eine so weitgehende Ausdehnung des Begriffs problematisch, auch gerade weil dann die Singularität von Auschwitz nicht mehr so ohne weiteres begründet werden kann. Wenn Auschwitz aber nur als Synonym für die «Endlösung» gebraucht wird, bleibt das von mir aufgezeigte Problem bestehen, daß nämlich bei der in der historischen Rückschau aus guten Gründen hervorzuhebenden «Zentralität von Auschwitz» doch auch bedacht werden muß, wie viele andere, nichtjüdische Opfer des NS es gegeben hat.

Ausdrücklich recht geben möchte ich Ihnen, wenn Sie betonen, daß die «Banalität des Bösen» keineswegs eine ausschließliche Erklärung des Massenmords an den Juden sein kann. Das habe ich auch nicht gemeint, und ich finde es eindrucksvoll, was Sie dazu gesagt haben, zum Beispiel unter dem Gesichtspunkt der negativen «politischen Religion», als welche man den fanatischen Weltanschauungshaß der Nazis gegen die Juden auch nach meiner Ansicht begreifen kann. Festhalten möchte ich aber doch daran, daß, besonders von der älteren deutschen Historiker-Generation (Meinecke, Ritter, Rothfels u. a.), die nach 1945 in der Bundesrepublik zunächst eine dominante Rolle spielte, aus historischer Erklärungsohnmacht sehr häufig vom «dämonischen» oder «teuflischen» Hitler o. ä. geschrieben wurde. Demgegenüber steht seit langem das Bedürfnis nach mehr rationaler Erklärung, wo solche Metaphern das Fragen eher abblocken als beantworten. Wenn ich meinerseits beispielsweise Wert darauf gelegt habe, deutlich zu machen, daß selbst die Existenz einer so mörderischen, rassistischen Weltanschauung wie die des NS noch nicht automatisch den Genozid zur Folge haben mußte und der Historiker deshalb die Aufgabe hat, sehr genau nachzuforschen, unter welchen Realbedingungen, im Kontext welcher Einfluß- und Machtstrukturen etc. sich eine solche Weltanschauung in die Tat umsetzen ließ, dann betrachte ich das allerdings auch als einen Beitrag zur Historisierung, nämlich in dem Sinne, daß die normalen historischen Frage- und Forschungsmethoden auch auf den NS angewandt werden. Wohlgemerkt: Das ist ein Plädoyer für die Normalisierung der Methode, nicht der Bewertung.

Ich komme zu einem letzten mir wichtig erscheinenden Punkt unserer Diskussion. Mein Begriff der Historisierung, das ist gewiß nicht verborgen geblieben, steht in antithetischer Spannung zur statuarischen Vermittlung der NS-Zeit aus primär pädagogischen Zwecken. Die Gefahr des Verdrängens dieser Zeit besteht meines Erachtens nicht nur in dem üblichen Vergessen, sondern in diesem Fall, fast paradoxerweise, auch darin, daß man sich aus didaktischen Gründen um dieses Geschichtskapitel zu sehr «bemüht» und aus dem ursprünglichen, authentischen Kontinuum dieser Geschichte ein Arsenal von Lehrveranstaltungen und Standbildern zusammenstückelt, die sich mehr und mehr verselbständigen, vor allem dann in der zweiten und dritten Generation sich vor die ursprüngliche Geschichte stellen und schließlich naiverweise als die eigentliche Geschichte mißverstanden werden.

Die Gefahr besteht um so mehr, wenn selbst Historiker sich um die Vermittlung eines authentischen Bildes dieser Zeit (weil diese ja ohnehin von den Nazis so sehr verdorben worden ist) nicht mehr besonders kümmern zu müssen meinen, und deshalb willfährig geneigt sind, sie zur Verwendung für andere Zwecke als die des historischen Begreifens klaglos freizugeben. Auf die Dauer würde, das ist meine feste Überzeugung, gerade auch die Glaubwürdigkeit der didaktischen Vermittlung der NS-Zeit erheblichen Schaden erleiden, wenn sie nicht genügend rückgekoppelt bliebe an den Prozeß der differenzierten historischen Erkenntnis dieser Geschichte.

Ich kann mir vorstellen, daß unter diesem Aspekt die Zentralität von Auschwitz, die so stark im Vordergrund des Bewußtseins steht und so sehr zur paradigmatischen Betrachtung drängt, auch für die jüdische Geschichtserinnerung der NS-Zeit und die Vermittlung dieser authentischen Erinnerung an die nachfolgende Generation ein Problem sein kann. Das so kolossal Diktatorische und Verbrecherische der Nazi-Zeit birgt die Gefahr, daß die Authentizität dieser Geschichte unter monumentalen Gedenkstätten des Widerstands und vielleicht auch von Holocaust-Memorials begraben wird. Demgegenüber möchte ich zum Schluß meines letzten Beitrages ein Wort ins Gedächtnis zurückrufen, das der große israelische Historiker Uriel Tal vor Jahren in Jerusalem bei einem deutsch-jüdischen Gespräch über die rechte Form der historischen Darstellung des Holocaust nach meiner Erinnerung eindrucksvoll so formulierte: «We have not only or primarily to tell what had been done to the Jews, but what had been lost.»

Mit den besten Grüßen
Ihr
Martin Broszat

Tel Aviv, den 31. Dezember 1987

Lieber Herr Broszat,

die innere Anspannung, die unseren Briefwechsel begleitet, mag unter anderem auf jene prinzipiellen Ansprüche zurückzuführen sein, die uns letztendlich auch veranlaßt haben, buchstäblich unser gesamtes berufliches Wirken der Erforschung der Nazi-Zeit zu widmen. Diese Anspannung ist – meiner Auffassung nach – nicht Ausdruck divergierender Werte, sondern geht aus der Wahl unterschiedlicher Perspektiven hervor, die für uns von nicht unerheblicher Bedeutung ist.

In diesem abschließenden Brief möchte ich zuerst versuchen klarzustellen, was Sie in Ihrer letzten Replik vor allem betont haben, das Problem der Generationen. Dann werde ich auf einige Ihrer eher polemischen Anmerkungen eingehen, um zuletzt zu versuchen, zusammenfassend darzustellen, wo meiner Auffassung nach zwar noch manch wesentliche Interpretationsdifferenzen zwischen uns liegen, wo sich unsere Stellungnahmen als Ergebnis dieses Briefwechsels aber auch angenähert haben.

Erlauben Sie mir zuvor, ganz am Rande, ein rein semantisches Mißverständnis auszuräumen, dem Sie Bedeutung beigemessen haben. Meine Ausgangssprache ist das Französische, und in mein Englisch schleichen sich des öfteren Gallizismen ein. Wenn ich also schrieb «ein gewisses Maß an Offenheit» (some measure of openness), so habe ich die Bedeutung des französischen «une certaine mesure de franchise» im Sinne, und dies will nicht mehr und nicht weniger heißen als Offenheit – ohne restriktive Konnotation. Uns ist es, so denke ich, ganz gut gelungen, in diesem Geiste zu verfahren.

Lassen Sie mich nun mit dem Thema der Generationen beginnen, genauer mit dem Problem der «HJ-Generation». Sie selbst haben die Bedeutung dieser Generation für die Realität der Bundesrepublik herausgestellt; ihre Wichtigkeit für die *unterschiedlichsten* Haltungen hinsichtlich der NS-Zeit liegt tatsächlich auf der Hand. Dies wurde übrigens von all jenen betont, die im Februar 1986 an einem vom Wissenschaftskolleg zu Berlin organisierten Seminar über deutsche Geschichtserinnerung an die NS-Zeit teilnahmen, bei dem Sie leider nicht anwesend sein konnten.[22] Dort wurde überwiegend von deutschen Teilnehmern auf die erhebliche Bedeutung der HJ-Erfahrung und ihre vielfältigen Folgeerscheinungen hingewiesen. Meine eigenen Überlegungen haben mich in dieser Frage zu einer vergleichenden Perspektivenwahl geführt – ausgehend von der der deutschen Altersgruppe äquivalenten Generation auf seiten der Opfer. Beiden ist eins zumindest gemeinsam: Sie sind die letzten im aktiven Leben stehenden Gruppen, die noch eine deutliche Erinnerung an die Nazi-

Zeit vorweisen können. Schon allein aus diesem Grunde haben Angehörige dieser Gruppen ihre persönliche Erinnerung mit dem zu konfrontieren, was ihnen als eine Verschiebung der kollektiven Repräsentanz in ihrer jeweiligen Umgebung erscheinen könnte – ganz gleich, ob es sich nun um Deutsche, Juden oder um andere direkt Betroffene handelt. Darüber hinaus spüren sie öfters eine wachsende Dissonanz zwischen ihren eigenen Erinnerungen und derjenigen ihrer äquivalenten Gruppe hinsichtlich der Konstruktion der jeweils anderen kollektiven Erinnerung (das trifft beispielsweise auch für Juden und Polen in ihrem gegenseitigen Verhältnis zu). Die Dissonanz zwischen persönlicher und gesellschaftlich gestifteter Erinnerung – sowohl in der eigenen wie auch im jeweils äquivalenten Kollektiv – ist, so nehme ich an, neben den verschiedenen wohlbekannten politisch-ideologischen Elementen einer der Gründe für die Schärfe der aktuellen Debatte. Dies gilt auch für den Historikerstreit und seine auffällige Intensität, zumal die übergroße Mehrheit der Beteiligten eben jener Generation angehört. (Obwohl ich sechs Jahre jünger bin als Sie, kann ich mich dennoch zu den Ausläufern dieser Gruppe zählen.) Innerhalb dieser Gruppe mag es in durchaus verschiedener, auch gegensätzlicher Weise zu Versuchen kommen, die Erfahrung nun endgültig festzulegen.

Was ich deutlich zu machen versuche, ist der Umstand, daß wir unauflösbar verfangen sind in einem Netz aus persönlichen Rückerinnerungen, allgemeiner gesellschaftlicher Konditionierung, angeeignetem fachlichen Wissen – und ständiger Versuche kritischer Distanzierung. Eigentlich ist es eine Selbstverständlichkeit, daß jeder Historiker schon definitionshalber mit solchen kontextuellen Problemen konfrontiert ist; bei begrenzten Forschungen vermag er sie einigermaßen zu bewältigen. Kommt es aber zur Gesamtdeutung, zumal in einem solch extremen Falle wie dem unseren, kann ich mir nicht recht vorstellen, wie unsere Generation sich dieses Kontextes einfach entledigen könnte, sosehr sie dieses auch wünscht; ich sage das aus eigener Anschauung, aus Beobachtungen, aber auch von einem theoretischen Standort aus. Was nun das Problem der Historisierung betrifft, so glaube ich davon ausgehen zu können, daß der Übergang aus einem mit erheblichen persönlichen *commitments* aufgeladenen Wissensbereich zu einer «rein wissenschaftlichen» Geschichtsschreibung eine sowohl psychologische wie auch erkenntnistheoretische Illusion darstellt.

Sehr wesentlich scheint mir aber auch die Frage nach der Wahrnehmung des Nationalsozialismus seitens der nach uns folgenden Altergruppen zu sein. Ist deren existentielle Teilnahme bezüglich jener Epoche geringer? Bleibt sie gar aus? Oder wird sie sich in Zukunft zu einer ganz distanzierten Wahrnehmung entwickeln? Überschreiten die Historiker dieser Altersgruppen jene Unterscheidungslinie zwischen einer existentiell gerichteten und einer völlig neutralisierten Perspektive? Ich kann dies letztendlich nicht recht glauben. Auch sie werden vielleicht in absehbarer Zukunft von existentiellen Besetzungen nicht frei sein. Christian Meier hat das unlängst sehr treffend formuliert: «Eben diesen Weg hinter die Schwelle zum ‹bloß noch Historischen› scheinen die zwölf Jahre von 1933–1945 nicht antreten zu wollen. Statt schattenhaft scheint diese Vergangenheit sogar immer größer und globaler zu werden, und sie ragt in unverminderter Lebendigkeit in unser Leben hinein.»[23] Gleiches gilt für die jüngere Generation auf seiten der Opferkollektive.

All dies macht den behaupteten Zusammenhang von vergehender Zeit und dem von den Auswirkungen der Nazi-Zeit abgelösten historiographischen Blick problematisch – und damit die beanspruchte Historisierung. Es gilt, was ein jüngerer Historiker, Wolfgang Benz, zum Ausdruck brachte: «Unbefangener Umgang und die nur wissenschaftlichem Interesse sich hingebende Beschäftigung mit dem Nationalsozialismus als einer Ära deutscher Geschichte unter anderen scheint also doch noch nicht so leicht möglich. Nur der Abstand von 40 oder 50 Jahren macht die NS-Zeit noch nicht historisch.»[24] Was die zukünftige Entwicklung von Wahrnehmung und Erinnerung angeht, bin ich mir dieser Voraussage wiederum doch nicht so sicher. Es könnte auch ganz anders kommen …

Lassen Sie mich nun mein zweites Thema ansprechen, einige polemische Aspekte Ihres letzten Briefes: Sowohl in meinen «Überlegungen» wie auch in meinen Briefen habe ich ständig den

Umstand mitbedacht, daß uns keine grundsätzlichen Gegensätze trennen; vielmehr diskutieren wir Probleme der Perspektivenwahl von freilich erheblicher Bedeutung. Keineswegs habe ich dabei Ihren deutlichen und ermutigenden Beitrag zum Historikerstreit[25] außer acht gelassen. Wenn in unserer Debatte dennoch einige Unstimmigkeiten offengeblieben sind, so können diese hier leicht ausgeräumt werden.

Der Gegensatz, den Sie zu Ende Ihres ersten Briefes zwischen der mythischen Erinnerung der Opfer und dem eher rationalen Zugang der deutschen Historiographie herstellten, schien mir doch unmißverständlich klar gewesen zu sein. Hingegen haben Sie in Ihrem letzten Brief deutlich gemacht, daß Sie zwischen Historikern *überhaupt* («deutsche und nicht-deutsche Historiker») und der mythischen Erinnerung der Opfer andererseits unterscheiden. Ich bin froh, daß Sie dies jetzt so zum Ausdruck gebracht haben.

In meinem letzten Brief fand Ernst Noltes «Gegen-Mythos» deshalb Erwähnung, weil – ungeachtet des grundsätzlichen Unterschiedes zwischen beiden Positionen und Argumentationsweisen (eine Differenz im übrigen, die ich in meinen «Überlegungen» gleich zu Anfang in aller Deutlichkeit herausgestrichen hatte) – die Aufforderung, das schwarz-weiße und moralisierende Bild der Geschichte der NS-Zeit nunmehr ohne irgendwelche Frageverbote und ohne jedwede «volkspädagogische» Ziele anzugehen, tatsächlich einen gemeinsamen Ausgangspunkt sowohl konservativer wie auch eher fortschrittlich orientierter Historiker darstellt. Hans Mommsen hat das in seinem Artikel «Suche nach der ‹verlorenen Geschichte›?» hervorgehoben und Ernst Nolte ausdrücklich erwähnt.[26] Insofern war meine Bemerkung ganz faktisch gemeint – und im übrigen stimme ich dem ja selbst zu.

Sie kritisieren, ich hätte Ihre Position neben Andreas Hillgrubers Darstellung der Ereignisse an der Ostfront 1944/45 gestellt. Sowohl in meinen «Überlegungen» wie auch in meinem ersten Brief bezog ich mich auf Hermann Rudolphs Beitrag «Falsche Fronten», ein Artikel, auf den wir uns beide berufen haben. Um gleich die Schwierigkeit zu unterstreichen, die Rudolph betont: Es ist nicht möglich, sich für Historisierung auszusprechen und sich gleichzeitig moralisch von der Art und Weise zu distanzieren, wie Hillgruber die Lage an der Ostfront schildert. Gerade in der Aufhebung von Distanz und dem moralischen Urteilen liegt ein Teil der Schwierigkeit von Historisierung, und gerade in «Zwischenlagen» werden, so denke ich, einige wesentliche Probleme offenbar. Dies war im übrigen der einzige Grund, weshalb ich diesen Text erwähnte und schrieb, er sei so etwas wie ein Lackmus-Test für das Problem der Distanzierung und des moralischen Werturteils. Als ich mich ein weiteres Mal auf Hillgruber bezog (es ging um die «Lust am geschichtlichen Erzählen»), brachte ich nicht etwa zum Ausdruck, daß *Sie* «Lust an der historischen Erzählung» anhand jenes Bereiches finden, den Hillgruber zu dem seinen erkoren hat, sondern ich fragte, wo im Rahmen jener Epoche so vorgegangen werden könnte.

Zu guter Letzt haben Sie zum Ausdruck gebracht, der Begriff der Historisierung sei zwar an sich unklar, nicht jedoch in seiner Anwendung in Ihrem «Plädoyer». Solange aber der Begriff Historisierung an sich unklar und für Mißverständnisse offenbleibt, kann er auch im «Plädoyer» nicht deutlich werden. Dennoch ist, so glaube ich, ein erhebliches Maß an Klärung durch unseren Austausch erreicht worden.

Abschließend möchte ich versuchen, einige unserer eher grundsätzlichen Differenzen zusammenzufassen, aber auch jenes zu betonen, was als Ergebnis eines nunmehr besseren Verstehens angesehen werden kann. Lassen Sie mich dabei das Problem des Gegensatzes der Durchsetzung des Politischen versus langfristiger sozialer Entwicklungen etc. ausklammern; lassen Sie mich auch das Problem der Periodisierung übergehen, obwohl beides für mich Hauptargumente waren und es auch weiterhin bleiben. Ich möchte mich hier eher dem Problem der Distanzierung, des Erzählens sowie der unterschiedlichen historischen Einschätzungen widmen, wie sie gerade durch die gruppenmäßig verschiedenen Kontextuierungen hervorgebracht werden.

Zuerst das Problem der Distanz. Es besteht, so scheint es mir, eine fundamentale Differenz zwischen einer Normalität, die als ein langfristiger sozialer Prozeß bestimmt wird (etwa die äußeren Aspekte von Alltagsleben etc.), und der Wahrnehmung von Normalität. Wenn etwa im Kontext von objektiv definierten normalen Entwicklungen erhebliche Teile der Bevölkerung die kriminellen Anteile des Regimes wahrnehmen (also die vielleicht noch als zurückhaltend bezeichenbaren Verbrechen der frühen Jahre und erst recht die späteren kriminellen Handlungsweisen) und sich dennoch vom System nicht distanzieren – wobei es nicht auf die Art der Distanzierung ankommen soll –, so stellt das für den Nachkriegshistoriker doch so etwas wie ein Problem dar. Ich verstehe Ihren Wunsch nach Differenzierung sehr wohl und, dank unseres Austauschs, auch jenen Punkt, den Sie in Ihrem zweiten Brief zum Ausdruck brachten: die Notwendigkeit, die zeitgenössischen Deutschen zur Anerkennung ihrer Vergangenheit zu bringen, und zwar durch die Auflösung der traditionell gesetzten automatischen und pauschal distanzierenden Reaktion. Die Schwierigkeit eines solchen Unternehmens ist nichtdestoweniger offenbar, weil dieses Unternehmen janusköpfig ist – sowohl auf der Ebene der Rezeption als auch der Interpretation.

Meiner Auffassung nach sind die Möglichkeiten historischer Erzählung in bezug auf den Nationalsozialismus eher begrenzt. Sie kann tatsächlich einen hohen Grad an plastischer Repräsentation dort erreichen, wo sie sich, wie Sie auf sehr interessante Weise in Ihrem dritten Brief deutlich machen, auf den Bereich der Normalität bezieht; problematisch wird sie freilich dann, wenn sie sich der anderen Seite des Ereignisspektrums widmen will. Nebenbei: Sogar im Bereich der Normalität verwandelt sich das Bild des einfachen «Mitläufers» in so etwas wie ein Stereotyp – ein Stereotyp, das wohl zum Charakteristischsten der NS-Zeit gehört. Tatsächlich sind, nähert man sich dieser Epoche, Stereotype nur schwer zu vermeiden. Dies mag damit zusammenhängen, daß man implizit oder explizit dazu neigt, jeden Einzelfall einer allgemeinen Kategorie politisch-moralischen Handelns zuzuordnen. Eine solche Zuordnung ist freilich unvermeidbar angesichts eines Systems, das durch massive Bereiche höchster Kriminalität gekennzeichnet ist.

Wie auch immer – wenn man den Bereich von Normalität und Scheinnormalität verläßt und die Sphäre der verschiedenartigen kriminellen Dimensionen des Regimes beschreitet, dann wird die konkret-plastische Beschreibung im engeren Sinne eigentlich höchst schwierig. Man kann sich fast nur an die Dokumente halten. Jüngst las ich etwa Günter Schwarbergs Buch «Der SS-Arzt und die Kinder»,[27] das beschreibt, wie etwa zwanzig jüdische Kinder im Alter von fünf bis zwölf Jahren aus ganz Europa zum Zwecke medizinischen Experimentierens zusammengebracht worden waren. Nach Abschluß der Versuche wurden die Kinder im Keller der Bullenhuser Damm-Schule in Hamburg gehenkt. Auf dieser Stufe des Horrors sind meiner Auffassung nach keine Beschreibungen möglich; und wenn man dies als ein Beispiel für Abertausende nimmt und den Weg in Richtung von Beschreibung der Normalität beschreitet, dann wird unmittelbar klar, mit welchen Schwierigkeiten eine «Gesamtdarstellung» behaftet ist. Insofern bedarf es eigentlich eines neuen Zugangs in der historischen Beschreibung, eines Zugangs, den wir bislang in unserer historiographischen Arbeit noch nicht recht gefunden haben. Eigentlich besteht hier ein Paradox: Bevorzugt man die narrative Vorgehensweise, dann sollte sich der Historiker normalerweise so gut wie nur möglich in die Ereignisse einfühlen, die er beschreibt, um ihnen wirklichkeitsgemäße Plastizität zu verleihen. Doch wenn wir uns dem Bereich der nationalsozialistischen Kriminalität nähern, dann wäre es eher Pflicht des Historikers, den Versuch ihrer Visualisierung zu *unterlassen;* er sollte sich besser damit begnügen, das Ereignis bloß zu dokumentieren. Solches Paradox mag aus einer ungewöhnlichen Perspektive heraus verdeutlichen, welches die Schwierigkeiten der Historisierung sein können.

Abschließend das Problem der sich auseinanderbewegenden Schwerpunktsetzungen: Eine Geschichtsschreibung, die die Normalität des Alltages, die Kontinuitäten gesellschaftlicher Prozesse etc. betont, verfolgt nicht nur einen rein theoretischen Weg, sondern – und das ist eine Binsenweisheit – rekonstruiert für den Leser und damit für die deutsche Gesellschaft eine Kontinuität historischer Selbstwahrnehmung – nicht auf der Ebene der politischen Institutionen, wohl aber auf der Ebene der gesellschaftlichen Entwicklung und des Alltagslebens. Obwohl dies völlig verständlich ist, wird diese Perspektive erheblich von derjenigen abweichen müssen, die zu einer anderen Gruppe und vor allem zu derjenigen der Opfer gehört. Geradezu definitionsgemäß setzen wir in der allgemeinen Beschreibung jener Epoche nicht dieselben Schwerpunkte. Das, was als «Horizontverschmelzung» verstanden werden könnte, ist nicht in Sicht. Und mehr noch: Wir haben noch gar nicht recht in Richtung des doch sehr neuen Problems des historischen «Grenzereignisses» gedacht. Meiner Auffassung nach ist Auschwitz ein solches «Grenzereignis»: etwas nicht unbedingt Singuläres, aber doch zuvor Ungeschehenes, etwas – um auf Jürgen Habermas' Worte zurückzukommen, die ich in meinem letzten Brief zitierte –, das an «eine tiefe Schicht der Solidarität zwischen allem [rührt], was Menschenantlitz trägt». Deshalb bleibt das Problem des «Focus» im Verhältnis zu einer Gesamtdarstellung der Epoche für mich ein ungelöster theoretischer Aspekt, der weit über das hinausgeht, was als unterschiedliche Gruppenperspektive betrachtet werden kann.

Lieber Herr Broszat, wir nähern uns dem Schluß unserer Debatte über die Historisierung des Nationalsozialismus. Lassen Sie mich hier wiederholen, daß ich selbstverständlich dafür bin, die NS-Zeit in all ihren vielfältigen Dimensionen verstehen zu lernen, so gut wie wir es nur vermögen, mit allen uns zur Verfügung stehenden Methoden und ohne irgendwelche Frageverbote. Unsere Differenz hinsichtlich der Perspektivenwahl wird erst dann relevant, so nehme ich an, wenn alles andere längst ausgeschöpft worden ist. Welche Ergebnisse das historische Bemühen hinsichtlich jener Periode in einigen Jahrzehnten zeitigen wird, weiß heute keiner von uns.

Zuvor erwähnte ich den paradoxen Effekt verstrichener Zeit für das aktuelle Bewußtsein von dieser Periode, aber ich deutete auch an, daß mir in dieser Hinsicht noch ganz andere Gedanken durch den Kopf gehen. Wie Sie bin auch ich über die erheblichen Vereinfachungen in der Darstellung des Holocaust betrübt. Dem können wir nur die eigenen wissenschaftlichen Standards entgegenhalten. Und doch scheint mir der gegenläufige Trend beängstigender zu sein: Es kann durchaus geschehen, daß schon in ganz kurzer Zeit die Erosion der NS-Epoche im kollektiven Bewußtsein erheblich fortschreiten wird. Öfters deutet sich mir die Vorstellung an, daß unter der rührigen Hand des zukünftigen Historikers die normalen Anteile des Bildes von der Nazi-Zeit übergewichtig werden; ihre Bedeutung wird anwachsen. Zwischenkategorien der Darstellung, die gerade noch genug von jenen substantiellen Elementen enthalten, die für das Regime doch charakteristisch waren, werden in der Wahrnehmung zu den dominierenden werden – und dies nicht etwa, weil jedes Bewußtsein die Schrecken der Vergangenheit verschwinden lassen möchte, sondern weil das menschliche Erinnerungsvermögen durchaus einer Tendenz zu erliegen neigt, die nichts mit nationalen Besonderheiten zu tun hat: Es zieht das Normale dem Abnormalen, das Verstehbare dem schwer Verstehbaren, das Vergleichbare dem Schwervergleichlichen, das Erträgliche dem Unerträglichen vor.

Mit den besten Grüßen
Ihr
Saul Friedländer

Die «Endlösung»
Über das Unbehagen in der Geschichtsdeutung

«Die Vergangenheit führt einen zeitlichen Index mit, durch den sie auf die Erlösung verwiesen wird», schreibt Walter Benjamin in seinen geschichtsphilosophischen Thesen. «Es besteht eine geheime Verabredung zwischen den gewesenen Geschlechtern und unserem ... Uns ist wie jedem Geschlecht, das vor uns war, eine *schwache* messianische Kraft mitgegeben, an welche die Vergangenheit Anspruch hat. Billig ist dieser Anspruch nicht abzufertigen ...»[2]

Walter Benjamin schrieb diese Zeilen vor jener Katastrophe, der er selbst zum Opfer fallen sollte. Für ihn war der Historische Materialismus der erlösende Zugang des Historikers zur Vergangenheit. Nach der Vernichtung der europäischen Juden hätte Benjamins messianischer Blick diese Frage möglicherweise aus einer ganz anderen Sicht betrachtet. Vielleicht wäre er zu dem Schluß gelangt, daß der Historische Materialismus nur wenig zu einer schlüssigen Deutung dieser Ereignisse beizutragen hat; möglicherweise hätte er sich auch gefragt, ob überhaupt irgendein historischer Zugang der Aufgabe gerecht werden könne, die Vergangenheit zu erlösen, das heißt, sie auf schlüssige Weise zu deuten.[3]

Dies ist das Dilemma eines jeden Historikers. Einerseits muß er sich mit der «Endlösung» wie mit jedem anderen Phänomen der Vergangenheit befassen. Hinzu kommt, daß die Rekonstruktion einzelner Abschnitte dieser Vergangenheit schnell voranschreitet und uns heute weitaus mehr Fakten zur Verfügung stehen als vor vierzig Jahren. Auf der anderen Seite aber bleibt der Kern dieser Ereignisse, zumindest für einige Historiker, weiterhin undurchsichtig.

Dieses Gefühl, auf eine Schwierigkeit gestoßen zu sein, war in den unmittelbaren Nachkriegsjahren gewissermaßen selbstverständlich, aber auch der Lauf der Zeit war nicht imstande, es zu vertreiben, und seit kurzem tauchen in den Arbeiten mehrerer Historiker erneut Andeutungen eines solchen Unbehagens auf. Ziel dieses Beitrags ist es, dem Wesen dieser Schwierigkeit etwas näherzukommen.

Vor diesem Hintergrund aber sollte man sich deutlich vor Augen halten, daß für viele Historiker, die sich entweder direkt oder indirekt mit der «Endlösung» befassen, eine vollständige Historisierung heute möglich und, ihrer Meinung nach, auch weitgehend bereits vollzogen ist.

Dieses empfundene Unbehagen ist, was der französische Philosoph Vladimir Jankelevitch ein «je ne sais quoi» – die «Andeutung eines Etwas» – nennen würde. In seinem kürzlich erschienenen Buch *Der Krieg als Kreuzzug* unternahm beispielsweise Arno J. Mayer den ernsthaften Versuch, die «Endlösung» im Kontext dessen zu verstehen, was er den «Dreißigjährigen Krieg des 20. Jahrhunderts» nennt. Freilich mußte er sein Vorwort mit dem Eingeständnis schließen, daß er nach mehr als fünf Jahren der Beschäftigung mit diesem Thema den «Judeozid» genausowenig verstünde wie am Anfang.[4] Worin genau dieses Unverständnis bestand, sagte er nicht. Als Charles Maier in seinem Buch *Unmasterable Past* schrieb, «Auschwitz entziehe sich jeglichem Verständnis», meinte er vermutlich das gleiche.[5] Und als schließlich Raul Hilberg, derjenige Historiker, der mit den Dokumenten der Vernichtung und den tagtäglichen Erscheinungsformen der «Endlösung» vielleicht am besten vertraut ist, unlängst «dieses Ereignis» zur Sprache brachte, «das in der Geschichte auftaucht, dennoch derart von ihr losgelöst [ist] und bei so vielen Historikern Verwirrung auslöst ...»,[6] wird auch er sich auf diesen ziemlich verschwommenen Eindruck, der auch noch nach jahrzehntelangen Studien vorhanden war, bezogen haben.

Unter den Interpreten der «Endlösung», die dieses Gefühl von Unverständnis äußern, sind vermutlich die jüdischen Historiker in der Mehrzahl. Man könnte daher leicht einwenden, daß diese Meinung in hohem Maße subjektiv ist und unmittelbar von der gefühlsmäßig getragenen Vision der Gruppe angeleitet ist, der die

Opfer angehören. Wie wir sehen werden, ist dem nicht ausschließlich so, obgleich jene Subjektivität nicht geleugnet werden kann, und sei es in Übereinstimmung mit dem allgemeinen Postulat von der existentiell determinierten Sichtweise eines *jeden* Zugangs zum Nationalsozialismus und zur «Endlösung».[7]

Ich will versuchen, dieses Unbehagen auf zwei verschiedenen Ebenen herauszuarbeiten: einmal auf der Ebene einer äußerst spezifischen Betrachtungsweise der Ereignisse, der Psychologie der Täter, und andererseits auf der Ebene einer ‹Eingliederung› der «Endlösung» in eine globale Geschichtsdeutung.

I.

Die meisten Forscher versuchen, das Problem einer Psychologie der totalen Vernichtung zu umgehen, indem sie sich ausschließlich auf bestimmte ideologische Motive (beispielsweise Rassenantisemitismus) oder auf eine institutionelle Dynamik konzentrieren. Bei allgemeinen Deutungsversuchen der «Endlösung» kann man tatsächlich weder die entscheidende Bedeutung des radikalen antisemitischen Leitgedankens noch die Kompetenzkämpfe, ebensowenig wie die Dynamik der Bürokratie leugnen. Darüber hinaus scheinen bestimmte psychologische Defizite viele Historiker zu hemmen. Die psychologische Dimension, wenn sie überhaupt gesehen wird, beschränkt sich im allgemeinen auf einen vagen Hinweis auf die «Banalität des Bösen». Meine Hypothese ist, daß für bestimmte Historiker eben diese Dimension ein in andere Deutungskategorien einzureihendes Rätsel bleibt, gleichwohl in jeder Erwägung über das «Warum» und nicht über das «Wie» der Endlösung enthalten ist. Im folgenden will ich versuchen, zwischen den verschiedenen Bestandteilen dieser psychologischen Dimension zu unterscheiden, um das, was der sich ihr widersetzende Kern möglicherweise bedeutet, besser zu umschreiben.

Im folgenden habe ich bewußt eines der berüchtigtsten Dokumente der «Endlösung» gewählt, um diese Frage im Rahmen eines Schriftstücks aufzuwerfen, das allen bekannt ist. Es handelt sich um die Rede Himmlers in Posen am 4. Oktober 1943 vor einer Versammlung hoher SS-Offiziere:

«Von euch werden die meisten wissen», erklärte Himmler, «was es heißt, wenn 100 Leichen zusammenliegen, wenn 500 Leichen daliegen oder wenn 1000 daliegen. Dies durchgehalten zu haben und dabei, abgesehen von Ausnahmen menschlicher Schwäche, anständig geblieben zu sein, das hat uns hart gemacht ... Insgesamt aber können wir sagen, daß wir die schwerste Aufgabe in Liebe zu unserem Volk erfüllt haben, und wir haben keinen Schaden in unserem Inneren, in unserer Seele, in unserem Charakter daran genommen.»

Die Unheimlichkeit dieser Zeilen liegt für den Leser zunächst in einem auf den ersten Blick grundsätzlichen Widerspruch: Einerseits wird ausdrücklich zugegeben, daß ein grundlegendes menschliches Tabu – eine fest umrissene Menschengruppe wird ausgerottet (nach Heydrichs Berechnungen auf der Wannsee-Konferenz: elf Millionen Juden) – gebrochen wurde, und andererseits wird bekräftigt, daß diese schwierige Aufgabe zufriedenstellend, ohne daß irgend jemand einen moralischen Schaden davonträgt, gelöst worden ist. Dieses Gefühl der Umwertung aller Werte wird noch dadurch verstärkt, daß Himmler in derselben Rede auf jene nur selten auftretenden «menschlichen Schwächen» zu sprechen kommt – wie das Stehlen von Zigaretten, von Uhren und Geld aus den Taschen der Opfer –, die gnadenlos geahndet werden müßten. Doch man muß einen Schritt weitergehen und einen zentralen Satz jenem Teil der Rede anfügen: «Dies [die Vernichtung der europäischen Juden, S. F.] ist ein niemals geschriebenes und niemals zu schreibendes Ruhmesblatt unserer Geschichte.» Hier deutet Himmler an, daß er und die Anwesenden sich – in diesem Falle – einer absoluten Grenzüberschreitung bewußt sind, was die nachfolgenden Generationen nicht verstehen werden, nicht einmal als ein notwendiges Mittel zum «gerechtfertigten» Zweck.

In einer späteren Rede kommt Himmler erneut auf die Vernichtung von Frauen und Kindern zu sprechen. Darin macht er deutlich, daß diese Vernichtung unumgänglich ist, um die Rache zukünftiger Generationen zu verhindern. In diesem Zusammenhang weist er erneut auf die Notwendigkeit hin, das Geheimnis dieser Vernichtung mit ins Grab zu nehmen. Man könnte einwenden, jenes Gelübde zu schweigen gehöre eben zum Schmieden und zur Existenz einer fanatischen Elite und sei an und für sich schon ihr Erkennungszeichen. Das mag durchaus so sein, abgesehen von der Tatsache, daß die Massenvernichtung von Glaubens- oder Parteigegnern sowohl für die religiösen Bewegungen als auch für die modernen politischen Religionen zum offensichtlichen propagierten Ziel dieser Organisationen gehört (der Vernichtungskreuzzug gegen die Katharer, die Hexenjagden und die blutigen Praktiken der Inquisition, der «Terreur», die Morde der Bolschewiken und der «Khmers Rouges» etc.). Tötungsaktionen wie diese sind immer an ausdrückliche Ziele gekoppelt, die von derartigen Institutionen oder Bewegungen mit Stolz propagiert und im Sinne einer ideologischen Notwendigkeit als verbindliches Ziel allgemein und wie selbstverständlich anerkannt werden. Die für alle Zeiten auferlegte Geheimhaltung kann nur bedeuten, daß es kein «höheres», «stichhaltiges» Argument gibt, das eine derartige totale Vernichtung in den Augen der Nachwelt «rechtfertigen» könnte. Dies mag unter Umständen dafür sprechen, daß Himmler selbst einige Zweifel an den ideologischen Grundlagen dieser Aktionen hegte und daß seine Äußerungen über «die Liebe zu unserem Volk» und über «die Vernichtung des Volks, das uns vernichten wollte», zumindest teilweise rhetorischen Charakters waren.

Keine Zweifel bestehen hinsichtlich der zentralen Rolle der antijüdischen Obsession in Hitlers Weltanschauung, doch was die anderen NS-Führungsebenen betrifft – beispielsweise Himmler und seine Posener Zuhörerschaft –, so könnte deren Hauptmotivation eher auf ihre «Führerbindung» und den entsprechenden «Rausch» zurückzuführen sein …

Meiner Ansicht nach liegt darin ein nicht unwesentlicher Unterschied zwischen dem nationalsozialistischen und dem stalinistischen «Vorhaben». Ganz abgesehen davon, wie viele Verbrechen von und unter Stalin begangen wurden, formal wurden sie im Namen eines universalen «Ideals» begangen, oder – genauer – dieses universale Ideal wurde höchstwahrscheinlich von den Tätern selbst als Erklärung für ihr Handeln aufrechterhalten. Nehmen wir Himmlers feierlichen Wunsch nach Geheimhaltung ernst, dann wird die Ausrottung der Juden durch die Nazis zu einem Ziel, das kein «höherer, allgemein verständlicher» Zweck rechtfertigen kann. Infolgedessen scheint die Einzigartigkeit des nationalsozialistischen Vorhabens nicht nur in der Tat selbst zu liegen, sondern auch in der Sprache der Täter und in der Art und Weise, wie diese sich selbst wahrgenommen haben.

Betrachtet man die Vernichtungsaktionen der Nazis weiterhin von diesem Standpunkt aus, so stehen diese im Grunde genommen nicht für eine «Umwertung aller Werte» (was soviel wie das Ausbeuten von Menschen oder ihre Vernichtung zu einem ganz bestimmten Zweck heißen würde), sondern sie stehen für eine Amoralität jenseits aller Kategorien des Bösen. Demgemäß sind die Menschen keine Werkzeuge mehr; sie hören auf, Menschen zu sein.

Doch zunächst muß hier, und sei es auch nur am Rande, die Frage gestellt werden, ob die Zeitgenossen, die nicht als Täter an der Vernichtung teilgenommen haben, aufgrund ihrer Kenntnis der Ereignisse, ihre Natur verstanden haben. Neuere Untersuchungen, die sich mit dem «schrecklichen Geheimnis» befassen, haben auf unterschiedliche Weise die Gleichzeitigkeit betont, daß die Kenntnis der Fakten zwar weit verbreitet, aber auf der anderen Seite eine nicht minder große Unfähigkeit oder Verleugnung zu konstatieren war, die den einzelnen daran hinderte, die verstreuten Fakten zu einem Gesamtbild zusammenzusetzen.[8] Es liegt auf der Hand, daß jede Gruppe ihre eigenen Gründe hatte, sich nicht daran zu erinnern, was großenteils bekannt war, oder was man hätte in Erfahrung bringen können. Man kann die Gründe der Opfer nicht mit den Gründen der damaligen deutschen Gesellschaft vergleichen, dennoch scheint es einen gemeinsamen Nenner zu geben: Die «Endlösung» war gewissermaßen «undenkbar».

Ein anderer Vergleich mit dem stalinistischen Rußland kann diese Art von gleichzeitigem Unverständnis verdeutlichen. Es sieht so aus, als ob diejenigen Opfer des Stalinismus, die keine überzeugten Kommunisten waren, sich nicht vor die Unmöglichkeit gestellt sahen, den alles erfassenden Terror, der ihr Land heimsuchte, zu *verstehen:* Sie verstanden, was Lubyanka, die Lager in

Sibirien, der Hunger und die Erschießungen zu bedeuten hatten. Sie mögen es als bolschewistischen Terror aufgefaßt haben, aber in seiner systematischen Darstellung des stalinistischen Terrors zeigt Robert Conquest,[9] daß dort niemals von einer Lähmung des Verstandes die Rede gewesen ist.

Argumente wie diese sollten nicht als Entlastung der «passiven Zuschauer», wer auch immer sie waren, mißverstanden werden. Die weitverbreitete Kenntnis von den ungeheuerlichen Verbrechen, die an den Juden verübt wurden, und die beinahe überall zu beobachtende Gleichgültigkeit, die diesen Kenntnissen entgegengebracht wurde, ist Anklage genug. Die «Endlösung» in ihrer vollen Tragweite zu verstehen ist keine notwendige Voraussetzung für all die Fragen, die später in Verbindung mit dem Verhalten der europäischen Staaten, der Alliierten, der neutralen Staaten, der Kirche und insbesondere mit dem der deutschen Gesellschaft auftauchten.

Was das Unverständnis der Zeitgenossen betrifft, so ragt das der Opfer in seiner inkommensurablen tragischen Dimension heraus. Angesichts einer nur zu offensichtlichen Realität hat es wenig Sinn, auf die häufig beschriebenen «Verleugnungs»-Mechanismen einzugehen. Doch wie man weiß, waren auch noch andere Faktoren mit im Spiel. Was die große Mehrzahl der europäischen Juden irreführte, war der unerschütterliche Glaube an eine «instrumentelle Rationalität» im Verhalten der Nazis. Doch das Schicksal der Juden war so oder so besiegelt: Die Gründe für ihre Vernichtung konnten sie einfach nicht verstehen.

Die grundsätzlichen Fragen, die im Zusammenhang mit einer Interpretation des Täterverhaltens gestellt werden, richten sich vor allem an diejenigen, die erst nach Kriegsende von der ganzen Tragweite der Ereignisse erfuhren. Bei vielen heutigen Lesern der Himmler-Rede gibt es eine altersmäßige Überschneidung mit den damaligen Ereignissen. Gehen wir von der Voraussetzung aus, daß wir alle gemeinsame Vorstellungen von Menschlichkeit, von historischer Erfahrung und infolgedessen vom Leben der Menschen in der heutigen Gesellschaft haben, dann könnten wir versuchen, das oben erwähnte Gefühl von Unheimlichkeit zu überwinden, indem wir uns auf der psychologischen Ebene gleichsetzen. Wir könnten versuchen, unser Denken demjenigen von Himmler oder seiner Zuhörer anzugleichen. Das würde dazu führen, daß wir auch den Gedanken von der «Banalität des Bösen» akzeptierten, der es uns erlauben würde, etwa die Gesinnungshaltung von Himmler zu verstehen. Wir würden *in abstracto* zu dem Ergebnis kommen, daß wir alle zu den gleichen banalen Neigungen fähig sind, die letztendlich zur äußersten Stufe kriminellen Verhaltens führten. Hier ist nicht der Ort, um auf die verschwommene Begrifflichkeit von der «Banalität der Bösen» näher einzugehen.[10] Akzeptiert man aber diesen Begriff, so werden dabei oft wichtige Punkte übersehen, die im folgenden genauer umrissen werden sollen.

Eine eingehendere Betrachtung der Himmler-Rede bringt uns möglicherweise zu einer präziseren Eingrenzung dessen, was sich unserem Verständnis entzieht. Man könnte behaupten, das Ausradieren von Schandflecken, wie beispielsweise das Stehlen von Zigaretten der Opfer etc., gehöre zu etwas Wohlbekanntem: zu einer Disziplin, wie sie in militärischen Eliteeinheiten oder in verschiedenen religiösen Orden anzutreffen ist. Ferner könnte man behaupten, daß die Eliminierung der potentiellen Rächer mit der Vernichtung von Frauen und Kindern sich auf eine der «instrumentellen Rationalität» innewohnende Logik reduzieren ließe. Akzeptieren wir demgemäß die These, daß Himmler und die SS-Generäle nicht von einer zwingenden antijüdischen ideologischen Obsession (im Unterschied zu Hitler) getrieben wurden, so stehen wir vor der «Führer-Bindung» als einem Teil der Erklärung jener sich uns entziehenden, in der Tathandlung enthaltenen Unwägbarkeit – nämlich die alles übergreifende Vorstellung vom «Rausch».

Daß im Vorhergehenden der Begriff «unheimlich» verwendet wurde, geschah in Anlehnung an Freuds berühmten Aufsatz über «Das Unheimliche». Freud zitiert darin einen 1906 erschienenen Aufsatz von Jentsch, in dem dieser die Empfindung des Unheimlichen auf die Unmöglichkeit zurückführt, zwischen dem Lebenden und dem Leblosen zu unterscheiden; Freud verneint in seinem Essay mehrmals die Plausibilität der Annahmen von Jentsch.[11] Wir werden später auf Freuds Interpretation zurückkommen. Zunächst scheint Jentschs Intuition einleuchtend zu sein. Seine Position wird von Freud zusammengefaßt: «Nach diesem Autor [Jentsch, S. F.] ist eine besonders günstige Bedingung für die Erzeugung unheimlicher Gefühle, wenn eine intellektuelle Unsicherheit geweckt wird, ob etwas belebt oder leblos sei, und wenn das Leblose die Ähnlichkeit mit dem Lebenden zu weit treibt.»[12] Betrachten wir erneut den Wortlauf der Himmler-Rede oder – weitergefaßt – die Aktionen der verschiedenen Täter und insbesondere der höheren Todesbürokratie, die zur Massenvernichtung führten, dann bleibt uns nichts anderes übrig, als auf der einen Seite den Tätern menschliche Durchschnittlichkeit zu bescheinigen und auf der anderen Seite den «mechanischen», «leblosen» Aspekt ihrer Taten festzuhalten. In gewisser Weise sehen wir uns hier einer im Sinne von Jentsch verstandenen Ungewißheit gegenübergestellt mit dem Unterschied, daß wir es nicht mit Automaten zu tun haben, die lebendig zu sein scheinen, sondern mit gewöhnlichen Menschen, die zu Automaten werden, indem sie jedes Gefühl für Menschlichkeit und Moral in sich auslöschen. Die tiefliegende Ungewißheit hinsichtlich der «wahren Natur» der Täter löst bei uns jenes Gefühl von «Unheimlichkeit» aus.

Aber könnte nicht ein Bestandteil dieses Rausches in Verbindung mit Töten und Vernichtung von einer wachsenden Begeisterung herrühren, die durch *Wiederholung*, durch die immer größer werdende Zahl der Opfer, hervorgerufen wird: In der Himmler-Rede heißt es nicht umsonst: «Von euch werden die meisten wissen, was es heißt, wenn 100 Leichen zusammenliegen, wenn 500 Leichen daliegen oder wenn 1000 Leichen daliegen.» Diese Wiederholung (und damit sind wir in gewisser Weise bei Freuds Deutung) steigert, zumindest beim außenstehenden Beobachter, das Gefühl von «Unheimlichkeit»: Einige Täter erscheinen nun nicht mehr wie bürokratische Automaten, sondern eher wie Wesen, die von einem kaum zu stillenden Mordbedürfnis befallen waren, angetrieben von irgendeiner wachsenden Begeisterung, die sie den Mord an einer immer größeren Anzahl von Menschen wiederholen ließ, und dies ungeachtet der Worte Himmlers über die Schwierigkeit einer solchen Aufgabe. Man erinnere sich nur an jenen Stolz, mit dem in den Berichten der Einsatzgruppen oder in der Autobiographie von Rudolf Höss die Todeszahlen genannt werden; man erinnere sich nur an Sassens Interview mit Eichmann: In dem Wissen, daß über fünf Millionen Juden vernichtet wurden, würde er mit Freuden in sein Grab springen. Dies ist Rausch, hervorgerufen durch das überwältigende Ausmaß der Tötung, durch die endlosen Reihen der Opfer ...[13] Der Rausch, hervorgerufen durch die überwältigende Anzahl der Toten, ist an die Führer-Bindung gekoppelt: Je größer die Zahl der vernichteten Juden, um so eher wurde der Wille des Führers befolgt.

Aber gerade an diesem Punkt – der durch das Ausmaß der Tötung hervorgerufene Rausch – ist uns ein Verständnis nach den Ereignissen und aufgrund dieser Ereignisse auf der Ebene von Bewußtsein nicht möglich. Der britische Philosoph Alan Montefiore drückte dies zutreffend so aus: «Das Unvorstellbare ist bei mir mit jener schlimmsten Vorstellung verbunden, von der ich ... weiß, daß ich sie haben könnte – deren Existenzberechtigung ich als ‹normal› empfindendes Wesen jedoch nicht zulassen darf.»[14]

Je größer die Empfindlichkeit auf der moralischen Ebene, um so radikaler wird eine Einsicht verdrängt, die gleichermaßen für Individuum und Gesellschaft eine unerträgliche Bedrohung darstellt. Der Historiker kann dieses Phänomen von «außen» analysieren, aber in diesem Falle kann sein Unbehagen nur von einer fehlenden Kongruenz zwischen intellektueller Befragung und dem Ausbleiben eines intuitiven Verstehens herrühren.

II.

Ein weiterer Grund für das Unbehagen des Historikers liegt nach meiner Ansicht auf einer ganz anderen Ebene: in der Art und Weise, wie die «Endlösung» mit einer globalen historischen Deutung in Verbindung gebracht wird. So schreibt etwa Eberhard Jäckel:

«... Der nationalsozialistische Mord an den Juden (war) deswegen einzigartig ..., weil noch nie zuvor ein Staat mit der Autorität seines verantwortlichen Führers beschlossen und angekündigt hatte, eine bestimmte Menschengruppe einschließlich der Alten, der Frauen, der Kinder und der Säuglinge möglichst restlos zu töten, und diesen Beschluß mit allen möglichen staatlichen Machtmitteln in die Tat umsetzte.»[15]

Diese Definition steht normalerweise im Zentrum der Auseinandersetzung über die Vergleichbarkeit der «Endlösung» mit jenen Massenvernichtungen, die von anderen politischen Systemen betrieben wurden. Deutungen, die eher von einem subjektiven Standpunkt aus erfolgen, beziehen sich letztendlich auf den Hintergrund dieser Art von Vergleich. Hier wenden wir uns einer anderen Art von Hindernissen zu, auf die der Historiker mit seinem *subjektiven Verständnis der Ereignisse stößt* – und dieses Mal in einem weiter gefaßten Deutungskontext.

Die «Endlösung» muß wie jedes andere historische Phänomen *in ihrer historischen Entwicklung und im hierfür relevanten historischen Kontext interpretiert* werden. Wir sollten uns daher von vorneherein dieser Epoche und diesen Ereignissen so nähern, wie wir uns jeder anderen Epoche und anderen Ereignissen nähern, sie aus jedem nur möglichen Blickwinkel betrachten und alle denkbaren Hypothesen und Querverbindungen eruieren. Aber das ist, wie wir alle wissen, nicht der Fall, und es darf, wie wir alle zugeben würden, auch nicht der Fall sein. Niemand, der alle seine Sinne beisammen hat, würde die Ereignisse von Hitlers Standpunkt aus interpretieren wollen. Nicht einmal rechtsradikale «Interpreten» versuchen heute, die «Endlösung» zu rechtfertigen; sie leugnen vielmehr, daß es sie überhaupt gegeben hat. Und sogar bei Vertretern weitaus weniger extremer Ansichten kann man ein Gefühl von Zurückhaltung bei der Deutung der Ereignisse beobachten.

Von keiner Seite ist den verschiedenen Gruppen eine ideologische «Orthodoxie» auferlegt worden – wie sollte dies auch? Jedoch: Was man während der unmittelbaren Nachkriegsjahre beobachten konnte – daß es einen von Siegern und Opfern gleichermaßen akzeptierten Konsens gab –, das kann man heute mit Sicherheit nicht mehr annehmen. Deshalb bleibt nur die Schlußfolgerung, daß heute der Historiker fühlt, auf einige undefinierbare, aber deutlich spürbare *Grenzen einer Interpretation* zu stoßen. Eben diese Wahrnehmung von Grenzen – über deren Ursprung man sich streiten kann, deren Erspüren aber zwingend ist

– könnte darauf hinweisen, daß wir es hier mit einem außerordentlichen Ereignis zu tun haben, dessen historische Analyse eine Verschmelzung von moralischen und kognitiven Kategorien erforderlich macht.

Die Fragen, die eine derartige Zurückhaltung bei der Deutung und die Beachtung ethischer Grenzen bei der historischen Analyse aufwerfen, sollen anhand einiger Beispiele präziser gefaßt werden:

1. Läßt sich ein Ereignis wie die «Endlösung» in jeder Art von Narration («emplotment») darstellen, oder müssen nicht vielmehr von vornherein bestimmte Erzählformen ausgeschlossen werden? Entzieht sie sich vielleicht überhaupt jeder plausiblen, überzeugenden narrativen Darstellung?

2. Keine Auseinandersetzung mit der «Endlösung» kommt um die Beantwortung der entscheidenden Frage nach der moralischen Dimension herum. Vielfach entsteht dann ein Problem, wenn neue Deutungsstrategien verfolgt werden. Lassen sich solche Ansätze nutzen, ohne dabei eine moralische Relativierung zu riskieren? Darf, kann man zum Beispiel eine Geschichte der Naturwissenschaften schreiben, die auf Experimenten mit Menschen in den NS-Konzentrationslagern beruht, oder: Darf man heute die Ergebnisse dieser Experimente im normalen wissenschaftlichen Diskurs verwerten?[16]

Allgemeiner gefaßt: Die Unvereinbarkeit verschiedener Zugänge zu einer Deutung der «Endlösung» bringt den Historiker in eine geradezu unlösbare Situation. Diese Schwierigkeiten schlagen sich in einer Vielzahl allgemeiner Theorien nieder, die diese offensichtlich außergewöhnliche Situation zwar berücksichtigen, die aber bestrebt sind, sie im Rahmen einer überzeugenden Klärung mit einzubeziehen. Doch hier ist nicht der Ort, um diese unterschiedlichen Bemühungen und ihre Grenzen aufzuzeigen. Auf der Ebene von politischen, ideologischen Deutungsversuchen ist das einfachste Argument hinsichtlich einer Kontextualisierung der «Endlösung» das Folgende: Es geht eigentlich nicht darum, daß Begriffe wie «Totalitarismus» oder «Faschismus» sich für eine Kontextualisierung der «Endlösung» nicht eignen. Im Gegenteil: Sieht man von der «Endlösung» ab, treffen sie weitaus besser auf die Phänomene zu, die sie umschreiben. – Die einzige globale Deutung, die zu «passen» scheint, ist zugleich die traditionellste: die ausschlaggebende Wirkung eines immerfort radikalen antisemitischen Faktors. Doch sogar diejenigen Historiker, die dieser Auffassung treu bleiben, müssen zugeben, daß das Problem der Kontinuität aufgrund der Natur des nationalsozialistischen Antisemitismus und der «Endlösung» fragwürdig wird.[17] Diese Schwierigkeit wurde kürzlich auf bemerkenswert deutliche Art und Weise von einem der führenden Historiker der Bundesrepublik, von Reinhart Koselleck, formuliert: «Ich vermute, daß die Historie [der «Endlösung», S. F.] zugleich unter moralischen, politischen und auch religiösen Herausforderungen steht, die allesamt nicht ausreichen, um mitzuteilen, was der Fall ist. Das moralische Urteil ist unentrinnbar, gewinnt aber durch Wiederholung nicht an Gewicht. Die politische oder soziale Erklärung ist auch erforderlich, greift aber in Anbetracht dessen, was der Fall war, ebenfalls zu kurz. Das Ausweichen in eine religiöse Deutung erheischt Kultformen, die sich der historischen, der moralischen und auch der politischen Kompetenz entziehen. Beim bisherigen Stand meiner Überlegungen bin ich über diese aporetische Lage nicht hinausgekommen. Jedenfalls zielen diese Überlegungen auf die Einmaligkeit, die festzustellen sowohl Vergleiche erforderlich macht wie auch, sie hinter sich zu lassen.»[18]

Schließlich – und das ist vielleicht ausschlaggebend – findet der Historiker keine einzige überzeugende Grundlage *von Belang*, wenn er versucht, diese spezifische Vergangenheit vom Standpunkt der Gegenwart aus zu betrachten. Der Bielefelder Historiker Jörn Rüsen schreibt in einem bislang noch unveröffentlichten Aufsatz:

«Geschichte ist der Spiegel der Vergangenheit, in den die Gegenwart schaut, um etwas über ihre Zukunft zu erfahren ... Wir müssen historisches Bewußtsein als einen Vorgang des menschlichen Intellekts verstehen, mit dessen Hilfe das Leben heute verstanden wird und seine zukünftigen Aussichten geplant werden ...»[19]

Diese allgemeine Definition von Geschichte und von historischem Bewußtsein scheint auf jedes größere Ereignis der Vergangenheit zuzutreffen, das unsere Gefühle oder unsere Gedanken noch beherrscht, und das uns existentiell relevant erscheint: die beiden Weltkriege, die Russische Revolution, die Französische Revolution, die Industrialisierung oder der Modernisierungsprozeß im allgemeinen, der Faschismus ganz allgemein usw. Man könnte meinen, das Leben heute ließe sich im Lichte dieser Ereignisse besser verstehen, und möglicherweise halten wir diese Ereignisse noch immer für relevant für unsere Zukunft.

Dies freilich scheint nicht für die «Endlösung» zu gelten. In diesem allgemeinen Verständnis von historischem Bewußtsein scheint uns diese Vergangenheit in ihrer Ungeheuerlichkeit nichts Vergleichbares zu lehren. Sie hilft uns offensichtlich nicht, die heutige Welt oder die zukünftigen Lebensbedingungen der Menschen zu verstehen. Sie läßt uns nur wissen, daß «seitdem» etwas derartiges in der modernen Industriegesellschaft stattgefunden hat. Nichts lehrt sie uns über die moderne Industriegesellschaft als solche – ungeachtet einiger Verbindungen, die zwischen der Moderne und dem Versuch der totalen Vernichtung hergestellt wurden. Was die Moderne betrifft, so wirft die «Endlösung» in der Tat viele Fragen auf: Entweder werden die Verknüpfungen auf einer derart allgemeinen Ebene belassen, daß sie irrelevant erscheinen, oder die Widersprüche werden schwer zu überwinden.[20]

Die Frage nach der Relevanz könnte jedoch vielschichtiger gefaßt werden, wenn wir, nach Rüsen, das sukzessive Auftreten verschiedener Kategorien eines historischen Bewußtseins in ihrem Verhältnis zu moralischen Wertvorstellungen akzeptieren: die traditionelle, die exemplarische, die kritische und die genetische Kategorie. Die exemplarische Kategorie will sagen, daß es «zeitlose Regeln des gesellschaftlichen Zusammenlebens», daß es «Werte von zeitloser Gültigkeit» gibt. Die kritische Kategorie zielt darauf ab, «temporale Geschlossenheiten aufzubrechen» und «eine Kritik an Wertvorstellungen sowie eine Ideologiekritik als wichtige Strategien eines moralischen Diskurses einzuführen». Die zuletzt hinzugekommene genetische Kategorie befaßt sich mit den *Veränderungen an sich,* mit der Undeterminierbarkeit möglicher Entwicklungen als Voraussetzung für die heutige moralische Relevanz eines historischen Bewußtseins.[21]

Von dieser Typologie ausgehend, könnte man einwenden, daß in der Art und Weise, in der ich vorhin das Problem einer Nicht-Relevanz der «Endlösung» thematisiert habe, implizit ein Bezug zu einer Art von «exemplarischer» Kategorie liege, wohingegen heute die kritische und die genetische Kategorie die einzig bedeutenden sind.

Es besteht kein Zweifel, daß heute die beiden letzten Kategorien für den Historiker allein wichtig sind. Doch was die «Endlösung» betrifft, so bedingt genau dies gleichsam ihre Undurchsichtigkeit. Was für eine kritische Überprüfung von Werten könnte in einem solchen Falle stattfinden? Wie sähe eine ideologische Überprüfung aus? Welche Bedeutung hätte in diesem Fall die historische Veränderung an sich?[22]

Darüber hinaus bleibt die elementare Frage noch offen: Wie wirkt sich der Zeitfaktor auf diese Ereignisse aus? Wird der Abstand zu ihnen ein aussagekräftiges Deutungsmuster ermöglichen? Einige Historiker, die hierüber nachgedacht haben, glaubten nicht daran: «Ich bezweifle», schrieb Isaac Deutscher Mitte der 60er Jahre, «daß die Menschen Hitler, Auschwitz, Majdanek und Treblinka in tausend Jahren besser verstehen werden als wir heute.» Deutscher, der Biograph Stalins und Trotzkis und der unerschütterliche Kritiker des Stalinismus, wäre nicht einmal auf die Idee gekommen, die totalitären Formen des Terrors mit der Massenvernichtung zu vergleichen. Er glaubte auch nicht, daß unser Verständnis der «Endlösung» in den folgenden Jahrzehnten und Jahrhunderten zunehmen würde. «Ganz im Gegenteil», fügte er weitsichtig hinzu, «es könnte durchaus sein, daß die Nachwelt es noch weniger verstehen wird als wir.»[23]

Daher könnte die «Endlösung» allein schon durch die Tatsache, daß sie ein übermächtiges historisches Grenzereignis ist, sich paradoxerweise allen Bemühungen um eine angemessene Darstellung und Deutung verweigern und infolgedessen auch jedem Versuch trotzen, sie in ihrer Relevanz für die Menschheitsgeschichte und die «condition humaine» zu verstehen. Im Benjaminschen Sinne sähen wir uns dann vor eine nicht zu erlösende Vergangenheit gestellt.

(Übersetzung: Renate Schain)

Trauma, Erinnerung und Übertragung in der historischen Darstellung des Nationalsozialismus und des Holocaust

Psychologen haben gezeigt, daß Überlebende traumatischer Ereignisse sich in zwei unterschiedliche Gruppen einteilen lassen: solche, die das Erlebte *en bloc* verdrängen, und solche, deren Erinnerung an die traumatische Kränkung, wie zu Stein erstarrt, erhalten bleibt und alle vorherigen oder späteren Erlebnisse überlagert. Ich gehöre, ohne daß ich etwas dafür kann, der zweiten Gruppe an. Aus den zwei Jahren meines Lebens außerhalb des Gesetzes habe ich nicht das Geringste vergessen. Ohne jedes bewußte Bemühen meinerseits präsentiert mein Gedächtnis mir immer wieder Vorgänge, Gesichter, Worte, Empfindungen, als ob ich damals eine Periode außerordentlich geschärfter Wahrnehmungsfähigkeit durchlebt hätte, in der keine Einzelheit meiner Aufmerksamkeit entging. (Primo Levi)[1]

In dem kurzen autobiographischen Text «Das Erwachen», den Aharon Appelfeld vor einigen Jahren geschrieben hat, beschreibt er, wie seine Generation, die den Krieg als Kinder überlebte, bald nach ihrer Ankunft in Israel ihre frühere Identität abzulegen begann und der Kontakt mit ihrer eigenen Vergangenheit vollständig abriß. Wann immer ein Erinnerungsfetzen auftauchte, taten sie ihr möglichstes, ihn auszulöschen. Nach Jahren jedoch kam das «Erwachen».

Diese Wiederentdeckung der eigenen Vergangenheit wurde, so Appelfeld, zu einem wundersamen Wiedergeburtserlebnis, einer Art persönlicher und kollektiver Erlösung.[2] Ein solches Erlebnis ist aber eher die Ausnahme als die Regel. Und Appelfeld selbst sagt, daß er seinen Text heute etwas anders formulieren würde.

Ein ganz anderes Bild vermitteln zum Beispiel die zahlreichen, auf Video aufgenommenen Interviews mit Überlebenden des Holocaust, mit denen sich Lawrence Langer in «Ruins of Memory» beschäftigt.[3] Für diese Zeugen fügen sich die persönlichen Erinnerungen und die Tatsache ihres Überlebens nicht zu einer kathartischen Wiederentdeckung eines harmonischen Selbst zusammen. Sie erleben die Vergangenheit nicht als heroische Erinnerung oder als Bestätigung eines einigenden moralischen Prinzips. «Das Bemühen dieser Zeugen sich zu erinnern», schreibt Langer, «setzt gleichsam einen verborgenen Text des Verlusts frei, der die Erzählung mit Bruchstücken von Trauer durchlöchert und ein Gefühl der Verunsicherung und Irritiertheit schafft, die sich untrennbar mit der Erleichterung über das eigene Überleben verbindet. Diese Zeugenaussagen lassen vermuten, daß diese Erleichterung keine so entscheidende Rolle spielt, wie man uns glauben gemacht hat.»[4]

Langer unterscheidet zwischen verschiedenen Arten des Erinnerns, die jeweils ein unterschiedliches Verhältnis zwischen dem erinnerten Ich und der umgebenden Welt der Vernichtung nachzeichnen. Er unterscheidet ferner zwischen dem Bild, das das heutige Ich sich von der heutigen Welt, und dem, das es sich von der Vergangenheit macht. Dabei kommt es Langer darauf an zu zeigen, daß ein grundlegender Unterschied besteht zwischen der Tiefenerinnerung, die völlig auf die Jahre der Shoah konzentriert ist, und der gewöhnlichen Erinnerung, die «das Ich mit seinem normalen Alltag vor und nach dem Lagerdasein verbindet und die gleichzeitig aus heutiger Sicht mit Distanz darstellt, wie das Leben damals gewesen sein muß». Tiefenerinnerung und gewöhnliches Erinnern sind letztendlich nicht aufeinander reduzierbar. Jeder Versuch, ein kohärentes Ich aufzubauen, scheitert an der unweigerlichen Wiederkehr des Verdrängten, der Tiefenerinnerung.

Das gewöhnliche Erinnern, sei es als individueller oder kollektiver Akt, will normalerweise Kohärenz, Geschlossenheit und möglicherweise auch eine Art Erlösung schaffen, ungeachtet des Widerstandes der Tiefenerinnerung auf der persönlichen Ebene. Es bleibt die Frage, ob ein Ereignis wie die Shoah, wenn einmal auch die letzten Überlebenden verschwunden sind, auch auf der kollektiven Ebene, jenseits des individuellen Erinnerns, Spuren einer Tiefenerinnerung hinterläßt, die jedem Versuch der Sinngebung widerstehen.

Meine Vorlesung, die vor allem, wenn auch nicht ausschließlich, vom Standpunkt der Opfer geschrieben ist, konzentriert sich auf historische Darstellungsmuster im weiteren Sinne – auf die wissenschaftliche Geschichtsschreibung ebenso wie auf einige wichtige Entwicklungstendenzen im Geschichtsbewußtsein. Zunächst werde ich einige Deutungen der jüdischen Wahrnehmung von Geschichte und von Katastrophen in der Geschichte, sowohl in allgemeiner Hinsicht als auch im Hinblick auf die Shoah darstellen; dann konzentriere ich mich auf die Abwehrmechanismen in einigen historiographischen Darstellungen der NS-Ära und der Shoah, um mich schließlich der Frage zuzuwenden, was das «Durcharbeiten der Vergangenheit» eigentlich bedeutet, sowohl in bezug auf die geschichtswissenschaftlichen Darstellungsweisen als auch im Hinblick auf die allgemeinen Entwicklungstendenzen des Geschichtsbewußtseins.

Geschichtsbewußtsein und Katastrophe

Wenn Appelfeld von einer erlösenden Wiederentdeckung der Vergangenheit erzählt, dann artikuliert er damit zweifellos eine authentische, wenn auch nicht gerade typische Erfahrung. Seine Art der Aufarbeitung der Vergangenheit zeigt strukturelle Ähnlichkeiten mit früheren Versuchen, die Shoah in das kollektive Bewußtsein Israels und seine nationalen Rituale zu integrieren. Die in der Geschichte des jüdischen Volkes beispiellose Katastrophe war Anlaß für einen fundamentalen Akt geschichtlicher Erlösung: die Geburt eines souveränen jüdischen Staates. Diese Abfolge von «Katastrophe und Erlösung», die tief in der prophetischen Tradition verwurzelt ist, fand ihren Ausdruck in der offiziellen Gleichsetzung von *Shoah* und *Gvurah,* Märtyrertum und Heldentum, *Shoah* und *Tekumah,* Katastrophe und Auferstehung.

Solche offiziell sanktionierten ideologischen Deutungen konnten sich jedoch in der Folgezeit nicht festigen; sie verloren im Gegenteil ab Ende der sechziger Jahre für einen immer größeren Teil der israelischen Öffentlichkeit an Überzeugungskraft. Während die Shoah einerseits in den letzten Jahren im Bewußtsein Israels und des Judentums eine immer größere Rolle spielt, so werden doch andererseits die Interpretationen dieser Ereignisse immer vielfältiger und facettenreicher; eine verbindliche oder auch nur konsensfähige Interpretation ist nicht in Sicht. So gesehen haben die langfristigen Entwicklungstendenzen die früheren ideologischen Positionen weitgehend unterwandert.[5]

Die Tatsache, daß die Shoah nicht auf allgemeinverbindliche Weise ins kollektive Bewußtsein integriert werden kann, ist – wie mir scheint – ein neues Phänomen innerhalb der jüdischen Tradition. Es ist schon oft bemerkt worden, daß das Judentum im Laufe seiner Geschichte ein kollektives Gedächtnis entwickelt habe, das die Integration katastrophaler Ereignisse nach festgefügten Deutungsmustern gewährleiste. Diese Interpretationsmuster, die ursprünglich auf der Erfahrung der archetypisehen Katastrophe des Judentums, der Zerstörung des Tempels, basieren und zugleich den Keim der messianischen Erlösung in sich tragen, sollen das «kreative Überleben» des Judentums zum Teil ermöglicht haben. Zu allen Zeiten haben Juden auf geschichtliche Entwicklungen in ritualisierten Formen reagiert, Formen, die zum einen auf die biblische Überlieferung (die Klagelieder) und zum anderen auf mittelalterliche und frühneuzeitliche Überarbeitungen des ursprünglichen Erlösungsparadigmas zurückgehen. Es ist auffällig, daß diese «Antworten auf die Apokalypse» an Überzeugungskraft verlieren – und auch ihre Autoren sich ihrer Gültigkeit weniger sicher scheinen –, wenn sie sich der Shoah ausgesetzt sehen, und zwar sowohl in der Kriegs- wie in der Nachkriegszeit.

Während einige Gelehrte sich mit den in der Tradition und der säkularen Literatur des Judentums verankerten Mustern des Erinnerungsverhaltens befaßten und andere die jiddische Literatur und die jüdische Volkskultur Osteuropas erforschten, untersuchte der an der Columbia University lehrende Historiker Yosef Yerushalmi die Geschichtsschreibung. Die These, die er in «Zachor»[6] aufstellte, ist eindeutig: Die traditionsgepragte jüdische Welt integrierte katastrophale und zerrüttende geschichtliche Ereignisse mit Hilfe eines feststehenden Musters archetypischer Reaktionen. Als zeitgenössischer jüdischer Historiker ist man allerdings gezwungen, solch starre Verhaltensmuster kritisch zu hinterfragen und gegen die erlösende Macht des Mythos die Regeln der wissenschaftlichen Forschung geltend zu machen. Yerushalmi geht auf die Shoah nur in wenigen Zeilen ein. Er zieht die Schlußfolgerung, daß trotz des beispiellosen Umfangs der historischen Forschungsarbeit, die diese Katastrophe provoziert hat, die jüdische Welt nach wie vor auf einen Erlösungsmythos wartet, wie wir ihn zum Beispiel in dem Symbolismus der Kabbala finden, dem sich die Juden nach der Vertreibung aus Spanien hingaben. Vorerst fungiert die Literatur als Ersatz.[7]

Bis heute aber, fast fünfzig Jahre nach den Ereignissen, ist offenbar noch kein mythischer Deutungsrahmen aufgetaucht, der die jüdische Phantasie prägen und konzentrieren könnte, und auch die besten von der Shoah handelnden literarischen und künstlerischen Werke weisen keinen Weg zur Erlösung. Gerade das Gegenteil scheint der Fall zu sein.

In keinem zeitgenössischen Kunstwerk wird diese fehlende Abgeschlossenheit so deutlich wie in Claude Lanzmanns Film «Shoah». Jede einzelne Zeugenaussage bleibt eine Geschichte ohne Lösung. Der Bogen, den die Darstellung insgesamt spannt, ist weder linear noch zirkulär; er bildet eine Spirale, die immer wieder zu sich selbst zurückfindet, zugleich aber auch immer in neue Bereiche vorstößt. Im Verlauf des Films, insbesondere im letzten Abschnitt, wird das mythische Moment der Befreiung, der Warschauer Ghetto-Aufstand, das in der israelischen Erinnerung der Nachkriegszeit auf dieselbe metahistorische Bedeutungsstufe wie die Katastrophe selbst gehoben wurde, zu einer Episode und Perspektive unter vielen im Kontext des Vernichtungsvorgangs reduziert.

Abwehrmechanismen

Akzeptiert man die These, daß für die Gemeinschaft der Opfer, wie für alle anderen Beteiligten auch, die NS-Epoche und der Holocaust eine unbewältigte Vergangenheit geblieben sind, dann folgt daraus, daß der extreme Charakter der damaligen Vorgänge und die Ungewißheit in bezug auf ihre geschichtliche Bedeutung auch den Historiker in ein Feld der Projektionen, der unbewußten Gestaltungen und Umgestaltungen versetzen, in eine echte Übertragungssituation. «Der Holocaust», schreibt Dominick LaCapra, «konfrontiert den Historiker mit einer Übertragung in einer denkbar traumatischen Form – in einer Form freilich, die je nach der subjektiven Position des Analytikers variiert. Ob der Historiker oder Analytiker selbst ein Überlebender, Verwandter von Überlebenden, Ex-Nazi, Ex-Kollaborateur, ein Verwandter ehemaliger Nazi oder Kollaborateure ist, ob er sich als jüngerer Jude oder Deutscher mit größerer Distanz zu der unmittelbaren Erfahrung des Überlebens, des Mitmachens oder der Kollaboration, oder von einer relativen Außenseiterposition der Problematik nähert, all diese Unterschiede werden unterschiedliche Einstellungen und Interpretationen zur Folge haben, sogar in bezug auf die Bedeutung formal gleichlautender Aussagen.»[8]

Mit generalisierenden Argumenten kann man in diesen Dingen zweifellos nur ungefähre Hinweise geben. Eine unbestimmte Anzahl psychologischer Aspekte verbindet sich mit jeder der von LaCapra aufgezählten Positionen. Es genügt, sich in Erinnerung zu rufen, in welchem Maße überlebende Opfer Gefühle der Scham, Schuld, des Selbsthasses und alle Nuancen der Ambivalenz empfinden, um ermessen zu können, wie unterschiedlich Schilderungen gedeutet werden können, die scheinbar von einem klar definierten, identischen Standpunkt ausgehen. Für manche Deutsche, die die NS-Ära miterlebten, mag das ganze Spektrum innerer Konflikte mit der Vielfalt ihrer möglichen Ausgänge ebenso entmutigend sein wie für die Opfer.

Wenn wir uns der Einfachheit halber einmal auf Deutsche und Juden beschränken, die die NS-Periode miterlebt haben, so gilt für sie – und sogar auch noch für die Kinder dieser Gruppen –, daß gewisse Aspekte der Vergangenheit, die für die eine Seite traumatisch waren bzw. sind, auf der anderen keine ähnlichen Reaktionen hervorrufen. Für Juden, gleich welchen Alters, war und ist die grundlegende traumatische Situation in der Shoah und ihren Folgen gegeben; für Deutsche war es der «Zusammenbruch» (einschließlich der Flucht vor den Russen und des Verlusts der nationalen Souveränität) nach einer Zeit nationalen Überschwangs.

Hier muß freilich eine Folge besonderer Art erwähnt werden: das sich im Laufe der Zeit verdichtende Wissen um die NS-Verbrechen, besonders den Völkermord. Die Opfer des Nationalsozialismus müssen mit einer fundamental traumatischen Situation fertig werden, viele Deutsche dagegen mit einem sich ausweitenden Makel, mit potentieller Scham oder Schuld.

Die Verdrängung der NS-Ära aus dem öffentlichen Diskurs in Deutschland ist in zahllosen Untersuchungen dokumentiert.[9] Sie soll nicht Thema dieses Vortrags sein. Erlauben Sie mir aber einige Anmerkungen zu einem bestimmten Abwehrmechanismus innerhalb der jüngsten deutschen Geschichtsschreibung bzw. der Darstellung der NS-Epoche. Ich möchte diesen Mechanismus als «Abspaltung» bezeichnen. Er manifestierte sich in der Debatte über die «Historisierung des Nationalsozialismus». In der ersten Phase dieser Debatte blieb ein Ort namens Auschwitz unerwähnt. Im weiteren Verlauf der Debatte wurde der Gedanke an die Zentralität von Auschwitz zunächst nur und spezifisch in bezug auf die Erfahrungen und Erinnerungen der Opfer zugelassen. Dann wurde argumentiert, die quasi mythische Dimension von Auschwitz in der Erinnerung der Opfer müsse *neben* einem nuancierteren Herangehen an die Geschichte der Epoche berücksichtigt werden.[10] Kurz gesagt, Tatsachen, die wohlbekannt waren – zu bekannt in einem gewissen Sinn –, wurden vom Hauptstrang der Kontroverse abgespalten, da sie den neuen Zugang zur Geschichte Deutschlands unter dem Nationalsozialismus zwangsläufig mit Problemen befrachtet hätten. Niemand wies einen eindeutig gangbaren Weg für ihre Integration.

Der Mechanismus der Abspaltung hat zu einer wachsenden Fragmentierung in der historiographischen Darstellung der NS-Epoche geführt. Das Studium des Nazismus ist zur Zeit öfters auseinandergebrochen in einzelne, spezialisierte, untereinander unverbundene Themen, die von den «bereits allgemein bekannten Tatsachen» der Judenverfolgung und Massenvernichtung nicht mehr viel Aufhebens machen. Die Forschung zerfasert in ein immer kleinteiligeres Studium verschiedener Aspekte des sozialen Wandels im Dritten Reich, ohne daß ein verbindlicher und umfassender Deutungsrahmen vorläge.[11] Viele dieser Verschiebungen haben auch in Filmen auf die eine oder andere Weise ihren Niederschlag gefunden. Der deutsche Filmproduzent und Regisseur Edgar Reitz kritisierte einst, die NBC habe mit ihrer «Holocaust»-Serie Diebstahl an der deutschen Erinnerung begangen. Seine Antwort hieraufwar die Serie «Heimat», die möglicherweise Diebstahl an der Erinnerung der Opfer begangen hat. Danach folgte Lanzmanns «Shoah». «Heimat» könnte am Ende «Shoah» verdrängen; «Shoah» ist vielleicht zu unerträglich, um «Heimat» neutralisieren zu können. Es wird fast zwangsläufig so kommen, daß die ästhetische und nostalgische Attraktion, die von «Heimat» ausgeht, die Oberhand behalten wird über den ethischen Imperativ der Erinnerung an die «Shoah».

In der Geschichtsschreibung und Erinnerungsliteratur der Opfer begegnet man Abwehrmechanismen, die sich äußerlich nicht unbedingt von denen unterscheiden, die man in der deutschen historiographischen Diskussion ausmachen kann. Hinter dieser äußerlichen Ähnlichkeit verbergen sich aber vollkommen unterschiedliche Haltungen.

Die nach Kriegsende einsetzende 15- oder 20jährige «Latenzperiode», während derer in der Öffentlichkeit – vor allem in der amerikanischen – über die Shoah weder gesprochen noch geschrieben wurde, sollte nicht ausschließlich als Produkt einer massiven Verdrängung gedeutet werden, wie sie in Deutschland stattfand. Es gab *innerhalb* der Gruppe der Überlebenden kein Verschweigen; nur gegenüber der Außenwelt scheute oder schämte man sich, die eigene Geschichte zu erzählen, eine Geschichte, die unglaublich erscheinen mußte und jedenfalls den Erfahrungshorizont der Gesellschaft, in der man lebte, vollkommen sprengte. Gebrochen wurde das Schweigen, vor allem in Israel, von 1951 an im Gefolge der Debatte über das Wiedergutmachungsabkommen mit Deutschland, im Zusammenhang mit dem Kastner-Prozeß und schließlich endgültig im Verlauf des Eichmann-Prozesses. Es kam zu einem intensiven emotionalen Aufruhr, zu einem Zeitpunkt, als sowohl der öffentliche als auch der private Bereich noch von den gegenläufigen Strömungen eines verletzlichen Bewußtseins und einer hartnäckigen Verleugnung geprägt waren.

Vor diesem Hintergrund darf das langjährige Schweigen der jüdischen Intellektuellen, namentlich der Historiker unter ihnen, nicht unerwähnt bleiben. Die berühmtesten jüdischen Historiker der Nachkriegszeit verloren in den fünfziger und sechziger Jahren kein Wort über die Shoah (und übrigens auch später nicht). Felix Gilbert und Lewis Namier avancierten, wie einige ihrer deutschen Kollegen, zeitweilig zu Experten in der Erforschung der nationalsozialistischen Diplomatie und Strategie. Hans Rosenberg blieb bei der deutschen Sozial- und Wirtschaftsgeschichte im 19. Jahrhundert, und an der Columbia University versuchte Franz Neumann, der gefeierte Autor von «Behemoth», Raul Hilberg sein Vorhaben einer Dissertation über die Vernichtung des europäischen Judentums auszureden.[12] «Auschwitz» erschien – im Gegensatz zu anderen Aspekten des Nazismus – als Thema ausgeschlossen. Innerhalb der jüdischen Intelligenz waren Theodor Adorno, Hannah Arendt und offensichtlich auch Salo Baron einsame Rufer in einer Wüste des Schweigens. Außer ihnen sprachen nur noch einschlägige Spezialisten wie Yivo-Mitarbeiter in New York, die in Israel arbeitenden Shoah-Forscher und Privatgelehrte wie Leon Poliakov in Frankreich oder Gerald Reitlinger in England über die Shoah. Daß einige der besten Kenner und Lehrer der neueren deutschen Geschichte den Holocaust mit keinem Wort oder nur beiläufig erwähnten, ist ein Kapitel für sich.

Die Fragmentierung des Forschungsfeldes, die so kennzeichnend ist für einen großen Teil der heutigen deutschen Geschichtsschreibung über die NS-Ära, findet ihre Entsprechung, wenn auch mit gewissen Unterschieden, in der jüdischen Historiographie. Auch jüdische Historiker tun sich offenbar schwer, eine umfassende Geschichte der Ausrottung der europäischen Juden zu schreiben, die mehr wäre als bloß ein Abriß der Fakten, eine Analyse des inneren Räderwerks des Vernichtungsapparats oder ein Kompendium einzelner selbständiger Abhandlungen. Die «Endlösung» hat ihren Historiker noch nicht gefunden, und es handelt sich dabei um mehr als nur ein handwerkliches Problem.

Bei genauerem Hinsehen erkennt man, daß nach der anfänglichen Phase des Schweigens die meisten Historiker, die sich überhaupt auf das Thema einließen (von den ideologisch orientierten historischen Schulen einmal abgesehen), sich entweder mit den Hintergründen befaßten oder aber die Shoah in ihrem Verlauf nachzuzeichnen versuchten; nie ist meines Wissens der Versuch unternommen worden, beide Ansätze ineinander zu integrieren. Für diese historiographische Arbeitsteilung mag es mehrere unbewußte Motive gegeben haben, vor allem bei Historikern, die die NS-Zeit persönlich erlebt hatten. Ihre emotionalen und geistigen Erfahrungen waren von weitgehend unverarbeiteten Brüchen geprägt, entweder auf der Ebene der unmittelbaren Erfahrung oder der geistig intellektuellen Entwicklung. Diese Brüche (man könnte hier den Begriff der Tiefenerinnerung in einem abgeschwächten Sinn verwenden) kommen in verschiedenen Aspekten ihrer Arbeit zum Vorschein, in mehr Aspekten, als an dieser Stelle analysiert werden können. Was die Generation nach ihnen betraf, so lehnte ihre Arbeit sich, wie mir scheint, eng an die vorgegebenen Muster an. Kurz gesagt: Trotz eines immensen Aufwandes an dokumentarischer und monographischer Forschung und Darstellung ist meiner Ansicht nach die Interpretation der Shoah in der jüdischen Geschichtsschreibung nach wie vor durch ideologische Verengung (wie zum Beispiel in dem Motiv von «Katastrophe und Erlösung») und eine lähmende Hemmung vor dem Versuch einer umfassenden Interpretation beeinträchtigt. Seit nunmehr fast fünfzig Jahren werden wir mit überladenen Deutungen auf der einen und bloßen Faktenaufzählungen ohne ein Mehr an Deutung oder Darstellung auf der anderen Seite konfrontiert. In diese Beurteilung möchte ich auch meine eigenen Arbeiten einschließen.

Über das Durcharbeiten

Freud definiert in «Jenseits des Lustprinzips» traumatische Erlebnisse als «Erregungen von außen, die stark genug sind, den Reizschutz zu durchbrechen». Er fährt fort: «Ich glaube, daß der Begriff des Traumas eine solche Beziehung auf eine sonst wirksame Reizabhaltung erfordert. Ein Vorkommnis wie das äußere Trauma wird gewiß eine großartige Störung im Energiebetrieb des Organismus hervorrufen und alle Abwehrmittel in Bewegung setzen.»[13]

Abgesehen von dem Bemühen, sich der schon genannten Abwehrmechanismen bewußt zu werden und sie zu überwinden, besteht das Problem für die Historiker der Shoah vor allem darin, bei der Auseinandersetzung mit den Echos einer traumatischen Vergangenheit immer wieder einen Ausgleich zwischen den den «Reizschutz» durchbrechenden Emotionen und einer im Dienst eben dieses Reizschutzes stehenden «Dickfelligkeit» herzustellen. Die geistige Auseinandersetzung mit der Shoah hat in der Tat eine abstumpfende und distanzierende Wirkung, die unvermeidlich und notwendig ist; ebenso notwendig sind aber auch heftige emotionale Reaktionen, die meist unerwartet eintreten.

«Durcharbeiten» bedeutet zunächst einmal, sich beider Tendenzen bewußt zu sein und, wenn immer möglich, die Balance zwischen beiden zu halten. Allerdings unterliegt weder der Abstumpfungsmechanismus noch der gelegentliche Durchbruch von Emotionen völlig der Kontrolle des Bewußtseins. Ein aufschlußreiches Beispiel hierfür bietet das maßgebende Werk von Raul Hilberg.[14] Es gelingt ihm darin besser als den meisten von uns, ein Gleichgewicht zwischen dem notwendigen Maß an «Abstumpfung» oder Distanziertheit und Momenten heftigster Emotionalität zu wahren. Doch gelegentlich leitet er einen Teil dieser Emotionalität in eine überzogen kritische Bewertung des Verhaltens der Opfer ab.

Einer der Hauptaspekte des Durcharbeitens liegt jedoch anderswo: Für den Historiker geht damit das Gebot einher, eine so wahrhaftige Darstellung zu liefern, wie die verfügbaren Dokumente und Zeugenaussagen es nur zulassen, *ohne sich zu vorschnellem Abschließen verleiten zu lassen.* Denn letzteres bedeutet, alles das zu vermeiden, was ungeklärt, unfaßbar und undurchsichtig bleibt. Oder anders ausgedrückt: Durcharbeiten heißt für den Historiker, sich dem Dilemma zu stellen, dem wir uns, wie Jean-François Lyotard gesagt hat, im Angesicht von «Auschwitz» zu entziehen versuchen: «Das Schweigen», schreibt Lyotard, «das den Satz ‹Auschwitz war ein Vernichtungslager› umgibt, ist kein Gemütszustand, sondern ein Zeichen dafür, daß etwas Ungeäußertes, Unbestimmtes zu äußern bleibt.»[15]

Solch eine Selbstwahrnehmung sollte ihrerseits der kritischen Deutung zugänglich sein. Daraus folgt, wie mir scheint, daß diese schwierige historiographische Aufgabe die sporadische, aber kraftvolle Gegenwart des Kommentars verlangt. Ob dieser Kommentar in die narrative Struktur einer historischen Abhandlung eingebettet ist oder als selbständiger Text beigefügt wird, ist frei entscheidbar, doch muß jedenfalls die Stimme des Kommentators deutlich hörbar sein. Der Kommentar sollte den selbstverständlich wirkenden linearen Fortgang der Darstellung unterbrechen, alternative Deutungsmöglichkeiten aufzeigen, diese oder jene Aussage kritisch hinterfragen und dem Drang zur abschließenden Deutung entgegenwirken. Weil keine historiographische Darstellung ohne eine narrative Strukturierung des Materials auskommt, könnte der Kommentator bruchstückhafte oder konstant wiederkehrende Reflexe einer traumatischen Vergangenheit einstreuen, indem er sich in eine beliebige Zahl unterschiedlicher Standpunkte hineinversetzt.

Die durch den Kommentar hinzugefügte Dimension könnte eine Integration der Erinnerung der Opfer in den allgemeinen Darstellungsrahmen ermöglichen, ohne daraus ein Hemmnis für eine «rationale Historiographie» zu machen. Wenn die historische Erzählung beispielsweise die gewöhnlichen Aspekte des Alltagslebens herausarbeiten würde, aus denen die Erfahrung der NS-Ära zum allergrößten Teil bestand, könnten die Erinnerungen der Opfer wenigstens auf der Ebene des Kommentars «Einspruch» erheben und das Gewebe jener Normalität durchreißen.

Die Wiedereinführung der individuellen Erinnerung in die Gesamtdarstellung der NS-Epoche impliziert auch den Gebrauch der zeitgenössischen sprachlichen Formen für die direkte und indirekte Darstellung dieser Erfahrung. Durcharbeiten heißt, in einem Bereich, in dem vorrangig von politischen Entscheidungen und staatlichen Verordnungen die Rede ist, die die Konkretheit von Verzweiflung und Tod neutralisieren, *sich mit der Stimme des einzelnen auseinanderzusetzen.* Die Alltagsgeschichte der deutschen Gesellschaft führt ihren natürlichen Schatten mit sich: die Alltagsgeschichte ihrer Opfer. In einem Brief vom Juni 1939 erzählt Walter Benjamin, daß die Wiener Gasanstalt «die Belieferung der Juden mit Gas eingestellt» hat, da vorzugsweise die größten unter den jüdischen Abnehmern das Gas zum Zweck des Selbstmords benutzt hätten und ihre Rechnungen unbezahlt geblieben seien.[16]

Sinn und Zweck eines so verstandenen Kommentars sollte es keinesfalls sein, «mittels Faktum und Fiktion, Dokument und imaginativer Rekonstruktion darüber nachzudenken, wie Geschichte gemacht wird».[17] Durcharbeiten bedeutet vielmehr eine Konfrontation mit den nackten konkreten Fakten, die andernfalls, wenn sie zu bloßen Daten kondensiert werden, ihr historisches Gewicht einbüßen. Raul Hilberg erwähnt den Bericht eines deutschen Truppenkommandeurs über den Einmarsch seiner Einheit in die russische Stadt Mariupol im Jahre 1941. Ohne ein weiteres Wort meldet er: «Die 8000 Juden von Mariupol sind erschossen worden.»[18] Durcharbeiten bedeutet letzten Endes, gegen die Grenzen der erforderlichen und immer überforderten Vorstellungskraft anzugehen.

Versuch eines Resümees

Ob man in der Shoah einen einzigartigen Vorgang sieht oder sie unter eine umfassendere historische Kategorie subsumiert, ändert nichts an der Möglichkeit, aus ihr bestimmte universell gültige Lehren zu ziehen. Schwierig wird es, wenn man diese Feststellung umkehrt. Keine universelle Lehre muß, so scheint es, in einen Bezug zur Shoah gesetzt werden, um gültig zu sein. Die Shoah beinhaltet einen Überschuß, und dieser Überschuß ist das «noch nicht Artikulierte, noch nicht Erfaßte».

Auf der individuellen Ebene scheint ein erlösendes Schlußwort in bezug auf die Shoah, ein Wort mit tröstender oder heilender Wirkung, so gut wie unmöglich, so wünschenswert es auch wäre. Auf der kollektiven Ebene dagegen wird, bei aller heute noch empfundenen Unerhörtheit der Ereignisse, die Zeit zweifellos den

Überschuß abbauen. Diese Entwicklung wird sich auch auf die Arbeit der meisten Historiker auswirken, eine Folge vielleicht dessen, was treffend als die «Entsublimierung» der Geschichtsschreibung bezeichnet worden ist.[19] Wir müssen uns daher, zumal eingedenk gewisser bereits zum Ritual gewordener Formen des Gedenkens, auf eine zunehmende Neigung zur abschließenden Beurteilung ohne wirkliche Bewältigung einstellen, zumindest im öffentlichen Bewußtsein.

Zwei Ausnahmen von dieser Voraussage sind denkbar: Entgegen den gegenwärtigen Tendenzen in der Geschichtsschreibung könnte der Versuch einer Schärfung des historischen Bewußtseins unternommen werden, wobei vielleicht einige der oben angestellten Überlegungen als Ausgangspunkt und Richtschnur dienen könnten.

Und dann ist eine wachsende Sensibilität für die Darstellung der Shoah in Literatur und Kunst zu konstatieren. Die Stimmen der zweiten Generation stehen den besten Arbeiten aus den Reihen der Zeitgenossen des Dritten Reichs an Kraft nicht nach. Die Sensibilisierung beschränkt sich nicht auf die Gruppe der Opfer. Manchmal meldet sie sich unerwartet aus einem anderen kulturellen Umfeld, wie im Fall eines indischen Romanciers, der gerade jetzt über die Shoah schreibt. Es ist ohne weiteres denkbar, daß für manche das Trauma, die moralische Ungeheuerlichkeit, das Rätsel, dessen Entschlüsselung niemals einen voll verständlichen Text zu ergeben scheint, eine andauernde emotionale und geistige Herausforderung bleiben wird. Ich möchte allerdings die Voraussage wagen, daß, selbst wenn sich neue Formen der Darstellung von Geschichte oder neue Formen ihrer Präsentation entwickeln sollten, und auch wenn Literatur und Kunst die Vergangenheit aus ungewohnten Blickwinkeln betrachteten, die Undurchsichtigkeit einer Tiefenerinnerung nicht aufgehoben würde. «Durcharbeiten» könnte am Ende darauf hinauslaufen, daß man, nach der Formulierung Maurice Blanchots, «wacht über eine abwesende Bedeutung».[20]

(Übersetzung: Karl Heinz Siber)

Eine integrierte Geschichte des Holocaust

Daß eine integrierte Geschichte des Holocaust notwendig ist, wurde mir erstmals im Laufe der Mitte und Ende der 1980er Jahre geführten Debatten klar. Ausschlaggebend war insbesondere die Auseinandersetzung mit Martin Broszat über das 1985 von ihm vorgelegte «Plädoyer für eine Historisierung des Nationalsozialismus». Eines der Argumente Broszats richtete sich gegen die traditionelle Schwarzweißdarstellung des Dritten Reiches, an deren Stelle ein Bild in abgestuften Grautönen treten sollte. Broszats kaum verhüllter Subtext, der im Zuge unseres 1988 geführten Briefwechsels zutage trat, besagte, die Wahrnehmung der jüdischen Überlebenden von dieser Vergangenheit sei ebenso wie die ihrer Nachkommen zwar «achtenswert», aber sie stelle doch eine mythische Erinnerung dar, die einer rationalen deutschen Geschichtsschreibung ein Hindernis in den Weg lege, das zu einer Vergröberung führe.

Diese Auffassung verewigte die intellektuelle Abtrennung der Geschichte der Juden während der NS-Zeit und überließ ihre Bearbeitung bestenfalls jüdischen Historikern. Meine Arbeit,[1] mit der ich 1990 begann, sollte zeigen, daß im Hinblick auf den professionellen Umgang mit diesem Gegenstand eine Unterscheidung zwischen Historikern unterschiedlicher Herkunft nicht gerechtfertigt ist; *sämtliche* Historiker, die sich mit diesem Thema befassen, müssen sich über ihre unvermeidlich subjektive Herangehensweise im klaren sein und genügend selbstkritische Einsicht aufbringen können, um diese Subjektivität unter Kontrolle zu halten. Mir kam es in erster Linie darauf an, auch die jüdische Dimension in eine integrierte historische Erzählung einzubeziehen.

In dieser kurzen Darstellung befasse ich mich zunächst mit dem Begriff einer integrierten Geschichte des Holocaust, wende mich dann einigen Entscheidungen hinsichtlich der Erzählweise und der Interpretation zu, die ein derartiger Ansatz erforderlich macht, und schildere schließlich einige Probleme, die bei dieser Form der Geschichtsdarstellung auftreten können.

Integrierte Geschichte

David Moffie wurde am 18. September 1942 an der Universität Amsterdam zum Doktor der Medizin promoviert. Auf einer anläßlich dieses Ereignisses aufgenommenen Photographie stehen Professor Ariens Kappers, Moffies Doktorvater, und Professor H. T. Eeelman zur Rechten des frischgebackenen Doktors der Medizin, der Assistent D. Granaat zu seiner Linken. Ein weiteres Mitglied des Lehrkörpers, das von hinten zu sehen ist, möglicherweise der Dekan der Medizinischen Fakultät, steht ihnen gegenüber auf der anderen Seite eines großen Schreibtisches. Im undeutlich auszumachenden Hintergrund erkennt man mit Mühe die Gesichter eines Teils der Menschen, die sich in dem ziemlich kargen Saal versammelt haben und bei denen es sich zweifellos um Familienmitglieder und Freunde handelt. Die Angehörigen des Lehrkörpers sind in ihre akademischen Festgewänder gekleidet, während Moffie und Assistent Granaat einen Smoking und einen weißen Schlips tragen. Auf der linken Seite seiner Smokingjacke trägt Moffie einen handtellergroßen Judenstern, auf dem das Wort «Jood» geschrieben steht. Moffie war der letzte jüdische Student an der Universität Amsterdam in der Zeit der deutschen Besatzung! Kurze Zeit später wurde er nach Auschwitz-Birkenau deportiert. Er gehörte schließlich zu den 20 Prozent der niederländischen Juden, die überlebten; derselben Statistik zufolge kam der größte Teil der bei der Zeremonie anwesenden Juden nicht mit dem Leben davon.

Das Bild wirft einige Fragen auf. Wie war es möglich, daß die Zeremonie am 18. September 1942 stattfand, obgleich jüdische Studenten mit Wirkung von diesem Datum an aus den niederländischen Universitäten ausgeschlossen wurden? Die Herausgeber des Bandes «Photography and the Holocaust» fanden die Antwort: Der letzte Tag des akademischen Jahres 1941/42 war Freitag, der 18. September 1942; das Semester 1942/43 begann am Montag, dem 21. September 1942. Die dreitägige Unterbrechung machte es möglich, daß Moffie die Doktorwürde verliehen bekam, bevor der Ausschluß jüdischer Studenten obligatorisch wurde. Mit anderen Worten: Die Universitätsbehörden erklärten sich bereit, den administrativen Kalender entgegen den Intentionen des deutschen Erlasses anzuwenden. Diese Entscheidung signalisierte eine Haltung, die an niederländischen Universitäten seit Herbst 1940 weit verbreitet war; die Photographie dokumentiert einen Akt des Trotzes, des Umgehens von Gesetzen und Verfügungen des Besatzers.

Es gibt noch mehr zu sagen. Die Deportationen aus den Niederlanden begannen am 14. Juli 1942. Fast jeden Tag verhafteten die Deutschen und die einheimische Polizei auf den Straßen niederländischer Städte Juden, um ihr wöchentliches Soll zu erfüllen. Moffie hätte an dieser öffentlichen akademischen Zeremonie nicht teilnehmen können, wenn er nicht eine der speziellen (und zeitlich beschränkten) 17 000 Ausnahmebescheinigungen erhalten hätte, welche die Deutschen dem Judenrat zuteilten. Indirekt erinnert das Bild somit an die Kontroverse um die Methoden, welche die Oberhäupter des Rates anwandten, um zumindest vorübergehend einige der Juden Amsterdams zu schützen und die große Mehrheit der niederländischen und ausländischen Juden ihrem Schicksal zu überlassen.

Das auf Moffies Jackett aufgenähte «Jood», das dem frischgebackenen Dr. med. die Ermordung verhieß, erscheint, wie wir alle wissen, nicht in Blockbuchstaben oder in irgendeiner anderen gebräuchlichen Schrift. Die Schriftzeichen waren eigens für diesen Zweck entworfen worden (und in den Sprachen der Länder, aus denen die Deportationen vorgenommen wurden, ähnlich gezeichnet: «Jude», «Juif», «Jood» usw.); sie hatten eine krumme, abstoßende und unbestimmt bedrohliche Form, die an das hebräische Alphabet erinnern und doch leicht entzifferbar bleiben sollte. Diese Aufschrift mit ihrer eigentümlichen Gestaltung läßt die auf der Photographie abgebildete Situation in ihrer Quintessenz sichtbar werden; die Deutschen waren versessen darauf, die Juden als Individuen auszurotten und das auszulöschen, was der Stern und seine Inschrift repräsentierten: «den Juden».

So vermittelt ein einziger Schnappschuß dem Betrachter eine Ahnung von einer Vielzahl von Interaktionen zwischen deutschen ideologischen Halluzinationen und Verwaltungsmaßnahmen, niederländischen Institutionen und individuellen Entscheidungen, jüdischen Institutionen und, im Mittelpunkt von alledem, dem Schicksal eines einzelnen Juden. In Worte übersetzt, in seinem Kontext erzählt, auf unterschiedlichen Bedeutungsebenen interpretiert, läßt sich das Bild als metonymische Repräsentation einer Geschichte mit vielen Facetten ansehen, eines Unternehmens, das sich als eine integrierte Geschichte des Holocaust definieren ließe.

Eine integrierte Geschichte des Holocaust ist aus mehreren Gründen notwendig. *Erstens* läßt sich diese Geschichte nicht auf deutsche Entscheidungen und Maßnahmen beschränken, sie muß vielmehr diejenigen von Behörden, Institutionen und den unterschiedlichsten gesellschaftlichen Gruppen der besetzten Länder und der Satellitenstaaten im von Deutschen kontrollierten Europa einbeziehen. *Zweitens* ist es offenkundig, daß in jedem Stadium jüdische Wahrnehmungen und Reaktionen (ob kollektiv oder individuell) ein untrennbarer Bestandteil dieser Geschichte waren und man sie somit im Hinblick auf eine allgemeine historische Darstellung nicht als separaten Bereich ansehen kann. Und schließlich *drittens* verbessert eine gleichzeitige Darstellung von Ereignissen, die sich auf allen Ebenen und an verschiedenen Orten abgespielt haben, die Wahrnehmung der Größe, der Komplexität und wechselseitigen Verflochtenheit der gewaltigen Zahl von Komponenten dieser Geschichte. Ich will diese drei Punkte näher skizzieren.

Die Tatsache, dass die Geschichte der Vernichtung der Juden Europas nicht an den Grenzen des Deutschen Reiches haltmacht und sich nicht nur auf deutsche Entscheidungen beschränkt, brauchen wir nicht näher auszuführen. Von Bedeutung im Rahmen des großen Netzwerks aus Initiativen, Unterstützung und Hinnahme ist jedoch möglicherweise das Ausmaß der Informationen über die Vernichtung der Juden, die schon früh in ganz Europa (einschließlich Deutschlands natürlich) zur Verfügung standen. Am

18. Juni 1942 schrieb der Zahlmeister der Reserve H. K. aus Brest-Litowsk nach Hause: «In Bereza-Kartuska, wo ich Mittagsstation machte, hatte man gerade am Tage vorher etwa 1300 Juden erschossen. (...) Männer, Frauen und Kinder mußten sich dort völlig ausziehen und wurden durch Genickschuß erledigt. Die Kleider wurden desinfiziert und wieder verwendet. Ich bin der Überzeugung: Wenn der Krisg noch länger datiert, wird man die Juden auch noch zu Wurst verarbeiten und den russischen Kriegsgefangenen oder den gelernten jüdischen Arbeitern vorsetzen müssen.» Einige Monate später schrieb Soldat S. M., der auf dem Weg zur Front war, aus der Stadt Auschwitz: «Juden kommen hier, das heißt in Auschwitz, wöchentlich 7000 an, die nach kurzem den ‹Heldentod› sterben.» Und er fügte hinzu: «Es ist doch gut, wenn man einmal in der Welt umher kommt (...).»

In Minden hatten die Einwohner das Schicksal der aus ihrer Stadt Deportierten schon im Dezember 1941 erörtert und öffentlich davon gesprochen, daß Juden, die nicht arbeitsfähig seien, erschossen würden. Einige Wochen später, im Februar 1942, notierte Bischof Wilhelm Berning aus Osnabrück, es gebe einen Plan, sämtliche Juden zu vernichten. Schon sehr bald erreichte diese Information nicht nur die Bevölkerung der osteuropäischen Länder, sondern auch Behörden in neutralen Staaten, vor allem in der Schweiz und in Schweden, sowie zentrale religiöse und humanitäre Institutionen. Solches Wissen zu einem frühen Zeitpunkt verleiht der Reaktion staatlicher Stellen im neutralen Europa ebenso wie der des Vatikans oder des Internationalen Komitees vom Roten Kreuz gerade zu dem Zeitpunkt, als die Vernichtung ihr volles Ausmaß erreichte – im Frühsommer 1942 –, eine zusätzliche Dimension.

Bislang ist die jüdische Dimension kaum in allgemeine Untersuchungen über diese Epoche einbezogen worden. Und wenn in der hauptsächlich nichtjüdisch orientierten Geschichtsschreibung auf diese Dimension angespielt wird, gibt es die Tendenz, dabei vorwiegend auf institutionell-kollektives jüdisches Verhalten einzugehen: auf die Entscheidungen jüdischer Führungsgruppen oder auf einige der bekanntesten Widerstandsversuche. Doch von ihrer grundlegenden historischen Bedeutung her spielte sich die

Interaktion zwischen den Juden in den besetzten Ländern und den Satellitenstaaten Europas, den Deutschen und der umwohnenden Bevölkerung hauptsächlich auf einer weit elementareren Ebene ab. Von Anfang an stellten alle Schritte, die von einzelnen Juden oder jüdischen Gruppen unternommen wurden, um die Bemühungen der Nazis zu stören, ein Hindernis, wie geringfügig es auch immer gewesen sein mag, auf dem Weg zur vollständigen Vernichtung dar: ob es darum ging, Beamte, Polizisten oder Denunzianten zu bestechen, Familien dafür zu bezahlen, daß sie Kinder oder Erwachsene verstecken, in die Wälder oder ins Gebirge zu fliehen, sich in kleine Dörfer oder in große Städte zurückzuziehen, zu konvertieren, sich Widerstandsgruppen anzuschließen, Lebensmittel zu stehlen oder sonst etwas zu tun, das zum Überleben führte. Auf dieser Mikroebene müssen jüdische Reaktionen und Initiativen untersucht und in die umfassenderen Bereiche dieser Geschichte integriert werden. Auf dieser Mikroebene ist ein großer Teil der Geschichte eine von Individuen.

Die Geschichte der Vernichtung des europäischen Judentums auf der individuellen Ebene läßt sich aus der Perspektive der Opfer nicht nur auf Grund von Aussagen vor Gericht, Interviews und Memoiren rekonstruieren, sondern auch mit Hilfe der ungewöhnlich großen Zahl von Tagebüchern (und Briefen), die während der Ereignisse geschrieben und im Laufe der nachfolgenden Jahrzehnte aufgefunden wurden. Diese Tagebücher und Briefe schrieben Juden aller Länder, aller Lebensbereiche, aller Altersgruppen, die entweder unter unmittelbarer deutscher Herrschaft oder mittelbar in der Sphäre der Verfolgung lebten. Selbstverständlich muß man die Tagebücher mit derselben kritischen Aufmerksamkeit benutzen wie jedes andere Dokument. Als Quellen für die Geschichte jüdischen Lebens während der Jahre der Verfolgung und Vernichtung bleiben sie jedoch unersetzlich. Hunderte, wahrscheinlich Tausende von Zeugen vertrauten ihre Beobachtungen der Verschwiegenheit ihrer privaten Aufzeichnungen an. Diese Zeugnisse schildern in allen Einzelheiten die Initiativen und die alltägliche Brutalität der Täter, die Reaktionen der Bevölkerung, das Leben und die Vernichtung ihrer Gemeinden; aber sie halten auch die Welt ihres Alltags fest, die von Verzweiflung, Gerüchten, Illusionen und Hoffnung bestimmt ist, welche sich fortwährend abwechseln, meist bis zum Ende,

«Mein lieber Papa, traurige Nachrichten. Nach meiner Tante bin ich an der Reihe fortzugehen.» So begann die hastig mit Bleistift geschriebene Postkarte, die die 17-jährige Louise Jacobson am 12. Februar 1943 aus Drancy an ihren Vater schickte, der sich noch in Paris aufhielt. «Ich bin sehr zuversichtlich», fuhr sie fort, «so wie alle hier. Mach Dir bitte keine Sorgen, Papa. Erstens fahren wir unter sehr guten Bedingungen los. Ich habe in dieser Woche sehr, sehr gut gegessen. Ich habe nämlich eine Berechtigung für zwei weitere Pakete erhalten. Das erste stammt von einer Freundin, die schon deportiert worden ist, und das zweite von Tante Rachel. Und dann kam ja auch noch eins von Dir, genau im richtigen Moment. (...) Wir fahren morgen früh ab. Ich bin mit Freunden zusammen, denn morgen werden sehr viele abgeholt. Ich habe meine Uhr und den Rest meiner Sachen bei zuverlässigen Leuten aus meinem Zimmer hinterlassen. Lieber Papa, ich küsse Dich hunderttausendmal von ganzem Herzen. *Courage et a bientôt*, Deine Tochter Louise». Am 13. Februar 1943 fuhr Louise in Transport Nr. 48 zusammen mit 1000 anderen französischen Juden nach Auschwitz. Eine überlebende Freundin, eine Chemieingenieurin, war während der Selektion mit ihr zusammen. «Sag, du bist Chemikerin», hatte Irma geflüstert. Als Louise an der Reihe war und sie nach ihrem Beruf gefragt wurde, antwortete sie: «Studentin»; sie wurde nach links, in die Gaskammer, geschickt.

Solche persönlichen Chroniken, solche individuellen jüdischen Stimmen sind die unmittelbarsten Zeugnisse von Dimensionen laufender Ereignisse, die in anderen Quellen gewöhnlich nicht wahrgenommen werden. Wie Blitzlichter, die Teile einer Landschaft erhellen, bestätigen sie Ahnungen, sie warnen uns vor vorschnellen Verallgemeinerungen, sie durchbrechen die Selbstgefälligkeit wissenschaftlicher Distanziertheit. Häufig wiederholen sie nur das, was bekannt war, aber sie drücken es mit unvergleichlicher Eindringlichkeit aus. So brachte im Rahmen ihrer Erinnerungen an die Ermordung von etwa 12 000 Juden in Stanislawow am 12. Oktober 1941 die junge Tagebuchschreiberin Elsa Binder das Schicksal ihrer beiden Freundinnen Tamarczyk und Esterka zur Sprache: «Ich hoffe», schrieb Elsa, «daß der Tod gut zu Tamarczyk war und sie gleich geholt hat. Und daß sie nicht leiden mußte wie ihre Gefährtin Esterka, bei der man mit ansehen mußte, wie sie erwürgt wurde.»

Schließlich erweitert die integrierte Darstellung – das ist der dritte Punkt – die historische Wahrnehmung des Holocaust um eine wesentliche Dimension; sie braucht nicht transnational zu sein. Sie kann sich auf verschiedene Ereignisse beziehen, die gewöhnlich nicht miteinander verknüpft werden und die sich zu gleicher Zeit und in ein und demselben Land abspielten. Ende Dezember 1941 war die Entscheidung zur Vernichtung aller Juden Europas gefällt worden. Zur gleichen Zeit gab die Hauptvertretung der Deutschen Evangelischen Kirche, die Kirchenkanzlei, als Reaktion auf eine stark antisemitische Erklärung einer Reihe deutschchristlicher Kirchen eine Verlautbarung heraus, in der sie getauften Juden jegliche Solidarität versagte: «Der Durchbruch des rassischen Bewußtseins in unserem Volk, verstärkt durch die Erfahrungen des Krieges und entsprechende Maßnahmen der politischen Führung, haben die Ausscheidung der Juden aus der Gemeinschaft mit uns Deutschen bewirkt. Dies ist eine unbestreitbare Tatsache, an welcher die deutschen Evangelischen Kirchen nicht achtlos vorübergehen können. Wir bitten daher im Einvernehmen mit dem Geistlichen Vertrauensrat der Deutschen Evangelischen Kirche die obersten Behörden, geeignete Vorkehrungen zu treffen, daß die getauften Nichtarier dem kirchlichen Leben der deutschen Gemeinde fernbleiben.»

Die Bekennende Kirche protestierte, aber ihr Protest war der einer Minderheit und machte keine Gegenmaßnahmen erforderlich. Wenige Wochen zuvor hatten mehrere katholische Bischöfe einen Text kursieren lassen, in dem Unterstützung für konvertierte deutsche Juden, die man in den «Osten» geschickt hatte, zum Ausdruck kommen sollte. Die Mehrheit der Bischofskonferenz lehnte jeden derartigen Schritt, mochte er auch noch so zaghaft formuliert sein, ab. Selbstverständlich gingen weder Protestanten noch Katholiken auf das Schicksal der nicht getauften Juden ein. Mit anderen Worten: Als die Deportationen aus Deutschland begannen und vor allem, als die ersten Vernichtungsstätten in Betrieb genommen wurden, konnten sich Hitler und seine Helfer auf die Passivität der einzigen Gegenkraft verlassen, die einst das Regime wegen seiner verbrecherischen Politik herausgefordert hatte.

Die Gleichzeitigkeit der Entscheidung, alle Juden Europas zu ermorden, und des erklärten Nichteingreifens der christlichen Kirchen zugunsten getaufter Juden stellt die Frühphase der «Endlösung» in ihren umfassenderen deutschen Kontext. Eben dieser Kontext nimmt eine weitere sowohl tragische als auch ironische Bedeutung an, denn zur selben Zeit feierten Juden im Reich und im gesamten besetzten Europa ihre bevorstehende Befreiung, weil die sowjetischen Armeen vor Moskau erste Erfolge verzeichneten. Nur in Wilna und etwas später in Warschau wurde winzigen Gruppen klar, daß die allgemeine Vernichtung gerade erst anlief.

Erzählung und Interpretation

Es mag ungewöhnlich sein, bei der Erörterung eines historischen Projekts, bei dem per Definition alle Aufmerksamkeit der Begriffsbildung und Interpretation gelten sollte, Problemen der Erzählung Raum zu geben. Tatsächlich aber haben diese Probleme mein Unternehmen beinahe zum Scheitern gebracht. Wir haben es mit Ereignissen zu tun, die sich in Deutschland, in sämtlichen besetzten Ländern und Satellitenstaaten Europas und darüber hinaus abgespielt haben. Wir haben es mit Institutionen und individuellen Stimmen, mit Ideologien und religiösen Traditionen zu tun. Keine allgemeine Geschichte des Holocaust kann der Interaktion dieser Vielfalt von Elementen gerecht werden, wenn sie sie nach Art eines Lehrbuchs isoliert nebeneinander darstellt. Wenn man das Schicksal einzelner Juden, hauptsächlich Verfasser von Tagebüchern, verfolgt, also eine Zeitspanne darstellt, die sich vom Kriegsbeginn in den meisten Fällen bis zu ihrem Lebensende erstreckt, wird eine chronologische Entfaltung des Gesamtprozesses unvermeidlich.

Plötzliche Schnitte in der Erzählung, gefolgt von abrupten Perspektivwechseln, sind Verfahrensweisen, die im Film, aber kaum in der Geschichtsschreibung üblich sind. Ich habe mich jedoch entschlossen, diese Methoden in meiner Arbeit zu verwenden, weil sie die einzig mögliche Lösung für ein anders nicht zu lösendes Dilemma darstellen. Mein Projekt erzwang überdies eine teilweise Rückkehr zur Chronik, aber, darauf hat der Historiker Dan Diner hingewiesen, nicht zu einer Form, die der Begriffsbildung vorausgegangen wäre; die Chronik blieb die einzige Zuflucht, nachdem ich andere Interpretationsrahmen ausprobiert und für unzulänglich befunden hatte. Allerdings schließt eine derartige Form der chronologisch berichtenden Darstellung parteiische Interpretationen nicht aus, und ebensowenig können Annahmen über den allgemeinen historischen Kontext des Holocaust – etwa die Krise des Liberalismus in Europa – oder, pointierter, allgemeine Thesen über den historischen Ort der Vernichtung der Juden im breiten Spektrum der Zielsetzungen der Nazis ausgeschlossen werden.

Dieser Punkt führt mich zum Hauptproblem der Interpretation: zur zentralen Stellung des Holocaust in der Geschichte des Nationalsozialismus. Die Verfechter des Historisierungskonzepts betonten, die Verbrechen der Nazis seien zunächst deswegen in den Mittelpunkt der Geschichte des Dritten Reiches gerückt, um den Erfordernissen der Kriegsverbrecherprozesse zu genügen. Später seien, derselben Argumentation zufolge, die Konzentration auf die verbrecherische Dimension des Dritten Reiches und seine Schwarzweißdarstellung für eine volkspädagogische Geschichtsschreibung unabdingbar geworden; außerdem sei diese Schwerpunktsetzung das Ergebnis der mythischen Erinnerung der Überlebenden. Aus dieser Sicht war 40 Jahre nach Kriegsende die Zeit reif, die verbrecherische Politik des Regimes in einen umfassenderen und differenzierteren Kontext zu stellen, in dem die Juden nicht mehr notwendigerweise im Mittelpunkt standen. Im Sinne dieses historischen Trends war die Verfolgung und Vernichtung der Juden Europas nur ein sekundärer Aspekt von Maßnahmen, mit denen ganz andere Ziele verfolgt wurden, etwa die Herstellung eines neuen wirtschaftlichen und demographischen Gleichgewichts im besetzten Europa durch die Ermordung überschüssiger Bevölkerungsteile, die Neuverteilung und Dezimierung von

Bevölkerungsgruppen zur Erleichterung der deutschen Kolonisierung im Osten oder, wie kürzlich ausgeführt, die systematische Ausplünderung der Juden Europas, um das Führen des Krieges zu ermöglichen, ohne die deutsche Gesellschaft allzu sehr zu belasten, oder, genauer gesagt, um die wirtschaftlichen und gesellschaftlichen Ziele von Hitlers *Volksstaat* nicht zu gefährden. Eine Reihe dieser Interpretationen, insbesondere die letztgenannte, haben in Deutschland ein großes Echo gefunden.

Ein derartiger Ansatz kann jedoch keine Antwort auf grundlegende Fragen geben: Warum entschloß sich Hitler, die Juden zu vernichten, während er sie aller Besitztümer beraubte? Warum entschied er persönlich im Herbst 1943, die Deportation der Juden Dänemarks und Roms zu forcieren, obgleich beide Operationen mit großen Risiken behaftet waren (es bestand die Möglichkeit, daß es in Dänemark zu Unruhen kommen und daß der Papst öffentlich Protest einlegen würde) und ihr «Nutzen» gleich Null war? Warum schlug Himmler die wiederholten Bitten der Wehrmacht ab, jüdische Facharbeiter von der Vernichtung auszunehmen? Die sekundäre Funktion, die der antijüdischen Politik zugeschrieben wird, paßt auch nicht zu scheinbar marginalen, aber bezeichnenden anderen Vorgängen: Der Reichsführer SS verlangte persönlich von Finnlands Ministerpräsidenten, sein Land möge seine 30 bis 40 ausländischen Juden an die Deutschen ausliefern; im Juli 1944 wurden die kleinen, verarmten sephardischen jüdischen Gemeinden auf den Ägäischen Inseln deportiert; noch wenige Tage vor der Befreiung von Paris wurden Hunderte von jüdischen Kindern festgenommen und aus Frankreich nach Auschwitz abtransportiert.

Der einzige Ansatz, der mir in einer integrierten Geschichte des Holocaust möglich erscheint, muß die Behandlung der Juden unmittelbar ins Zentrum der Weltanschauung des Regimes und seiner Strategien rücken. «Im großen und ganzen kann man sagen», notierte Goebbels Ende April 1944 nach einem langen Gespräch mit Hitler, daß eine langfristige Politik in diesem Krieg nur möglich ist, wenn man von der Judenfrage ausgeht.» Diese Wahnvorstellung wurde von Hitlers engsten Mitarbeitern, von Dienststellen der Partei und des Staates, von Beamten und Technokraten auf allen Ebenen des Systems sowie von bedeutenden Teilen der Bevölkerung begeistert unterstützt und umgesetzt. Die «Logik», die hinter dieser judenfeindlichen Leidenschaft stand, wurde von der Propaganda ständig wiederholt. Wie Jeffrey Herf gezeigt hat, zeichnete diese Propaganda ein immer bedrohlicheres Bild «des Juden» als tödlichen und unbarmherzigen Feind des Reiches, der zu dessen Vernichtung entschlossen war. So entschied sich Hitler im Rahmen eben dieser halluzinatorischen Logik, als das Reich an beiden Fronten, im Osten wie im Westen, kämpfen mußte, ohne daß Hoffnung auf einen raschen Sieg bestand und als erste Andeutungen der Niederlage erkennbar wurden, für die sofortige Vernichtung. Sonst würden, so sah er es, die Juden ebenso wie 1917/1918 Deutschland und das neue Europa von innen heraus zerstören. Als sich die militärische Lage zuspitzte, wurde die Vernichtung bis zum Äußersten beschleunigt.

Beantwortbare und unbeantwortbare Fragen

Eine integrierte Geschichte führt zu vergleichenden Fragestellungen sowie zu allgemeineren Zusammenhängen, die man sonst nur undeutlich wahrnimmt. Ein wichtiges Beispiel könnte die Frage nach der jüdischen Solidarität angesichts der Katastrophe sein. Die deutsche jüdische Führung versuchte Ende 1939 und Anfang 1940, gefährdeten polnischen Juden die Emigration aus dem Reich nach Palästina zu versperren, um alle Auswanderungsmöglichkeiten deutschen Juden vorzubehalten; die alteingesessene französische jüdische Führung (das *Consistoire)* forderte von der Vichy-Regierung unablässig eine klare Unterscheidung zwischen einheimischen und ausländischen Juden hinsichtlich ihres Status und der ihnen zustehenden Behandlung. Die Judenräte in Polen – insbesondere in Warschau – gestanden Angehörigen der einheimischen Mittelklasse, die sich Bestechungsgelder leisten konnten, ein Bündel von Privilegien zu, während die Armen, die Flüchtlinge aus den Provinzen und die Masse derer, die über keinerlei Einfluß verfügten, zunehmend gezwungen waren, Sklavenarbeit zu verrichten, oder in Hunger und Tod getrieben wurden. Nachdem die Deportationen begonnen hatten, machten ortsansässige Juden in Lodz Front gegen Deportierte aus dem Westen. In Westerbork schützten sich deutsche Juden, die Elite des Lagers, die eng mit den deutschen Kommandanten zusammenarbeitete, damit, daß sie niederländische Juden auf die Abgangslisten setzten, während sich zuvor die niederländische jüdische Elite sicher gefühlt hatte und davon überzeugt gewesen war, daß nur Flüchtlinge (vor allem deutsche Juden) in die inländischen Lager geschickt und dann deportiert werden würden. Der Haß der getauften Juden auf ihre jüdischen Brüder im Warschauer Ghetto ist berüchtigt.

Es sollte jedoch erwähnt werden, daß ungeachtet aller Spannungen weitverbreitete Wohlfahrtsanstrengungen sowie Bildungs- und Kulturaktivitäten in vielen jüdischen Gemeinden allen offenstanden. Überdies zeigte sich eine Festigung der Bindungen innerhalb kleiner Gruppen, denen ein bestimmter politischer oder religiöser Hintergrund gemeinsam war. Typische Fälle waren politische Jugendgruppen in den Ghettos, jüdische Pfadfinder in Frankreich und natürlich die eine oder andere Gruppe orthodoxer Juden. Wenn wir uns das große Bild ansehen, können wir zu dem Schluß kommen, daß meist spezifische ethnisch-kulturelle, politische oder religiöse Bindungen, die Untergruppen miteinander teilten, Vorrang vor allen Verpflichtungen[4] hatten, die von einer gemeinsamen *Jewishness* herrührten.

Während Vergleiche, die zum Wesen einer integrierten Geschichte gehören, in einer Reihe von Fällen unsere Wahrnehmung grundsätzlicher Probleme fördern, werfen sie gelegentlich auch Fragen auf, die keine eindeutige Antwort zulassen. So schrieb am 27. Juni 1945 die jüdisch-österreichische Chemikerin Lise Meitner, die 1939 von Deutschland nach Schweden emigriert war, an ihren ehemaligen Kollegen und Freund Otto Hahn, der seine Arbeit im Reich fortgesetzt hatte. Nach der Feststellung, er und die wissenschaftliche Gemeinschaft in Deutschland hätten vieles über die sich verschärfende Verfolgung der Juden gewußt, fuhr Meitner fort: «Ihr habt auch alle für Nazi-Deutschland gearbeitet und habt nie auch nur passiven Widerstand versucht. Gewiß, um Euer Gewissen loszukaufen, habt Ihr hier und da einem bedrängten Menschen geholfen, aber Millionen Unschuldiger hinmorden lassen, und keinerlei Protest wurde laut.» Meitners *cri de cœur*, der an Hahn und damit an die prominentesten Naturwissenschaftler Deutschlands gerichtet war, von denen keiner ein aktives Parteimitglied, keiner in verbrecherische Aktivitäten verwickelt gewesen war, hätte ebensogut der gesamten intellektuellen und geistlichen Elite des Reiches (selbstverständlich mit einigen Ausnahmen) sowie weiten Teilen der Eliten in den besetzten Ländern und den Satellitenstaaten Europas gelten können.

Ein noch beunruhigenderer Aspekt derselben Frage zeichnet sich mit Blick auf die Haltung der christlichen Kirchen ab. In Deutschland hat – wiederum mit Ausnahme weniger, von denen keiner den höheren Rängen der evangelischen oder der katholischen Kirche angehörte – kein protestantischer Bischof, kein katholischer Prälat öffentlich gegen die Vernichtung der Juden protestiert. Als Männer guten Willens wie Bischof Konrad Preysing aus Berlin oder der württembergische Bischof Theophil Wurm, die Stimme der Bekennenden Kirche, angewiesen wurden, ihre Versuche des vertraulichen Protestes einzustellen, fügten sie sich.

Und wenn wir berücksichtigen, daß sich im allgemeinen – sieht man von begrenzten Protesten in den Niederlanden und von denjenigen mehrerer französischer Bischöfe ab, die in einigen Fällen widerrufen wurden – die deutsche Situation in den meisten Ländern des besetzten Europas wiederholte, dann erhält diese Frage ihr volles Gewicht. Daß keine nennenswerte Anzahl von Persönlichkeiten, die zur intellektuellen oder geistlichen Elite Europas zählten, öffentlich ihre Stimme gegen die Ermordung der Juden erhob, läßt sich leicht verstehen. Daß auf der gesamten europäischen Bühne nicht einmal einige wenige Stimmen in diesem Sinne laut wurden, ist verwirrend. Daß in Deutschland nicht eine einzige Persönlichkeit von Format bereit war, sich zu Wort zu melden, bleibt ebenso wie zahlreiche andere Aspekte dieser Geschichte eine fortwährende Quelle der Fassungslosigkeit.

(Übersetzung: Martin Pfeiffer)

«Der Judenhaß steckt tiefer, als man denkt»

Gespräch mit Martin Doerry

Herr Professor Friedländer, Sie wurden 1932 in Prag geboren, flüchteten mit Ihren Eltern vor den Nazis nach Frankreich, dann ging es weiter nach Israel und in die Schweiz, und heute leben Sie in Los Angeles. Gibt es so etwas wie eine Identität oder eine Heimat, die mit all dem in Einklang steht?
Ich fühle mich nirgendwo wirklich zu Hause. Selbstverständlich nicht in Los Angeles, obwohl ich – mit Unterbrechungen – schon 19 Jahre hier bin. In Tel Aviv hat man mich in den Ruhestand verabschiedet, hier in Los Angeles lehre ich noch an der Universität. Das ist der Grund, warum ich eigentlich hier bin. Aber es könnte wohl sein, daß ich nach Europa zurückgehe, wenn ich auch hier pensioniert werde. Ich fühle mich nicht in Amerika zu Hause, auch nicht in Frankreich, nicht in der Schweiz, und, wissen Sie, auch nicht in Israel. Obwohl ich heutzutage sowohl Amerikaner als auch Israeli bin. Wenn Sie das Land oder die Kultur als Zentrum nehmen, dann bin ich nirgendwo oder überall ein bißchen zu Hause. Wenn es um meine Identität geht, dann findet sie sich – und das ist wirklich keine Floskel – in der Auseinandersetzung mit der NS-Zeit und dem Holocaust.

Ich verstehe, daß Sie in der Erforschung des Nationalsozialismus und der Judenverfolgung Ihre Lebensaufgabe sehen. Aber vielleicht ist ja das Judentum Ihre wirkliche Heimat?
Nein. Ich bin areligiös, total. Es war auch bei meinen Eltern in Prag so. Während des Krieges hat man mich zum Katholiken gemacht, danach war ich die ersten Jahre Israeli, aber auch mit gemischten Gefühlen, und ging dann zurück nach Frankreich, um zu studieren. Später habe ich, wieder in Israel, mit Schimon Peres im Verteidigungsministerium gearbeitet. Schließlich ging es zurück nach Genf, an die Universität. Vom Jüdischen – im strikten

Sinne – finden Sie bei mir keine Spur. Aber wenn man mich fragt: «Was bist du eigentlich?», dann bin ich Jude.

Welche Rolle spielt Ihre Muttersprache Deutsch?
Mein Vater hat ja noch in der österreichisch-ungarischen Armee gedient. Die Verwurzelung meiner Familie in der deutschen Kultur war schon deutlich. Dazu kann ich Ihnen eine kleine Anekdote erzählen: Als ich als Kind nach Frankreich ins Heim kam, hatte ich das Deutsche bald ganz vergessen, auch Tschechisch. Aber ich habe sehr viel im Schlaf gesprochen, schon wegen Streß und Kummer. Und die Kinder sagten immer – in unserem Schlafsaal wohnten ja 40 Knaben: «Du sprichst im Schlaf eine andere Sprache.» Aber ich wußte nicht, welche. Und als ich nach Israel kam, wohnte ich eine kurze Zeit bei meinem Onkel in einem Dorf, das ganz deutsch geprägt war. Und binnen weniger Wochen ist mir das Deutsch ganz zurückgekommen, ebenso wie das Tschechische, das ich hier und da dort hörte. Es gibt also noch diese kulturelle Identifizierung, eine wenn auch tiefliegende Schicht.

Identität besteht aus mehreren Schichten?
Aus mehreren Schichten, horizontal und vertikal.

Sie haben es eben angedeutet: Das Judentum als Kultur spielte in Ihrer Familie keine Rolle. Sie haben auch die jüdischen Feiertage nicht befolgt?
Nein, nichts. Nicht einmal Jom Kippur. Es gibt ja sehr assimilierte Juden, die doch noch wegen Rosch Haschana oder Jom Kippur in die Synagoge gehen. Bei uns war das nicht der Fall. Ich hatte ein christliches Kindermädchen.

Haben Sie denn mit Ihren Eltern Weihnachten gefeiert?
Es gab einen Weihnachtsbaum, allerdings nicht im christlichen Sinne, sondern man kriegte nur Geschenke. Erst während des Kriegs in Frankreich hat mein Vater wohl kapiert, worum es wirklich geht. Chanukka 1941 waren wir bei Freunden, den Fränkels. Und mein Vater nahm mich auf seinen Schoß und erzählte mir von Chanukka, von dem Aufstand der Makkabäer, die ihrem jüdi-

schen Glauben nicht abschwören wollten und sich deswegen gegen ihre Unterdrücker erhoben. Dieses Zusammenkommen von der Shoah und der Erzählung von diesem Wunder von Chanukka hat etwas, was mich bis heute sehr tief anrührt.

Noch einmal zurück nach Prag: Wann ist die friedliche Welt Ihrer Kindheit dort aus den Fugen geraten?
Ich bin zwar in Prag geboren worden, aber meine Familie lebte die meiste Zeit in den Sudeten, in Oberrochlitz. Als wir von dort wegmußten, nach Prag, da spürte ich, daß irgendwas in der Luft lag. Ich ging also in Prag in die englische Schule, um Englisch zu lernen. Ich wußte nicht, daß meine Eltern das wegen der bevorstehenden Emigration so entschieden hatten, aber wir mußten beispielsweise schon mit einer Gasmaske zur Schule gehen. Jeder Schüler ging damals mit einer Gasmaske. Das war noch vor dem Münchner Abkommen, im Sommer 1938, weil man dachte, es käme vielleicht ein deutscher Angriff. Wir versuchten zuerst nach Ungarn zu emigrieren, aber das gelang nicht. Im April 1939 sind wir dann nach Frankreich gefahren. Und das war für mich absolut das Ende der alten Welt, weil ich mehrere Monate lang nicht mit meinen Eltern zusammenleben durfte. Sie konnten mich nicht in der kleinen Wohnung in Paris unterbringen. Beide mußten arbeiten oder sich Arbeit suchen.

Das heißt, Sie kamen in ein Kinderheim.
In viele Heime. Das erste war in Montmorency, sechs Monate blieb ich dort. Und das war fast das Schlimmste, weil ich dort als nichtjüdischer Jude von jüdischen Kindern verprügelt wurde. Die sprachen alle Jiddisch, kamen aus Polen und waren meistens religiös, ich dagegen wußte von nichts.

Als «nichtjüdischer Jude»?
Ja, es war schlimm. Ich bin regrediert, wurde zum Bettnässer. Schließlich mußten mich meine Eltern abholen. Ich kam ins nächste Heim, das aber netter war. Und dann mußten wir flüchten, weil der Krieg angefangen hatte, und die Deutschen standen schon bei Paris.

Wo sind Sie gelandet?
In Néris. Da wohnte ich endlich wieder zusammen mit den Eltern in einer kleinen Wohnung, ging in die Schule. Ich sprach schon Französisch wie ein Franzose. Das ist ja bei Kindern kein Problem. Da waren übrigens nur Emigranten ringsherum, in der Pension, überall. Eigentlich war es ein Kurort. Die Hotels hatten leergestanden und wurden nun von ausländischen Juden bewohnt, die wie wir geflüchtet waren. Im Sommer 1942 begannen dann die ersten Razzien im Vichy-Frankreich. Ausländische Juden wurden den Nazis ausgeliefert und deportiert. Meine Eltern haben mich nun in ein jüdisches Kinderheim im Departement Creuse gebracht. Das war ziemlich dramatisch, aber ich blieb nur zwei Tage.

Warum?
Weil schon in der ersten Nacht die französische Polizei kam und alle Kinder abholte, die über zehn waren. Ich war gerade noch neun. Das war im August, ich bin im Oktober geboren.

Zwei Monate, die Ihnen das Leben gerettet haben?
Wahrscheinlich. Ich weiß nicht genau, was mit diesen Kindern später geschah, aber wahrscheinlich sind sie umgebracht worden. Jedenfalls herrschte große Aufregung. In der zweiten Nacht wurden alle übrigen Kinder geweckt und von den Erziehern in den Wald geführt. Ob sie damit rechneten, daß die Gendarmen erneut kommen würden – ich weiß es nicht. Am nächsten Morgen mußte ich jedenfalls zurück zu meinen Eltern. Aber nicht lange. Nun schickten sie mich in ein katholisches Internat nach Montlugon. Wir sprechen jetzt von September 1942. Dort bin ich vier Jahre geblieben, das war kein Kinderheim, sondern ein Seminar für Jungen, die in der Regel Priester werden wollten. Also sehr streng, streng katholisch.

Und das war Ihren Eltern bewußt?
Ja. Mein Vater hatte unterschrieben, daß er damit einverstanden sei, daß ich als Katholik erzogen werden würde und dies auch nach dem Krieg bleiben solle.

Hatten Sie Verständnis dafür?
Damals? Ich hatte keine Ahnung. Die ganze Sache war mir schrecklich. Aber nicht, weil ich etwas vom Katholizismus wußte, sondern weil meine Eltern weg waren. Noch lebten sie in derselben Stadt, mein Vater war zu der Zeit im Krankenhaus. Nach kurzer Zeit bin ich ausgerissen und dorthin geflohen, aber man hat mich ins Internat zurückgebracht. Da bin ich sehr krank geworden. Danach habe ich mich gefügt, wie man es tut, wenn man zehn Jahre alt ist.

Krank aus Heimweh?
Ja, schreckliches Heimweh. Auch ein Kind versteht, daß jetzt etwas kommt, daß da eine Gefahr ist oder eine Katastrophe sich anbahnt, ohne zu wissen, ohne zu verstehen. Deswegen ist man noch mehr an die Eltern gebunden.

Welche Atmosphäre herrschte im Internat?
Es war ziemlich schlimm. Man hatte auch nicht sehr viel zu essen. Aber gut, das war alles nicht so schlimm …

… wie die Trennung von Mutter und Vater?
Ja, das war das einzige, was wirklich zählte, was für mich absolut prägend war, lebenslang.

Was wurde aus Ihren Eltern?
Das ist mir nur langsam deutlich geworden. Ich bekam noch einen Brief von ihnen zum zehnten Geburtstag, der aber schon vorher geschrieben worden war. Sie hatten den Brief einer Frau übergeben, die ihn mir schicken sollte, wenn ich im Oktober 1942 Geburtstag haben würde. Ich dachte also, sie kommen zurück, aber wissen Sie, das muß ich auch gestehen: Es war mir immer weniger präsent. Mich beschäftigte eher die Frage, wie ich es ihnen zeigen könnte, daß ich mich darüber freue, wenn sie zurückkommen. Alle Emotionen waren irgendwie ausgelöscht, denn sonst hätte ich das Heimweh nicht ausgehalten. So etwas findet man bei vielen Überlebenden, sie sind emotional irgendwie paralysiert. Jeder versucht, so oder so darüber hinwegzukommen, aber

es ist nie «normal». Natürlich hoffte ich, daß sie zurückkommen, das war die Standarderwartung. Aber meine Sorge war eben: Wie würde ich meine Freude zum Ausdruck bringen? Ich wußte, daß ich leer war, daß mir jede Sehnsucht abhanden gekommen war.

Und deswegen hatten Sie auch ein schlechtes Gewissen?
Ja, das kommt dazu, selbstverständlich. Aber man sagte mir: «Die kommen nicht zurück.»

Hat man Ihnen auch gesagt, warum?
Zunächst nicht. Ich habe viel später alle Dokumente gesammelt. Meine Eltern wollten in die Schweiz flüchten. Sie fuhren zuerst nach Lyon und von Lyon nach Saint Gingolph, das ist am Genfer See. Da gibt es eine Straße am See entlang. In der Mitte liegt die Grenze. Wenn Sie von Frankreich in die Schweiz kommen, dann gehen Sie da durch und sind in der Schweiz. Meine Eltern gingen in einer Gruppe von zehn oder zwölf Flüchtlingen, um drei Uhr früh. Jüngere bummelnde Jungen, die aus einer Bar kamen, haben sie gesehen, die ganze Gruppe, und es gleich der Polizei gesagt. Sie sind verhaftet worden. Nur die, die mit Kindern unterwegs waren, hat man durchgelassen.

Mit welcher Begründung?
Die Schweizer Öffentlichkeit hatte sich damals aufgeregt, daß man die Grenze ganz abgesperrt hatte. Deswegen haben die Grenzpolizisten für eine ganz kurze Zeit Familien, also Vater, Mutter und Kleinkinder, durchgelassen. In den mir vorliegenden Dokumenten ist es klar beschrieben, daß nur die Friedländers und noch ein Paar zur französischen Polizei zurückgeschickt wurden, weil sie ohne Kinder eingereist waren. Es ist das unglaublichste: Meine Eltern hatten alles gemacht, um mich in Sicherheit zu bringen, eine Flucht mit mir zusammen schien ihnen zu riskant, also versuchten sie allein zu fliehen. Und genau das war ihr Fehler. Das ist wirklich die List Gottes oder des Schicksals.

Eine böse List.
Ja. Ihre Namen finden sich auf einer Transportliste nach Auschwitz, Mitte November. Laut Totenbuch ist mein Vater dort am 1. Dezember 1942 gestorben. Meine Mutter war ziemlich stark, jünger, und deswegen nehme ich an, daß sie arbeiten mußte und dann später umgekommen ist. Übrigens hat mich die französische Polizei noch eine Weile gesucht. In der Präfektur hat man sich nämlich gefragt, wo denn der Knabe sei. Die waren ziemlich gut organisiert. Gewußt haben es damals nur die Fränkels. Selbst nach dem Krieg wollte die Leitung des Seminars meine Herkunft zuerst nicht bestätigen. Zwei Anfragen wurden abgeblockt. Immer hieß es: «Hier lebt kein Kind mit dem Namen Friedländer.» Es gab eben diese berühmte Anweisung oder Erlaubnis des Papstes, daß getaufte jüdische Kinder als Katholiken zu betrachten und zu behandeln sind, wenn die Eltern nicht zurückkommen.

Erst beim dritten Mal lenkte man ein?
Ja. Ein Anwalt hat schließlich damit gedroht, daß die Polizei im Heim nach mir suchen würde.

Wie muß man sich den Alltag dort vorstellen?
Der Alltag? Sie können sich das gar nicht katholisch oder streng genug vorstellen. Man mußte mit den Händen auf der Decke gefaltet schlafen, in diesen großen Dormitoires. Das Schlimmste waren immer schlechte Gedanken, also daß etwas Sexuelles vorging, das waren ja alles pubertierende Knaben.

Und wahrscheinlich hatte man selbst Angst vor diesen schlechten Gedanken.
Und wie. Ich mußte mehrmals pro Woche zur Beichte. Danach fand die Messe statt. Und wenn man von der Messe zum Refektorium, also zum Essen ging, mußte man etwas singen. Während des Tages hat man studiert, aber auch immer wieder zwischendurch gebetet. Die Kinder kamen alle aus streng katholischen Familien, sehr petainistisch. Wenn sich die deutschen Truppen mit der Résistance eine Schlacht lieferten, dann wünschten die katholischen Schwestern dort eigentlich, daß die Deutschen siegen. Es

gab da einen Knaben, dessen Vater Gaullist war. Der Junge sagte eines Tages: «Aber die Résistance, das sind doch Franzosen.» Den hat man rausgeschmissen.

Weil die Mitglieder der Résistance in den Augen der streng katholischen Schwestern sozusagen Gottlose waren?
Nicht gläubig und mit den Kommunisten im Bunde. Sie können sich nicht vorstellen, wie extrem katholisch und auch antisemitisch dieses Frankreich war.

Aber nicht rassistisch?
Nicht rassistisch, nein. Aber tiefreligiös.

Wann wurden Sie sich nach dem Krieg Ihrer jüdischen Herkunft bewußt?
Eigentlich erst 1946. Als mir ein Priester, ein italienischer Jesuit, erstmals offenbarte, daß meine Eltern umgebracht worden waren und was in den Konzentrationslagern geschehen war. Erst damals ist mir wirklich ein Bruchteil meiner Identität wieder klargeworden. Ich wollte nun unbedingt meinen Namen zurückbekommen, ursprünglich hieß ich ja Paul oder Pavel, im Internat wurde ich zu Paul Henri Marie, aber bei Saul ist es schließlich geblieben.

Ist es nicht im nachhinein schrecklich oder zumindest befremdlich, jemand zu sein, der zu seiner jüdischen Herkunft zurückfindet, weil er über Auschwitz aufgeklärt wird?
Richtig. Wäre ich in meiner Kindheit von meinen Eltern religiös erzogen worden, dann wäre es wahrscheinlich anders gekommen.

Positiver?
Ja, da bin ich wirklich negativ geprägt. Deswegen dreht sich auch mein ganzes Leben um diesen Aspekt des Judentums.

Im ersten Band Ihrer Studie «Das Dritte Reich und die Juden» beschreiben Sie die Jahre der Verfolgung von 1933 bis 1939. Mir ist bei der Lektüre nicht klargeworden, ob es vor 1933, also vor der Machtergreifung der Nationalsozialisten, wirklich eine besondere

Disposition für diesen mörderischen Antisemitismus in Deutschland gab.

Ja und nein. Ich sage, es fängt wohl um die Jahrhundertwende in Bayreuth an mit diesem Antisemitismus der Wagnerianer. Es war ein kleiner Kreis, aber mit Ausstrahlungen auf viele andere. Hier finden Sie diese Idee, daß die Erlösung vom Judentum die Erlösung an sich ist. Das gab es auch in Frankreich, verlor sich dann dort aber wieder. Die Frage stellt sich also, warum sich diese Vorstellung in Deutschland dann doch tiefer oder weiter ausgewirkt hat. Und Sie sehen das im Ersten Weltkrieg, etwa beim Thema der Judenzählung …

… als behauptet wurde, die Juden hätten sich vor der Front gedrückt – auch wenn dies nachweislich falsch war …
Was aber nicht publiziert wurde, ja. In Deutschland haben Sie den Eindruck, der Krieg bringt in der Gesellschaft etwas hoch, das schon 10, 20, 30 Jahre irgendwie herumgeisterte. Aber es gibt immer eine politische Konjunktur, die es dann einen Schritt weitertreibt. Hitler mußte ja nicht an die Macht kommen, aber als es geschah, hatte er selbstverständlich ein Echo. Die Leute folgten ihm zunächst gar nicht wegen seiner antijüdischen Politik, störten sich aber auch nicht daran. Sie haben es einfach akzeptiert.

Der Erste Weltkrieg ist also die Scheidelinie?
Ja, und dann kam die Revolution. Die war schon an sich schlimm genug.

Weil viele Juden dabei waren?
Na klar. In Bayern, Ungarn. Und vor allem in Rußland. Damals entstand das Schreckgespenst vom jüdischen Bolschewismus. Die «Protokolle der Weisen von Zion» wurden verbreitet.

Noch einmal: Das alles ist sicherlich ein aggressiver Antisemitismus, aber keiner, der gleich auf Auslöschung und Vernichtung zielt.
Nein, überhaupt nicht. Auch wenn in «Mein Kampf» schon davon die Rede ist, dass ein paar zehntausend von den Hebräern ins

Gas gehen. Es gibt da einen Hintergrund, der die Sache leichter macht, aber auch nicht mehr. Bis 1935/1936 wollen die Nazis die Juden aus der Gesellschaft nur irgendwie verdrängen. «Raus mit denen» heißt die Devise, aber nun von Jahr zu Jahr immer lauter, 1938 kommt der Anschluß Österreichs, die «Kristallnacht». Die polnischen Juden werden aus dem Reich vertrieben ...

... und Hitler beginnt den Krieg.

Aber schon kurz zuvor sagt er in dieser berühmt-berüchtigten Reichstagsrede vom 30. Januar 1939: Wenn die Juden die arischen Völker wieder in einen Weltkrieg treiben, dann würden nicht die arischen Völker zugrunde gehen, sondern die Juden vernichtet. Und eigentlich spricht er schon 1935 davon. Da sagt er dem Chef des Rassenpolitischen Amtes der NSDAP, Walter Groß: «Im Falle eines Krieges bin ich zu allen Konsequenzen bereit.» Was soll das bedeuten? Irgendwo im Hintergrund gibt es diese Möglichkeit. Es ist nicht ausgeschlossen, etwas ganz Drastisches.

Wann genau wird das konkret?

Erst während des Krieges. Mit dem Überfall auf Polen leben plötzlich weitere 2,3 Millionen Juden unter deutscher Herrschaft. Aber selbst jetzt bestand meines Erachtens noch kein Plan zur Vernichtung. Nur, was macht man mit diesen Juden? Also: Die müssen weg von dem Kontinent, aber Madagaskar geht nicht, vielleicht Nordrußland, nicht wahr. Aber dann gerät die Aktion Barbarossa, der Überfall auf Rußland, ins Stocken, die Amerikaner steigen in den Krieg ein. Und in dieser Zeit kommen bei Hitler mehr und mehr diese Phantasien, daß die jüdische Weltmacht wieder eine Lage wie 1917/18 herbeiführt. Im Himmler-Dienstkalender heißt es: «Führer, 18. Dezember 1941, Judenfrage – als Partisanen auszurotten.» Partisanen sind ja die Leute, die hinter der Front sind. Das ist diese Idee von 1917, die Dolchstoßlegende. Hitler ist besessen vom Ersten Weltkrieg und sieht die Juden als eine Weltkonspiration, als aktiven Feind. Also meine These lautet: Die Zigeuner, die slawischen Massen und selbstverständlich die Geisteskranken sowie alle anderen aus Nazi-Sicht minderwertigen Gruppen sind nur passive Feinde. Also keine Feinde, die eine

Konspiration gegen das Reich bilden. Aber die Juden, nicht nur in der Phantasie Hitlers, sondern des Nationalsozialismus und weiterer Kreise, sind doch eine aktive Kraft, die zur Weltmacht drängt und das neue Europa, das neue Deutschland zerschlagen will. Solange der Krieg siegreich ist, war es ein territorial zu lösendes Problem. Aber in dem Moment, wo es kippt, kann man nicht mehr warten, man beginnt also mit der systematischen Vernichtung dieses Feindes.

Aber dazu muß man Hunderttausende, wenn nicht Millionen von Helfern haben.
Dazu braucht man die Propaganda, also Goebbels vor allem. Die Nazis verbreiteten die wildesten Geschichten, etwa daß die Juden die Deutschen sterilisieren wollten und so weiter. Wenn man heute die Briefe der Soldaten liest, sieht man, wie sie dadurch geprägt waren. Die Soldaten sprechen wie «Der Stürmer». In den Briefen heißt es: «Wir sind alle der Meinung, daß die Juden umkommen sollten» und «Ja, merkwürdigerweise denken alle meine Kameraden so.»

Wie verbreitet waren solche Auffassungen im Reich selbst, also hinter der Front?
Man kann das nicht verallgemeinern. Aber es finden sich viele ähnliche Zeugnisse. In Erfurt, zum Beispiel, sind viele Beschwerden dokumentiert wie: Warum dürfen die Juden in gemischten Ehen bleiben? Warum geht der Jude ohne Stern? Die Bevölkerung dachte noch an Sieg, merkwürdigerweise bis kurz vor Kriegsende, man hoffte auf die Wunderwaffen. Und als der Krieg verloren war, forderte man sogar: Bitte keinen jüdischen Bürgermeister. Das wäre für uns doch eine Beleidigung. Dieser Judenhaß steckte also viel tiefer, als man vielleicht denkt. Nach Stalingrad hatte Hitler dem Goebbels vier-, fünfmal gesagt: «Jetzt also die Judenfrage als Hauptziel unserer Propaganda.» Warum? Weil es diese schreckliche und schreckenerregende Gestalt gibt, die uns erschlagen oder vernichten wird, wenn wir verlieren. Und das setzt selbstverständlich die letzte Energie frei. Es gibt einen Brief – und damit höre ich auf – von einem Soldaten, der schreibt seiner Mutter: «Also bitte,

alle meine Abzeichen schnell weg», er war in der Partei und schreibt von der Ostfront. «Du weißt ja, wenn der Jude kommt, wenn er das findet, dann bin ich tot.»

Anmerkungen

Vom Antisemitismus zur Judenvernichtung: Eine historiographische Studie zur nationalsozialistischen Judenpolitik und Versuch einer Interpretation

1 Unter den historiographischen Arbeiten, die sich mit dem, was heute gewöhnlich als «Holocaust» bezeichnet wird, beschäftigen, sind u. a. zu erwähnen: Léon Poliakov, Changing Views in Holocaust Research, in: Yad Vashem Bulletin, No. 20 (April 1967); Leni Yahil, The Holocaust in Jewish Historiography, in: Yad Vashem Yearbook, Vol. VII (1968); Philip Friedman, The Study of the Holocaust and its Problems (hebräisch) in: Israel Guttman/Lydia Rothkirchen (Hg.), Shoat Yehudei Europa (Jerusalem 1973); Shaul Esh, Problems of the Study of the Holocaust (hebräisch), in: Iyouni Beheker Hashoa Ve Yahadut Zmanenu (Jerusalem 1973); Yehuda Bauer, Trends in Holocaust Research, in: Yad Vashem Studies, Vol. XII (1977), Konrad Kwiet, Zur historiographischen Behandlung der Judenverfolgung im Dritten Reich, in: Militärgeschichtliche Mitteilungen, Bd. 27, 1980/81; Lucy S. Dawidowicz, The Holocaust and the Historians. (Cambridge 1981).

2 Isaac Deutscher, The Non-Jewish Jew and Other Essays. (London 1968) S. 163.

3 Raymond Aron, Existe-t-il un mystere Nazi? in: Commentaire, No. 7 (1979) S. 349.

4 Bei der Benützung dieser drei weiten Begriffe folgen wir Wolfgang Sauer, National Socialism: Totalitarianism or Fascism? in: American Historical Review (Dezember 1967) S. 404 ff. Vgl. auch Andreas Hillgruber, Endlich genug über Nationalsozialismus und Zweiten Weltkrieg? (Düsseldorf 1982) S. 24 ff.

5 Das trifft offensichtlich auf Arbeiten zu, die sich im wesentlichen auf Antisemitismus oder rassisches und völkisches Denken konzentrieren, wie z. B. Paul Massing, Rehearsal for Destruction (New York 1949); Eva G. Reichmann, Hostages of Civilisation (London 1950); Fritz Stern, The Politics of Cultural Despair (Berkeley 1961); George L. Mosse, The Crisis of German Ideology (New York 1964); Peter G.-J. Pulzer, The Rise of Political Antisemitism in Germany and Austria (New York 1964); Leon L. Poliakov, Histoire de l'Antisemitisme, Tome III: De Voltaire à Wagner (Paris 1968); andererseits bagatellisie-

ren oder übergehen einige der wichtigeren historischen Arbeiten nach dem Krieg zu dem Problem der deutschen Wurzeln des Nationalsozialismus die Bedeutung des Antisemitismus innerhalb dieser deutschen Vergangenheit. Vgl. dazu vor allem Friedrich Meinecke, Die deutsche Katastrophe (Wiesbaden 1946); Gerhard Ritter, Europa und die deutsche Frage (München 1948); Hans Kohn, The Mind of Germany (New York 1960). Vgl. zu diesem Problem Dawidowicz, The Holocaust, S. 60–67 und Kwiet, Judenverfolgung, S. 149 ff.

6 Vgl. Zeev Sternhell, La Droite revolutionnaire 1885–1914: Les origines francaises du fascisme (Paris 1978); vgl. auch ders.: Ni Droite ni Gauche: l'ideologie fasciste en France (Paris 1983).

7 Richard S. Levy, The Downfall of the Antisemitic Political Parties in Imperial Germany (New Haven 1975).

8 Egmont Zechlin, Die deutsche Politik und die Juden im Ersten Weltkrieg (Göttingen 1969); Saul Friedländer, Die politischen Veränderungen der Kriegszeit und ihre Auswirkungen auf die Judenfrage, in: Werner E. Mosse (Hg.), Deutsches Judentum in Krieg und Revolution 1916–1923 (Tübingen 1971); Werner Jochmann, Die Ausbreitung des Antisemitismus, in: Mosse, Deutsches Judentum.

9 William Sheridan Allen, The Nazi Seizure of Power: the Experience of a Single German Town 1930–1935 (London 1966) vgl. z.B. S. 77.

10 In Niedersachsen zum Beispiel. Vgl. Jeremy Noakes, The Nazi Party of Lower Saxony 1921–1933 (London 1971).

11 Zu diesem Schluß gelangt auch Richard F. Hamilton: Who Voted for Hitler? (Princeton 1982) S. 606 f.

12 Peter Merkls Analyse der wichtigsten ideologischen Ziele der SA und der SS in den zwanziger Jahren (die auf Personalakten basiert, die von Theodor Abel gesammelt wurden) zeigt, daß der Antisemitismus in bezug auf seine Bedeutung an vierter Stelle rangiert, indem er nur für 10,7 Prozent der Mitglieder an erster Stelle der Bedeutungsskala stand (gegen 14,9 Prozent bei der Masse der Parteimitglieder). Vgl. Peter Merkl, The Making of a Stormtrooper (Princeton 1980) S. 222.

13 Es ist bisweilen schwierig, zwischen den «universalen» Charakteristika einer sozialen Gruppe und ihren «historischen», spezifisch deutschen zu unterscheiden. In Raul Hilbergs Werk: The Destruction of the European Jews (Chicago 1961; dt. Ausg. n. d. T: Die Vernichtung der europäischen Juden. Die Gesamtgeschichte des Holocaust. Berlin 1982) spielt die Bürokratie die zentrale Rolle im Prozeß der Vernichtung. Aber ist es die Bürokratie als solche, oder ist es aufgrund der Entwicklung einer besonderen nationalen Tradition eine spezifisch deutsche Bürokratie?

14 Es sollte jedoch beachtet werden, daß gerade der Begriff «Faschismus» oft kritisiert wurde. Vgl. dazu u. a. Gilbert Allardyce, What Fascism is not: Thoughts on the Deflation of a Concept, in: American Historical Review, (April 1979) S. 367.

15 Vgl. z. B. neuere Arbeiten zu den verschiedenen Faschismustheorien wie Wolfgang Wipperman, Faschismustheorien (Darmstadt 1980).

16 Vgl. z. B. Stanley G. Payne, Fascism: Comparison and Definition (Madison 1980).

17 Ernst Nolte, Der Faschismus in seiner Epoche (München 1963) S. 490.

18 Vgl. Eberhard Jäckel (Hg.) Hitler. Sämtliche Aufzeichnungen 1905–1924 (Stuttgart 1980). Der Vergleich war dank des sehr detaillierten Registers möglich. Die zentrale Bedeutung und Dominanz von Hitlers Antisemitismus innerhalb seines ideologischen Systems und bei seiner politischen Agitation während dieser frühen Jahre wird durch viele andere Quellen bestätigt. Für ein allgemeines Bild vgl. Hellmuth Auerbach, Hitlers politische Lehrjahre und die Münchener Gesellschaft 1919–1923, in: Vierteljahrshefte für Zeitgeschichte 25 (1977) S. 15 f.

19 Adolf Hitler, Monologe im Führerhauptquartier 1941–1944 (Hamburg 1980) S. 413.

20 Hans Mommsen in: Totalitarismus und Faschismus. Eine wissenschaftliche und politische Begriffskontroverse. Herausgegeben vom Institut für Zeitgeschichte (München 1980) S. 63 f.

21 Ebd., S. 24.

22 Hans Mommsen, National-Socialism: Continuity and Change, in: Walter Laqueur (Hg.): Fascism: A Reader's Guide (London 1979) S. 178 f. Eine Übertragung der funktionalistischen Analyse der nationalsozialistischen Politik auf die Faschismustheorie, die wir im zweiten Teil dieses Aufsatzes ausführlich untersuchen werden.

23 Wolfgang Schieder, wie Anm. 20, S. 8.

24 Karl Dietrich Bracher, The Role of Hitler: Perspectives of Interpretation, in: Walter Laqueur (Hg.) Fascism: a Reader's Guide, S. 201 f. Für einige Probleme der historiographischen Debatte über die Unterschiede zwischen italienischem Faschismus und Nationalsozialismus vgl. Hillgruber, Endlich genug ..., S. 40 ff.

25 Zu diesem Thema vgl. z. B. Lucy S. Dawidowicz, The Holocaust, S. 68 ff. und Erich Goldhagen, Der Holocaust in der sowjetischen Propaganda und Geschichtsschreibung, in: Vierteljahrshefte für Zeitgeschichte (1980) S. 502 ff. u. besonders S. 504.

26 Vgl. Konrad Kwiet, Historians of the German Democratic Republic on Antisemitism and Persecution, in: Leo Baeck Institute Yearbook, Vol. XXI (1976) S. 174.

27 Die Dokumente bezüglich der erfolglosen Versuche der Wehrmacht und einmal sogar des SS-Wirtschaftsverwaltungshauptamts, die jüdischen Facharbeiter zu behalten, sind zahlreich und hinlänglich bekannt. Vgl. z. B. Enno Georg, Die wirtschaftlichen Unternehmungen der SS (Stuttgart 1963) S. 58, 61, 93–97. In jedem einzelnen Fall setzten sich die Vernichtungsbefehle des Reichssicherheitshauptamts oder von Himmler selbst durch.

28 Hilberg, Die Vernichtung, S. 679 ff.

29 Vgl. David Schoenbaum, Die braune Revolution. Eine Sozialgeschichte des Dritten Reiches (Köln 1968).

30 Es gibt einige Varianten dieser klassischen marxistischen Ansätze. Einige Historiker, z. B. T. W. Mason, benützen indirekt das Argument der Autonomie der politischen Sphäre (und deshalb auch der Aktionen und politischen Maßnahmen gegen die Juden); andere, wie z. B. Reinhard Kühnl, erklären den nationalsozialistischen Antisemitismus, indem sie eine Synthese aus Marxismus, Psychoanalyse usw. benutzen. Für einen guten Überblick über einige dieser Ansätze vgl. Pierre Aycoberry, La Question Nazie. Les Interpretations du National-Socialisme 1922–1975 (Paris 1979) S. 93 ff. und 233 ff. Vgl. auch Klaus Hildebrand, Das Dritte Reich (München 1979) S. 134 ff. Spezieller zur Position Masons vgl. ders., The Primacy of Politics – Politics and Economics in National-Socialist Germany, in: S. E. Woolf (Hg.), The Nature of Fascism (London 1968) S. 192. Zu Kühnls Ansatz vgl. ders., Probleme einer Theorie über den deutschen Faschismus, in: Jahrbuch des Instituts für deutsche Geschichte, Vol. III, (1974) S. 322 f.

31 Der Begriff des Totalitarismus an sich und ganz besonders auch seine Anwendung auf das System des Nationalsozialismus wurde seit den sechziger Jahren scharf kritisiert. Vgl. z. B. Robert F. Koehl, Feudal Aspects of National-Socialism, in: American Political Science Review, Vol. LIV (Dez. 1960) S. 921 ff. und Wolfgang Sauer, National Socialism, S. 406 f.

32 Die willkürliche Auswahl des zu terrorisierenden Feindes soll eines der fundamentalen Charakteristika von totalitären Systemen sein. Vgl. Karl Joachim Friedrich, Zbigniew Brzezinski, Totalitarian Dictatorship and Autocracy (Cambridge/Mass. 1956) S. 10.

33 Dies ist der Kern von Raul Hilbergs These in seinem Buch über «Die Vernichtung der europäischen Juden».

34 Hilberg, Die Vernichtung; Hannah Arendt, Eichmann in Jerusalem. Ein Bericht von der Banalität des Bösen (München 1964); H. G. Adler, Der verwaltete Mensch. Studien zur Deportation der Juden aus Deutschland (Tübingen 1974); Christopher R. Browning, The Final Solution and the German Foreign Office (New York 1978); Joseph

Walk, Das Sonderrecht für die Juden im NS-Staat. Eine Sammlung der gesetzlichen Maßnahmen und Richtlinien – Inhalt und Bedeutung (Heidelberg 1981). Allein für das Gebiet des Reiches wurden beinahe 2000 Verordnungen und Erlasse, die die Juden betrafen, herausgegeben. Der letzte uns bekannte Erlaß (vom 16. Februar 1945) legt fest: «Wenn der Abtransport von Akten, deren Gegenstand antijüdische Tätigkeiten sind, nicht möglich ist, sind sie zu vernichten, damit sie nicht dem Feind in die Hände fallen.» (Ebd., S. 406).

35 Eine sehr klare Darstellung der zentralen Stellung von Hitlers Antisemitismus im Rahmen seiner Ideologie bei Eberhard Jäckel, Hitlers Weltanschauung (2. Aufl., Stuttgart 1981). Vgl. auch Andreas Hillgruber, Die «Endlösung» und das deutsche Ostimperium als Kernstück des rassenideologischen Programms des Nationalsozialismus, in: ders., Deutsche Großmacht und Weltpolitik im 19. und 20. Jahrhundert (Düsseldorf 1977) S. 252 ff.

36 Über Himmler vgl. Josef Ackerman, Heinrich Himmler als Ideologe (Göttingen 1970).

37 Karl Dietrich Bracher, Die deutsche Diktatur. Entstehung, Struktur, Folgen des Nationalsozialismus (Köln/Berlin 1969) S. 464.

38 Hannah Arendt, The Origins of Totalitarianism (New York 1958).

39 In einer frühen Fassung dieses Aufsatzes (De l'Antisemitisme à l'Extermination, in: Le debat, 21. 9. 1982) habe ich zwischen den Historikern unterschieden, die die Kontinuität der nationalsozialistischen Politik hervorheben, und denen, die die Betonung auf Diskontinuität legen: erstere wären die «Intentionalisten», letztere die «Funktionalisten». Die nun geläufigen Definitionen erlauben eine größere Präzision. Obwohl sich die widerstreitenden Positionen seit den sechziger Jahren entwickelten, wurden die gegenwärtig benutzten Begriffe erst von dem britischen Historiker Mason geprägt. Vgl. Tim Mason, Intention and Explanation: A Current Controversy about the Interpretation of National-Socialism, in: Gerhard Hirschfeld/Lothar Kettenacker (Hg.), Der Führerstaat, Mythos und Realität (Stuttgart 1981) S. 23–41.

40 Zitiert nach Mason: Intention and Explanation, S. 29. (Hildebrands Definition wird dort ohne genaue Quellenangabe zitiert.) Für diese Position vgl. auch Klaus Hildebrand, Monokratie oder Polykratie? Hitlers Herrschaft und das Dritte Reich, in: Gerhard Hirschfeld/Lothar Kettenacker (Hg.), Der Führerstaat, S. 73 ff. Vgl. besonders Karl Dietrich Bracher, Zeitgeschichtliche Kontroversen um Faschismus, Totalitarismus, Demokratie (München 1976) S. 85.

41 Viele dieser Argumente sind in der einen oder anderen Form und ganz unabhängig von der systematischen Entwicklung der funktionalistischen Richtung in Westdeutschland bereits vorgebracht worden. Das

bekannteste Beispiel ist A. J. P. Taylor, The Origins of the Second World War (London 1961); vgl. auch Edward N. Peterson, The Limits of Hitler's Power (Princeton 1969), oder die Arbeit von Heinz Höhne über das interne Tauziehen innerhalb der SS: Heinz Höhne, Der Orden unter dem Totenkopf. Die Geschichte der SS (Gütersloh 1968). In Deutschland begann die Kontroverse eigentlich nach der Veröffentlichung des Buches von Tobias über den Reichstagsbrand. Fritz Tobias, Der Reichstagsbrand. Legende und Wirklichkeit (Rastatt 1962) mit Hans Mommsens «funktionalistischer» Bewertung des Themas. Vgl. Hans Mommsen, Der Reichstagsbrand und seine Folgen, in: Vierteljahrshefte für Zeitgeschichte 12 (1964) S. 351 ff. Funktionalismus beinhaltet notwendigerweise eine Einschätzung des nationalsozialistischen Systems als Polykratie. Eine klassische Aussage über das Nazi-Regime als Polykratie oder als «anarchischer Autoritarismus» bei Martin Broszat, Der Staat Hitlers. Grundlegung und Entwicklung seiner inneren Verfassung (München 1969).

42 Jäckel, Hitlers Weltanschauung, S. 71 f.

43 Gerald L. Fleming, Hitler und die Endlösung (München 1982) S. 13 f.

44 Bracher: The German Dictatorship, S. 252. Bracher legt seine These von der direkten Entfaltung der nationalsozialistischen Vernichtungspläne und Vernichtungspolitik detaillierter und überzeugender dar, in: ders., Die Deutsche Diktatur, S. 399–401. Für Hilberg sind die aufeinanderfolgenden Stadien der nationalsozialistischen Judenpolitik: Definition, Enteignung, Konzentration und Vernichtung.

45 Ino Arndt/Wolfgang Scheffler, Organisierter Massenmord an Juden in nationalsozialistischen Vernichtungslagern, in: Vierteljahrshefte für Zeitgeschichte 24 (1976) S. 112. Es sollte in diesem Zusammenhang erwähnt werden, daß jüdische Krankenhauspatienten eine besondere Kategorie darstellten und unabhängig von ihrem Krankheitsgrad getötet wurden. Vgl. Eugen Kogon u. a. (Hg.), Nationalsozialistische Massentötungen durch Giftgas (Frankfurt a. M. 1983) S. 53. Die Bedeutung einer solchen Entscheidung sollte nicht unterschätzt werden. Aber selbst wenn es schwierig ist zu beweisen, daß die Tötungen im Rahmen des «Euthanasie-Programms» als technische Vorbereitung für die Vernichtung der Juden angesehen wurden, so besteht doch wenig Zweifel daran, daß die Ermordung kleiner Gruppen (meist jüdischer) sowjetischer Kriegsgefangener in Auschwitz im Herbst 1941 dazu diente, verschiedene Techniken des Tötens durch Gas im Hinblick auf die «Endlösung» zu testen. Zur Ermordung von sowjetischen Kriegsgefangenen durch Gas vgl. Christian F. Streit, Keine Kameraden. Die Wehrmacht und die sowjetischen Kriegsgefangenen 1941–1945 (Stuttgart 1978) S. 397, Anm. 32.

46 Hans Buchheim u. a. (Hg.), Anatomie des SS-Staates, Bd. IL (Ölten 1965), S. 360f.

47 Ebd., S. 371. Neuere Forschungen zeigen, daß einige Widersprüche bestehen bezüglich Art und Weise, Ort und Datum der Befehle, die den Leitern der Einsatzgruppen zur Vernichtung der sowjetischen Juden gegeben wurden. Die Gesamtauswertung dieses Materials weist dennoch darauf hin, daß ein mündlicher Befehl zur Massenvernichtung der sowjetischen Juden irgendwann kurz vor oder kurz nach dem Beginn des Unternehmens «Barbarossa» gegeben worden sein muß. Vgl. dazu Helmut Krausnick/Hans-Heinrich Wilhelm, Die Truppe des Weltanschauungskrieges. Die Einsatzgruppen der Sicherheitspolizei und des SD 1938–1942 (Stuttgart 1981) S. 162, 539 und vor allem 627.

48 Hilberg, Die Vernichtung, S. 283.

49 Martin Broszat, Soziale Motivation und Führer-Bindung des Nationalsozialismus, in: Vierteljahrshefte für Zeitgeschichte 18 (1970) S. 405.

50 Ebd. S. 405 u. 408.

51 Hans Mommsen, Die Realisierung des Utopischen; Die «Endlösung der Judenfrage» im «Dritten Reich», in: Geschichte und Gesellschaft (GG) 9 (1983) S. 386.

52 Ebd., S. 387.

53 Karl A. Schleunes, The Twisted Road to Auschwitz: Nazi Policy Toward the German Jews 1933–1939 (Urbana 1970) S. 257.

54 Uwe Dietrich Adam, Judenpolitik im Dritten Reich (Düsseldorf 1972) S. 357.

55 Mommsen, Die Realisierung, S. 387. Wir werden auf dieses Beispiel weiter unten zurückkommen und einen Gang der Ereignisse vorschlagen, der von dem von Mommsen vorgeschlagenen etwas abweicht.

56 Adam, Judenpolitik, S. 303–313.

57 Martin Broszat, Hitler und die Genesis der «Endlösung»: Aus Anlaß der Thesen von David Irving, in: Vierteljahrshefte für Zeitgeschichte 25 (1977) S. 752 f. Einigen von Broszats Argumenten wurde treffend widersprochen in Christopher R. Browning: Zur Genesis der Endlösung: Eine Antwort an Martin Broszat, in: Vierteljahrshefte für Zeitgeschichte 29 (1981) S. 99–109. Weiter unten werden wir uns mit einigen von Broszats Hauptargumenten und Brownings Antwort beschäftigen. In seinem kürzlich erschienenen Artikel «Die Realisierung des Utopischen ...» kommt Mommsen zur selben Schlußfolgerung wie Broszat bezüglich der Nichtexistenz eines Hitler-Befehls zur Vernichtung der europäischen Juden. Vgl. Mommsen, Die Realisierung, S. 395.

58 Hans Mommsen, National-Socialism: Continuity and Chänge, S. 179. Für die früheste Darlegung dieser These durch denselben Autor vgl.

ders., Der nationalsozialistische Polizeistaat und die Judenverfolgung 1938, in: Vierteljahrshefte für Zeitgeschichte 10 (1962) S. 76; für die jüngste Wiederholung dieser Position vgl. ders., Die Realisierung, S. 389 ff.

59 Mommsen, Die Realisierung, S. 390. Der Autor hält Hitlers Erklärungen vom Januar 1939 über die Vernichtung der europäischen Juden im Falle eines Krieges für Rhetorik. Selbst Hitlers Diskussionen mit Marschall Antonescu von Rumänien und dem Reichsverweser von Ungarn, Horthy, in denen die Vernichtung deutlich erwähnt wird, werden noch als weitgehend rhetorisch aufgefaßt. Ebd., S. 390 u. 393.

60 Ebd. S. 412. In einer Mitteilung an den Vf. argumentiert Mommsen, daß diese Verschwommenheit nach Heydrichs Absicht die Teilnehmer im ungewissen lassen sollte, um mögliche Widerstände zu verringern. Mein Argument ist, daß es keinerlei Verschwommenheit gab, daß die Teilnehmer der Konferenz genau wußten, was gemeint war, und daß der Vernichtungsprozeß allen Beteiligten ohnehin klar genug war, falls jemand gewünscht oder gewagt hätte, Widerstand anzumelden. Tatsächlich war schon ein kleiner Ausschnitt des Bildes genug, um Widerstand hervorzurufen. Hunderte und Tausende kannten Teile des Bildes, aber kein Widerstand kam zum Ausdruck.

61 Dies ist die Position, die ich in meinem Aufsatz «De l'Antisemitisme ...», S. 148 einnahm, wobei ich mich einer Auffassung annäherte, die auch von Krausnick/Wilhelm, Die Truppe des Weltanschauungskrieges, S. 634 vertreten wurde.

62 Der Gegensatz zwischen sozialstruktureller Historiographie und einer mehr traditionellen, «narrativen» Geschichtsschreibung steht derzeit (auch jenseits dieses speziellen Falls) im Zentrum der Diskussion. Dies zeigt sich sehr deutlich in Tim Masons Darstellung der beiden Schulen (vgl. Mason, Intention and Explanation) sowie z. B. in Wolfgang J. Mommsens Aufsatz, Gegenwärtige Tendenzen in der Geschichtsschreibung der Bundesrepublik, in: Geschichte und Gesellschaft 7 (1981) S. 161 ff. Dieser Gegensatz mag allerdings auch irreführend sein; denn die Position der «Intentionalisten» könnte in den theoretischen Rahmen von «politischer Religion» gestellt werden, in dem eine strukturelle Analyse ganz wesentlich wird und in vieler Hinsicht auch sehr viel differenzierter als es der gängige soziostrukturelle Ansatz ist.

63 Dies ist auch eines der Argumente von David Irving. Er spricht in ähnlicher Weise vom «schwachen Diktator» und gebraucht und mißbraucht ganz allgemein einige der springenden Punkte der funktionalistischen Position, um seine These von der Nicht-Einmischung Hitlers in die Endlösung zu untermauern: «Meine Analyse dieser strittigen Frage [der Vernichtung der Juden, S. F.] dient dazu, zwei weitgehende

Schlußfolgerungen hervorzuheben: daß in Kriegszeiten Diktaturen im Grunde schwach sind; denn der Diktator, wie wachsam er auch ist, ist nicht in der Lage, alle Funktionen seiner Exekutive, die in den Grenzen seines weitreichenden Reiches tätig ist, zu überwachen; und daß in diesem speziellen Fall die Last der Schuld für das blutige und gedankenlose Massaker an den Juden auf den Schultern einer großen Zahl von Deutschen liegt (von denen viele heute noch am Leben sind), und nicht nur auf denjenigen eines ‹verrückten Diktators›, dessen Befehle ohne zu fragen befolgt werden mußten.» Übersetzt aus David Irving, Hitler's War (London 1977) S. XIII.

64 Krausnick/Wilhelm, Die Truppe des Weltanschauungskrieges, S. 623.

65 Ebd., S. 630.

66 Etwa Broszat, Soziale Motivation, S. 401 f., und Mommsen, Die Realisierung, S. 388 f.

67 Broszat, Genesis, S. 770 f.

68 Hans Mommsen, Nationalsozialismus, in: Sowjetsystem und demokratische Gesellschaft. Eine vergleichende Enzyklopädie, Bd. IV (Freiburg 1971).

69 Mommsen, Die Realisierung, S. 389.

70 Ebd., S. 397.

71 Ebd., S. 397 f.

72 Ebd., S. 399.

73 Vgl. den Befehl des Gestapo-Chefs Heinrich Müller an die Chefs der vier Einsatzgruppen vom 1. August 1941: «Dem Führer sollen von hier aus lfd. Berichte über die Arbeit der Einsatzgruppen im Osten vorgelegt werden.» Zit. nach Fleming, Endlösung, S. 58.

74 Fleming, Endlösung, S. 14.

75 Ebd., S. 141.

76 Vgl. Jäckel, Hitlers Weltanschauung, S. 78.

77 Vgl. Christof Dipper, Der deutsche Widerstand und die Juden. In: Geschichte und Gesellschaft 9 (1983) S. 349 ff.

78 Vgl. Otto Dov Kulka, Die Nürnberger Rassengesetze und die deutsche Bevölkerung, in: Vierteljahrshefte für Zeitgeschichte 32 (1984) S. 582 ff.

79 Ian Kershaw, The Persecution of the Jews and German Popular Opinion in the Third Reich, in: Leo Baeck Institute Yearbook, Vol. XXVI (1981), S. 288. Für frühere Arbeiten zur öffentlichen Meinung in Deutschland, die die Frage der Einstellungen zur antijüdischen Politik entweder berühren oder ihr ganz gewidmet sind, vgl. Marlis J. Steinen, Hitlers Krieg und die Deutschen (Düsseldorf 1970), sowie L. D. Stokes, The German People and the Destruction of the European Jews, in: Journal of Central European History, Bd. 6 (1973).

80 Dietrich Orlow, The History of the Nazi Party, Bd. 2, 1933–1945 (Newton-Abbot 1973), S. 33, 163–165, 247.

81 Adam, Judenpolitik, S. 65 f.

82 Orlow, a. a. O., S. 164 f.

83 Eine vollständige Wiedergabe dieser sehr wichtigen Rede bei Hildegard von Kotze und Helmut Krausnick. Es spricht der Führer. Sieben exemplarische Hitler-Reden (Gütersloh 1966) besonders S. 147 f.

84 Schleunes, The Twisted Road, S. 245 f.

85 In der Tat wird der nicht-instrumentelle, nicht-mobilisierende Aspekt von Hitlers rassischer oder biologischer Ideologie und deren direkter, nichttheoretischer Zusammenhang mit der Politik sogar noch deutlicher, wenn man sich dem wenig diskutierten Problem der «Vernichtung von lebensunwertem Leben» (der sogenannten Euthanasie) zuwendet. Hitler berührte diese Frage in seinen frühen Schriften und erklärte die Euthanasie 1929 in einer Rede in Nürnberg zu einem ehrenwerten Ziel. Wenige Tage nach Kriegsbeginn gab er den geheimen Befehl zu ihrer geheimen Ausführung. Zum ganzen vgl. Klaus Dörner, Nationalsozialismus und Lebensvernichtung, in: Vierteljahrshefte für Zeitgeschichte 15 (1967) S. 121 ff. (für die Nürnberger Rede vgl. ebd., S. 131).

86 Es wird auf ein Minimum reduziert in der Schlußfolgerung von Schleunes und ganz besonders in den verschiedenen Arbeiten von Hans Mommsen, besonders in: Die Realisierung, S. 387. Adam dagegen weist darauf hin – obwohl auch er den chaotischen Charakter der nationalsozialistischen Judenpolitik betont –, daß «als letzte Instanz allein der Reichskanzler den Gang der Judenpolitik bestimmte». Adam, Judenpolitik, S. 196.

87 Adam, Judenpolitik, S. 61.

88 A. a. O.

89 Bernhard Loesener, Als Rassereferent im Reichsministerium des Inneren, in: Vierteljahrshefte für Zeitgeschichte 9 (1961) S. 264 ff.

90 Kulka, Die Nürnberger Rassengesetze, a. a. O. Wir wissen, daß mehrere Vorschläge für eine solche Gesetzgebung auf verschiedenen Treffen auf Partei- und Ministerialebene abgelehnt wurden seit die Nationalsozialisten an die Macht kamen. Vgl. Lothar Gruchmann, «Blutschutzgesetz» und Justiz. Zur Entstehung und Auswirkung des Nürnberger Gesetzes vom 15. September 1935, in: Vierteljahrshefte für Zeitgeschichte 31 (1983) S. 418 ff. Gruchmann erwähnt in seinem Aufsatz weder die Diskussionen auf Ministerialebene vom August 1935, noch spielt er auf die von Kulka erwähnte Tatsache an, daß die Hauptquelle für den spontanen Charakter der Gesetzgebung, d. h. der Bericht von Bernhard Loesener, wahrscheinlich weniger zuverlässig ist, als bisher angenommen wurde.

91 Loesener, Rassereferent, S. 274.
92 Adam, Judenpolitik, S. 195.
93 Für die Zeit zwischen 1938 und 1941 lassen sich vier verschiedene Aspekte der nationalsozialistischen Politik unterscheiden: a) Hitlers Androhungen der Vernichtung, die Ende 1938 begannen und in bekannten Diskussionen mit ausländischen Staatsmännern, in öffentlichen Reden wie derjenigen vom 30. Januar 1939 sowie in Diskussionen mit engen Beratern nach der Niederwerfung Polens geäußert wurden; b) eine gleichzeitige Politik zwangsweiser Auswanderung und Vertreibung, die in gewisser Weise auch den Madagaskar-Plan und die Vertreibung von Juden aus der Saarpfalz und Baden in das unbesetzte Frankreich einschloß; c) eine Politik der Konzentrierung im Generalgouvernement, einschließlich des Nisko-Projekts, obwohl neuere Forschungen darauf hinzudeuten scheinen, daß das Nisko-Projekt eine Art «Privatinitiative» Eichmanns war. Vgl. Seev Goshen, Eichmann und die Nisko-Aktion im Oktober 1939, in: Vierteljahrshefte für Zeitgeschichte 29 (1981) S. 74–96; d) mehrere begrenzte Vernichtungsmaßnahmen gegen Juden oder andere Gruppen, einschließlich der Aktionen der Einsatzgruppen in Polen und des «Euthanasie-Programms». Überdies wird jene Übergangsperiode sogar noch komplexer, wenn man berücksichtigt, daß Hitler ab einem gewissen Punkt entschied, die Maßnahmen, die für das Verschwinden der Juden ergriffen werden sollten, seinen Gauleitern zu überlassen. Das wird ganz deutlich ausgedrückt in Bormanns Brief an Lammers vom 20. November 1940, wo es heißt, daß der Führer von den Gauleitern erwartet, daß sie dafür sorgen, daß ihre Gebiete in einigen Jahren rein deutsch werden. In diesem Fall wolle er sie dann nicht fragen, welche Methoden angewandt worden seien, um dieses Ziel zu erreichen. Vgl. Krausnick/Wilhelm, Die Truppe des Weltanschauungskrieges, S. 626. Wie oben ausgeführt, war diese Periode des Zögerns zu erwarten, und sie endete kurz vor oder kurz nach dem Angriff auf die Sowjetunion.
94 Zu diesen verschiedenen Argumenten siehe Broszat, a. a. O., S. 746 ff.
95 Browning, Zur Genesis der Endlösung, S. 98 ff.
96 Fleming, Hitler und die Endlösung, S. 88.
97 Broszat, Hitler und die Genesis, S. 749. Übelhörs Protest gegen die Deportationen aus dem Reich nach Lodz paßt gut zu dieser Art von Überlegungen.
98 Fleming, Hitler und die Endlösung, S. 34 f. Es scheint, daß die Vernichtung der Juden des Warthegaus durch Gas erstmals in einer Mitteilung erwähnt wurde, die SS-Sturmbannführer Rolf-Heinz Höppner, der zum Stab des Höheren SS- und Polizeiführers des Warthegaus gehörte, am 16. Juli 1941 an Eichmann sandte. Man kann annehmen, daß Eich-

mann die Angelegenheit mit Heydrich besprach, aber wir wissen nicht, ob Hitler zu diesem Zeitpunkt eingeschaltet wurde und seine Zustimmung gab. Wie bereits erwähnt, kam das Kommando Lange, das die Vernichtungsaktionen durchführte, die im Dezember begannen, aus Berlin. Zu Heinz Höppners Mitteilung an Eichmann vgl. Kogon u. a., Nationalsozialistische Massentötungen, S. 110 f.

99 Mommsen, Die Realisierung, S. 411.

100 Mommsen, The Holocaust. In seinem Aufsatz: Die Realisierung ... bringt Mommsen eine etwas andere Interpretation der Wannsee-Konferenz. Nach einer Anspielung auf Hans Franks Bemerkungen vom 16. Dezember 1941, die sich auf die «vom Reich her zu besprechenden großen Maßnahmen (gegen die Juden, S. F.)» bezogen, schreibt Mommsen: «Dies bezieht sich auf die bevorstehende ‹Wannsee-Konferenz›, die in der Regel mit der unmittelbaren Ingangsetzung des gesamteuropäischen Genocid gleichgesetzt wird, obwohl die im Zusammenhang mit der ‹Evakuierung der Juden nach dem Osten› von Heydrich erwähnten ‹Aktionen› lediglich als ‹Ausweichmöglichkeiten› hingestellt wurden, um praktische Erfahrungen ‹im Hinblick auf die kommende Endlösung der Judenfrage› zu sammeln. Implizit war die Liquidierung der nicht arbeitsfähigen Juden, explizit die spätere Vernichtung des ‹Restbestandes› angesprochen. Die psychologische Brücke von der ‹Auswanderungs-› bzw. ‹Reservatslösung› zum Holocaust bildete die Fiktion des ‹Arbeitseinsatzes›; auch schimmerte die Chimäre einer territorialen ‹Endlösung›, die nun jenseits des Urals lag, noch durch. Andererseits zielte die Formulierung von ‹gewissen vorbereitenden Arbeiten im Zuge der Endlösung›, die ‹in den betreffenden Gebieten›, d. h. dem Generalgouvernement, ‹selbst durchzuführen› seien, auf sofort vorzunehmende Teilliquidierungen.» Mommsen, Die Realisierung, S. 412.

101 Der Eichmann Prozeß, 107. Sitzung v. 24. Juli 1961. Zit. nach Fleming, Hitler und die Endlösung, S. 105.

102 Vgl. den Beitrag von Yehuda Bauer in diesem Band.

103 Fleming, Hitler und die Endlösung, S. 63.

104 Krausnick, Anatomie, a. a. O., S. 374.

105 Fleming, Hitler und die Endlösung, S. 65–67. Wie wir bereits im Fall von Heydrich bei der Wannsee-Konferenz erwähnt haben, kann man sich nicht vorstellen, daß Himmler sich auf einen nicht existierenden Führerbefehl bezogen hätte, zumal nicht in solchen Versammlungen.

106 Krausnick, Anatomie, a. a. O., S. 410.

107 Loesener, Rassereferent, S. 311.

108 Fleming, Hitler und die Endlösung, S. 58.

109 Ebd., S. 14.

110 Ackermann, Himmler als Ideologe, S. 166. Das Wort «abschaffen» wurde in roter Tinte hinzugefügt, d. h., daß Hitler die Entscheidung während der Sitzung traf.

111 Zum Text von Korherrs beiden Berichten und dem dazugehörigen Schriftwechsel siehe Serge Klarsfeld (Hg.), The Holocaust and the Neo-Nazi Mythomania (New York 1978).

112 Fleming, Hitler und die Endlösung, S. 152.

113 Klarsfeld, The Holocaust.

114 Walk, Das Sonderrecht, S. 400.

115 Die wichtigsten Auszüge aus diesen Reden bei Jäckel: Weltanschauung, S. 74 ff. Die andauernde Wiederholung dieses Themas im Jahre 1942 scheint zu zeigen, daß Hitler deutlich machen wollte, daß ein Wendepunkt erreicht war, daß die von ihm prophezeite Vernichtung begonnen hatte.

116 In der zweiten Unterredung mit Horthy am 17. April 1943 antwortete zunächst Ribbentrop auf Horthys Frage, «was er denn mit den Juden machen solle». Der Außenminister sagte, «daß die Juden entweder vernichtet oder in Konzentrationslager gebracht werden müßten». Dann erklärte Hitler seine Politik in einer Weise, die an Deutlichkeit nicht übertroffen werden kann: Die Juden «seien eben reine Parasiten. Mit diesen Zuständen habe man in Polen gründlich aufgeräumt. Wenn die Juden dort nicht arbeiten wollten, würden sie erschossen. Wenn sie nicht arbeiten könnten, müßten sie verkommen. Sie wären wie Tuberkelbazillen zu behandeln, an denen sich ein gesunder Körper anstecken könne. Das wäre nicht grausam, wenn man bedenke, daß sogar unschuldige Naturgeschöpfe wie Hasen und Rehe getötet werden müßten, damit kein Schaden entstehe. Weshalb sollte man die Bestien, die uns den Bolschewismus bringen wollten, mehr schonen?» Andreas Hillgruber, Staatsmänner und Diplomaten bei Hitler, Teil 2 (Frankfurt 1970) S. 256 f.

117 Fleming, Hitler und die Endlösung, S. 71.

118 Ebd., S. 37 f.

119 Irving, Hitler's War.

120 Ein interessantes Beispiel für diese paradoxe Situation ist Hillgruber: Endlich genug ..., wo die absolut zentrale Bedeutung von Hitlers Rassendogma stark betont wird («Dem Rassendogma wurde alles: Innen- und Außenpolitik untergeordnet ...» ebd., S. 52). Unter den Hauptproblemen jedoch, die als für das Verständnis des Nationalsozialismus besonders relevant diskutiert und berücksichtigt werden, erscheinen die antijüdische Politik und die Endlösung nicht.

Vorwort zur Neuauflage von «Kitsch und Tod»

1 Milan Kundera: Die unerträgliche Leichtigkeit des Seins. München 1984, S. 238 f.

2 Jay W. Baird, «Goebbels, Horst Wessel and the Myth of Resurrection and Return», in: Journal of Contemporary History, Bd. 17, H. 4/1982, S. 633–650. Das Goebbels-Zitat: Der Angriff vom 27. 2. 1930, zit. nach Joseph Goebbels: Der Angriff. Aufsätze aus der Kampfzeit. München 1936, S. 270 f.

Überlegungen zur Historisierung des Nationalsozialismus

Ich möchte meinen Kollegen und Freunden Dan Diner, Lutz Niethammer und Shulamit Volkov dafür danken, daß sie mit mir über einige der hier aufgeworfenen Fragen diskutierten. Unnötig zu erwähnen, daß sie keinerlei Verantwortung für die endgültige Abfassung und darin möglicherweise enthaltene Unstimmigkeiten tragen.

1 Martin Broszat, Plädoyer für eine Historisierung des Nationalsozialismus, in: Merkur, Mai 1985; der Artikel ist nachgedruckt in: Hermann Graml und Klaus-Dietmar Henke (Hg.), Nach Hitler. Der schwierige Umgang mit unserer Geschichte. Beiträge von Martin Broszat, München 1986.

2 Ernst Nolte, Between Myth and Revisionism: National-Socialism from the Perspective of the 1980s, in: H. W. Koch (Hg.): Aspects of National-Socialism. London 1985; ders., Eine Vergangenheit, die nicht vergehen will, in: Frankfurter Allgemeine Zeitung, 6. Juni 1986.

3 Martin Broszat, Hitler und die Genesis der »Endlösung«: Aus Anlaß der Thesen von David Irving, in: Vierteljahrshefte für Zeitgeschichte Jg. 25, 1977; Hans Mommsen, Die Realisierung des Utopischen: Die «Endlösung der Judenfrage» im «Dritten Reich» in: Geschichte und Gesellschaft Jg. 9, 1983.

4 Hans Mommsen, Suche nach der «verlorenen Geschichte»? Bemerkungen zum historischen Selbstverständnis der Bundesrepublik, in: Merkur, September/Oktober 1986.

5 Karl-Heinz Janssen, Als ein Volk ohne Schatten?, in: Die Zeit 48, 21. November 1986.

6 Klaus Hildebrand in Buchbesprechungen 20. Jahrhundert, in: Historische Zeitschrift, Bd. 242, Heft 2, April 1986.

7 Alltagsgeschichte der NS-Zeit: Neue Perspektive oder Trivialisierung? (= Kolloquien des Instituts für Zeitgeschichte), München 1984.

8 Andreas Hillgruber, Für die Forschung gibt es kein Frageverbot, in: Rheinischer Merkur, Nr. 45, 31. Oktober 1986.
9 Hermann Rudolph, Falsche Fronten?, in: Süddeutsche Zeitung Nr. 228, 4./5. Oktober 1986.
10 Geoffrey Barraclough, Mandarins and Nazis: Part I, in: The New York Review of Books, 19. Oktober 1972; ders., The Liberals and German History: Part II, in: The New York Review of Books, 2. November 1972 ders., A New View of German History: Part III, in: The New York Review of Books, 16. November 1972.

Um die «Historisierung des Nationalsozialismus»
Briefwechsel mit Martin Broszat

1 Wiederabgedruckt in: Nach Hitler. Der schwierige Umgang mit unserer Geschichte. Beiträge von Martin Broszat, hrsg. von Hermann Graml und Klaus-Dietmar Henke, München 1986, S. 159–173.
2 Dan Diner (Hg.), Ist der Nationalsozialismus Geschichte? Zu Historisierung und Historikerstreit, Frankfurt 1987, S. 34–50.
3 Hermann Rudolph. Falsche Fronten?, in: Süddeutsche Zeitung vom 4./5. 10. 1986.
4 Saul Friedländer, Kitsch und Tod. Der Widerschein des Nationalsozialismus, München 1984.
5 Saul Friedländer, Kurt Gerstein oder die Zwiespältigkeit des Guten, Gütersloh 1968 (frz. Original-Paris 1967).
6 Broszat, Nach Hitler, S. 130.
7 Gershom Scholem, Wider den Mythos vom deutsch-jüdischen Gespräch, in: ders., Judaica II, Frankfurt 1970, S. 7 ff.
8 Friedländer, Überlegungen, in: Diner (Hg.), S. 42.
9 Christian Meier, 40 Jahre nach Auschwitz. Deutsche Geschichtserinnerung heute, München 1987t‹ S. 42 ff.
10 Sternberger, Unzusammenhängende Notizen über Geschichte, in: Merkur 41 (1987), S. 733–748, hier S. 748.
11 Broszat, Nach Hitler, S. 172 f.
12 Alltagsgeschichte der NS-Zeit. Neue Perspektive oder Trivialisierung? München 1984.
13 Jürgen Habermas, Eine Art Schadensabwicklung. Kleine Politische Schriften VI, Frankfurt 1987, S. 163.
14 Ian Kershaw, The «Hitler Myth». Image and Reality in the Third Reich, Oxford 1987, bes. S. 229 ff.
15 Herbert und Sybille Obenaus (Hg.), «Schreiben, wie es wirklich war ...». Aufzeichnungen Karl Dürkefäldens aus den Jahren 1933–1945, Hannover 1985, S. 105 ff.

16 Martin Broszat, Zur Struktur der NS-Massenbewegung, in: VfZ 31 (1983), S. 74 bzw. S. 76 (ich danke Professor Otto Dov Kulka für den Hinweis auf diesen Artikel).
17 Lotte Köhler/Hans Sauer (Hg.), Hannah Arendt, Karl Jaspers. Briefwechsel. 1926–1969, München, Zürich 1985, S. 88–93 (Brief vom 17. 8. 1946).
18 Dem imaginären Schauplatz von Edgar Reitz' «Heimat».
19 Friedländer, Kitsch und Tod.
20 Werner Filmer/Heribert Schwan (Hg.), Mensch, der Krieg ist aus! Zeitzeugen erinnern sich, Düsseldorf/Wien 1985.
21 Martin Broszat, Der Despot von München. Gauleiter Adolf Wagner – eine Zentralfigur der bayerischen Geschichte, in: Süddeutsche Zeitung vom 30./31. 3. 1985. In diesem Artikel hatte ich ganz bewußt den Versuch gemacht, die von der einschlägigen Landeshistorie nur schemenhaft dargestellte Figur des einst so mächtigen Gauleiters einigermaßen plastisch und wirklichkeitsgetreu zu porträtieren.
22 Das Protokoll der Diskussion befindet sich in der Bibliothek des Wissenschaftskollegs zu Berlin.
23 Meier, S. 21.
24 Wolfgang Benz, Die Abwehr der Vergangenheit, in: Diner (Hg.), S. 33.
25 Martin Broszat, Wo sich die Geister scheiden. Die Beschwörung der Geschichte taugt nicht als nationaler Religionsersatz, in: Die Zeit vom 3. 10. 1986.
26 Hans Mommsen, Suche nach der «verlorenen Geschichte»? Bemerkungen zum historischen Selbstverständnis der Bundesrepublik, in: Merkur 40 (1986), S. 864–974.
27 Günter Schwarberg, Der SS-Arzt und die Kinder. Bericht über den Mord vom Bullenhuser Damm, Hamburg 1979.

Die «Endlösung»
Über das Unbehagen in der Geschichtsdeutung

1 Ich danke Dan Diner, Ferenc Feher, Elchanan Friedländer, Carlo Günzburg, Wulf Kansteiner sowie dem Critical Theory Seminar an der UCLA für ihre äußerst wertvollen Hilfestellungen.
2 Walter Benjamin, Über den Begriff der Geschichte, in: Gesammelte Schriften, Bd. I, 2. Frankfurt 1980, S. 691 f.
3 Zur Bedeutung von Walter Benjamins Erlösungsvision von Geschichte siehe: Stephane Moses, The Theological-Political Model of History in the Thought of Walter Benjamin, in: History and Memory. Studies in Representation of the Past, Bd. I (1989), Nr. 2 (erscheint in Kürze).

4 Arno J. Mayer, Der Krieg als Kreuzzug. Das Deutsche Reich, Hitlers Wehrmacht und die «Endlösung». Reinbek 1989.

5 Charles S. Maier, The Unmasterable Past. Cambridge 1988, S. 92.

6 Raul Hilberg, in: Berel Lang (Hg.), Writing and the Holocaust. New York 1988, S. 247.

7 Martin Broszat, Saul Friedländer, Über die «Historisierung des Nationalsozialismus», in: Vierteljahrshefte für Zeitgeschichte 36 (1988).

8 Siehe hierzu im wesentlichen Walter Laqueur, The Terrible Secret. Boston 1980; Hans Mommsen, Was haben die Deutschen vom Völkermord an den Juden gewußt? In: Walter H. Pehle (Hg.), Der Judenpogrom 1938. Von der «Reichskristallnacht» zum Völkermord. Frankfurt 1988. In gleicher Weise trifft dies auch auf die jüdische Yishuv in Palästina zu. Siehe hierzu beispielsweise Dina Porath, Hanhaga Bemilkud, Tel Aviv 1987.

9 Robert Conquest, The Great Terror. Stalin's Purge of the Thirties. London 1969; ders., The Harvest of Sorrow. Soviet Collectivization and the Terror-Famine. New York u. a. 1986.

10 Zu einer Untersuchung dieser Verschwommenheit siehe Nathan Rotenstreich, Can Evil Be Banal?, in: The Philosophical Forum, Vol. XVI, Nr. 1–2 (1984/85).

11 Stanley Cavell, The Uncanniness of the Ordinary, in: In Quest of the Ordinary. Lines of Skepticism and Romanticism. Chicago 1988, S. 155.

12 Sigmund Freud, Das Unheimliche, in: Gesammelte Werke, Bd. 12. London, Frankfurt [4]1974, S. 229 ff., Zit. S. 245.

13 Für eine eingehende Untersuchung brauchten wir eine neue Kategorie, vergleichbar der Kantschen Kategorie des Sublimen, die besonders geeignet wäre, den unaussprechlichen Schrecken einzufangen. In meinem Buch «Kitsch und Tod», München 1984, habe ich versucht, einen Bestandteil des «Rauschs» als jene Begeisterung zu beschreiben, die von der Vision einer völligen Vernichtung herrührt.

14 Alan Montefiore, The Moral Philosophers Views of the Holocaust, in: Marcel Marcus (Hg.), European Judaism. London 1977, S. 13–22.

15 Eberhard Jäckel, Die elende Praxis der Untersteller, in: «Historikerstreit». München 1987, S. 118.

16 Dieses Thema wurde auf einer Konferenz erörtert, die im Mai 1989 vom Center for Biomedical Ethics an der University of Minnesota veranstaltet wurde.

17 Otto Dov Kulka, Critique of Judaism in European Thought: On the Historical Meaning of Modern Antisemitism, in: The Jerusalem Quarterly 52 (1989), S. 5.

18 Brief an den Autor, 29. Juni 1989.

19 Jörn Rüsen, The Development of Narrative Competence in Historical Learning. Unveröffentlichtes Manuskript.

20 War der Traum von einem rassischen Utopia und seiner Verwirklichung, in dem alle rassisch nicht zugehörigen, minderwertigen, schädlichen Elemente eliminiert werden würden, die Reaktion der Nazis auf die Bedrohung durch die Moderne, dann sind die Verfolgungen und Ausrottungen der «schädlichen» Elemente innerhalb des Bereichs, der zur Volksgemeinschaft gehört, in der Tat vom Standpunkt dieser Wahnsinnslogik zu erklären. Doch wie könnte man in so einem Fall erklären, daß die verschiedenen «asozialen» und «minderwertigen» Elemente außerhalb der der Volksgemeinschaft zugewiesenen Grenzen unberührt blieben (Homosexuelle, Geisteskranke wurden nicht aus Frankreich, Griechenland oder Polen in die Konzentrationslager und Tötungseinrichtungen geschickt), wohingegen eine bestimmte Gruppe bis in den entlegensten Schlupfwinkeln des ganzen Kontinents aufgespürt wurde, um vernichtet zu werden? Und wenn die Angst vor dem Bolschewismus und seinen Vernichtungspraktiken – die radikalste «Gesellschaftstherapie», die die sich entwickelnden Industriegesellschaften und die Moderne hervorgebracht haben – die Ursache war für die Massenvernichtungen durch die Nazis, dann fragt man sich, warum die ersten Opfer nicht die kommunistischen, politischen Gefangenen in den NS-Konzentrationslagern waren, die kommunistischen Widerstandskämpfer, die überall auf dem Kontinent von den Deutschen gefangengenommen wurden. Kurz, die «Endlösung» trägt kaum zu unserem Verständnis von den Umwälzungen und Ängsten bei, die durch die Moderne herbeigeführt wurden.

21 Rüsen (wie Anm. 18).

22 Der geradezu unvermeidbare Rückfall in die Kategorie des «Exemplarischen» erzeugt für jede literarische und künstlerische Darstellung ein außerordentliches Problem. Ich habe anderswo versucht, darauf hinzuweisen, daß die tragisch-didaktische Darstellungsweise von Shoah letztendlich unvermeidbar war, aber wenig mit einer heutigen künstlerischen und literarischen Sensibilität zu tun hat.

23 Isaac Deutscher, The Non-Jewish Jew and Other Essays. London 1968, S. 163–164.

1 Primo Levi, Moments of Reprieve, New York 1987, S. 10f.
2 Aharon Appelfeld, «The Awakening: On a Pervasive Feeling», in: Geoffrey Hartman (Hg.), Shapes of Memory, Oxford 1992.
3 Lawrence L. Langer, The Ruins of Memory. Holocaust Testimonies, New Haven 1991.
4 Lawrence L. Langer, «Remembering Survival», in: Geoffrey Hartman (Hg.), a. a. O.
5 Saul Friedländer, «The Shoah between Memory and History», in: The Jerusalem Quarterly, 53, 1990, S. 115–126.
6 Yosef H. Yerushalmi, Zakhor, Jewish History and Jewish Memory, Seattle 1982. (dt. Zachor: erinnere dich!: jüdische Geschichte und jüdisches Gedächtnis. Aus d. Amerikanischen v. Wolfgang Heuss, Berlin 1988); Alan Mintz, Hurhan: Responses to Catastrophe in Hebrew Literature, New York 1984; David G. Roskies, Against the Apocalypse: Responses to Catastrophe in Modern Jewish Culture, Cambridge 1984.
7 Yosef H. Yerushalmi, a. a. O., S. 99.
8 Dominick LaCapra, «Representing the Holocaust: Reflections on the Historians' Debate», in: Saul Friedländer (Hg.), Probing the Limits of Representation: National-Socialism and the ‹Final Solution›, Cambridge/ Mass. 1992, S. 110.
9 Siehe beispielsweise Alexander und Margarethe Mitscherlich, Die Unfähigkeit zu trauern. Grundlagen kollektiven Verhaltens, München 1967; oder Eric L. Santner, Stranded Objects: Mourning, Memory, and Film in Postwar Germany, Ithaca 1990.
10 Wer sich für den Briefwechsel zwischen Martin Broszat und mir im Anschluß an seine «Plea» interessiert, mag ihn nachlesen bei Peter Baldwin (Hg.), Reworking the Past: Hitler, the Holocaust and the Historians' Debate, Boston 1990; vgl. Martin Broszat/Saul Friedländer, «Um die ‹Historisierung des Nationalsozialismus›», in: Vierteljahrshefte für Zeitgeschichte, 36, April 1988, S. 339–372. Martin Broszat, «Plädoyer für eine Historisierung des Nationalsozialismus», in: Herman Graml und Klaus-Dietmar Henke (Hg.), Nach Hitler: Der schwierige Umgang mit unserer Geschichte, Beiträge von Martin Broszat, München 1986, S. 159–173.
11 Siehe beispielsweise Rainer Zitelmann und Michael Prinz (Hg.), Nationalsozialismus und Modernisierung, Darmstadt 1991. Meine Feststellung trifft nicht durchgängig zu. Aber in manchen Fällen ist der verwendete Deutungsrahmen problematischer als das Fehlen eines solchen. Siehe etwa bei Götz Aly und Susanne Heim, Vordenker der

Vernichtung: Auschwitz und die deutschen Pläne für eine neue europäische Ordnung, Hamburg 1991.

12 Dazu Raul Hilberg/Alfons Söllner, «Das Schweigen zum Sprechen bringen. Ein Gespräch über Franz Neumann und die Entwicklung der Holocaust-Forschung», in: Dan Diner (Hg.), Zivilisationsbruch: Denken nach Auschwitz, Frankfurt am Main 1988.

13 Sigmund Freud, «Jenseits des Lustprinzips», in: ders., Das Ich und das Es. Und andere metapsychologische Schriften, Frankfurt am Main 1978, S. 140.

14 Raul Hilberg, The Destruction of the European Jews, Chicago 1961 (dt. Die Vernichtung der europäischen Juden, Frankfurt a. M. 1990, durchges. u. erw. Ausgabe).

15 Jean-François Lyotard, The Differend: Phrases in Dispute, Minneapolis 1988, S. 56 f. (dt. Der Widerstreit, München 1987, S. 166).

16 Die «Anekdote» findet sich im Postskriptum des betreffenden Briefs. Walter Benjamin, Briefe 2, Frankfurt am Main 1978, S. 820.

17 Das Zitat stammt aus dem Klappentext von Simon Schamas Buch «Dead Certainties» (Unwarranted Speculations), New York 1992.

18 Raul Hilberg, «I was not there», in: Berel Lang (Hrsg.), Writing and the Holocaust, New York 1988, S. 18.

19 Hayden White, «The Politics of Historical Interpretation», in: The Content of the Form: Narrative Discourse and Historical Representation, Baltimore 1987, S. 58–82 (dt. Die Bedeutung der Form: Erzählstrukturen in der Geschichtsschreibung, Frankfurt a. M. 1990).

20 Maurice Blanchot, The Writing of the Disaster, Lincoln 1986, S. 42.

Eine integrierte Geschichte des Holocaust

1 Vgl. Saul Friedländer, Das Dritte Reich und die Juden. Erster Band: Die Jahre der Verfolgung. 1933–1939; Zweiter Band: Die Jahre der Vernichtung. 1939–1945, München 1998/2006.

Drucknachweise

Vom Antisemitismus zur Judenvernichtung
In: Eberhard Jäckel und Jürgen Rohwer (Hrsg.), Der Mord an den Juden im Zweiten Weltkrieg. Entschlußbildung und Verwirklichung. Stuttgart: DVA 1985, S. 18–60.

Vorwort zu «Kitsch und Tod»
In: Saul Friedländer, Kitsch und Tod. Der Widerschein des Nazismus. Frankfurt am Main: Fischer Taschenbuch Verlag 1999, S. 7–17.

Überlegungen zur Historisierung des Nationalsozialismus
In: Dan Diner (Hrsg.), Ist der Nationalsozialismus Geschichte? Zu Historisierung und Historikerstreit. Frankfurt am Main: Fischer Taschenbuch Verlag 1987, S. 34–50.

Um die «Historisierung des Nationalsozialismus». Ein Briefwechsel mit Martin Broszat
In: Vierteljahrshefte für Zeitgeschichte 36 (1988), S. 339–372. Mit freundlicher Genehmigung von Frau Dr. Elke Fröhlich-Broszat.

Die «Endlösung». Über das Unbehagen in der Geschichtsdeutung
In: Walter H. Pehle (Hrsg.), Der historische Ort des Nationalsozialismus. Annäherungen. Frankfurt am Main: Fischer Taschenbuch Verlag 1990, S. 81–93; 167–169.

Trauma, Erinnerung und Übertragung in der historischen Darstellung des Nationalsozialismus und des Holocaust
In: Die Juden in der europäischen Geschichte, München: Verlag C. H. Beck 1992, S. 136–151.

Eine integrierte Geschichte des Holocaust
In: Bundeszentrale für politische Bildung (Hrsg.), S. 7–14. Aus Politik und Zeitgeschichte 14/15 (2007).

«Der Judenhaß steckt tiefer, als man denkt». Gespräch mit Martin Doerry
In: Martin Doerry, «Nirgendwo und überall zu Haus». Gespräche mit

Überlebenden des Holocaust. München: Deutsche Verlagsanstalt in der Verlagsgruppe Random House GmbH 2006, S. 230–239.

Aus dem Verlagsprogramm

Wolfgang Benz/Barbara Distel
Der Ort des Terrors
Geschichte der nationalsozialistischen Konzentrationslager
Band 1: Die Organisation des Terrors. 2005.
394 Seiten mit 12 Abbildungen. Leinen.
Band 2: Frühe Lager: Dachau, Emslandlager. 2005.
607 Seiten mit 17 Abbildungen
und 3 Karten. Leinen
Band 3: Sachsenhausen, Buchenwald. 2006.
660 Seiten mit 16 Abbildungen und 2 Karten. Leinen
Band 4: Flossenbürg, Mauthausen, Ravensbrück. 2006.
644 Seiten mit 24 Abbildungen und 3 Karten. Leinen
Band 5: Hinzert, Auschwitz, Neuengamme. 2007.
591 Seiten mit 25 Abbildungen und 3 Karten. Leinen
Band 6: Stutthof, Groß-Rosen, Natzweiler. 2007.
Etwa 656 Seiten mit etwa 25 Abbildungen und etwa 3 Karten.
Leinen

Wolfgang Benz/Barbara Distel
Flossenbürg
Das Konzentrationslager Flossenbürg und seine Außenlager
2007. 309 Seiten mit 6 Abbildungen und 1 Karte. Broschiert

*Gerald D. Feldman/Oliver Rathkolb/Theodor Venus/
Ulrike Zimmerl*
Österreichische Banken und Sparkassen im Nationalsozialismus und in der Nachkriegszeit
Band 1: Creditanstalt-Bankverein
Band 2: Länderbank und Zentralsparkasse. 2006.
2019 Seiten. 85 Abbildungen. Leinen